KB023927

자연과학과 인문정신의 만남

# 한국의 유네스코 세계문화유산

우리말글문화
총서 04

자연과학과 인문정신의 만남

# 한국의 유네스코 세계문화유산

이종호 지음

마리북스

# 한국이 얼마나 많은 역사와 전통, 문화유산을 갖고 있는지 알면 놀랄 것이다!

요즘에는 경제적인 여유가 생기면 그동안 가 보지 못한 여행을 가겠다고 생각하는 사람들이 많다. 여행의 즐거움과 그동안 직접 경험하지 못한 새로운 세계를 접하고 싶다는 기대감 때문이다. 그런데 막상 여행을 떠나고자 하면 여행지를 선택하기가 쉽지 않다. 나름대로 후보지를 고르지만 그중에서 어디를 갈지 선택하는 것도 쉬운 일이 아니다. 이런 사람들을 위해 근래 매우 신뢰할 수 있는 참고 자료가 등장했다. 다름 아닌 유네스코 세계유산이다.

유네스코 세계유산은 인류 문명과 자연사에서 중요한 문화유산을 전 인류의 공동 유물로 관리하기 위해 지정한 것이다. 지구상에 존재하는 모든 것은 세계유산의 대상이 될 수 있다. 유네스코는 인간의 손길이 배어 있는 것을 문화유산으로 인간의 힘이 미치지 않은 것을 자연유산으로 분류하고, 이들이 연계되어 있는 것을 복합유산으로 분류한다.

한국의 경우 불국사·석굴암(1995), 종묘(1995), 해인사 장경판전(1995), 창덕궁(1997), 수원화성(1997), 경주역사유적지구(2000), 고창·화순·강화 고인돌 유적(2000), 조선왕릉(2009), 한국의 역사마을 하회·양동마을(2010), 남한산성(2014), 백제역사유적지구(2015), 산사와 한국의 산지승원(2018), 그리고 한국의 서원(2019)이 문화유산으로 등재되었다. 자연유산으로는 제주 화산섬과 용암동굴(2007), 한국의 갯벌(2021)이 등재되어 문화유산 13건, 자연유산 2건 총 15건의 세계유산을 갖고 있다. 또한 북한의 고구려 고분군과 개성역사유적지구, 그리고 중국 동북지방 일대의 고구려 유적을 합하면 한민족 관련 세계유산은 모두 17건에 달한다. 현재 두 자릿수 세계유산을 갖고 있는 나라는 20여 개국에 불과하다.

이 책에서는 한국의 유네스코 세계유산을 비교적 쉽게 이해할 수 있도록 현지 답사를 위한 코스로 설명했다. 깊이 있는 정보를 주는 것도 중요하지만, 이들을 직접 찾아보면서 체감하는 것이 유네스코 세계유산을 이해하는 데 더욱 도움이 되기 때문이다.

13곳의 문화유산을 모두 답사하기란 쉬운 일이 아니다. 답사라면 일일이 현장에 가는 것이 기본인데 고인돌, 경주역사유적지구, 백제역사유적지구, 조선왕릉, 산사와 산지승원, 서원처럼 단일 유산이 아닌 것도 많다. 그러나 어느 곳에나 핵심 부분이 있기 마련이다. 예를 들어 프랑스 루브르 박물관은 워낙 많은 유물들이 있어서 짧은 시간에 보기가 쉽지 않다. 그래서 박물관에서는 관람 시간이 넉넉지 않은 방문객에게는 주요 전시품만 보고 갈 수 있도록 안내한 책자를 제공한다.

이 책도 한국의 유네스코 세계유산을 찾아갈 때 예상되는 어려움을 풀어 보자는 의미로 쓴 책이다. 필자와 함께 한국의 유네스코 세계유산의 진면목을 찾아보면 한국이 세계적으로 얼마나 많은 역사와 전통, 그리고 문화유산을 갖고 있는지 놀랄 것이다. 세계적인 우리의 문화유산을 과학적인 안목으로 더욱 새로운 시각에서 바라보고, 드높은 문화유산을 남긴 조상들의 지혜를 느낄 수 있기를 바란다.

2022년 겨울, 이종호

# 차례

3장

## 신라 천 년의 역사가 잠든 경주역사유적지구



4장

## 한국 정신문화의 산실 산사와 서원

1장

# 세계인이 사랑하는 왕실 유적

우리나라의 목조 건축물은 다른 나라의 목조 건축물보다

아름답다고 칭송받는다

# 왕실의 사랑을 받은 궁궐, 창덕궁

우리나라의 목조 건축물은 다른 나라의 목조 건축물보다 아름답다고 칭송받는다. 그 이유는 여러가지인데, 자연환경과 잘 어우러지게 건축했다는 것을 가장 높이 꼽는다. 궁궐이 대표적인 예이다. 건물을 배치할 때도 굳이 지형을 깎거나 변형시키지 않았고 나무나 돌과 같은 자연물을 그대로 이용했다. 우리나라 대부분의 고전 건축물에서는 자연을 변형시키지 않고 건축물 재료로 사용한 경우를 많이 볼 수 있다. 원형 기둥만 보아도 알 수 있는데, 일본과 중국에서는 나무를 인공적으로 깎아 만든 사각형 기둥이 자주 보인다.

이러한 측면만 보면 중국과 일본이 건물을 지을 때 더욱 적극적이었음을 알 수 있다. 톱이 없었던 과거에 나무를 사각형으로 만드는 것은 매우 어려운 일이었다. 더구나 대형 건물에 사용되는 기둥은 매우 크기 때문에 쉽게 다룰 수도 없었다.

우리의 고전 건축물은 자연물을 활용하되 원통형의 나무를 그대로 사용한 것은 아니었다. 큰 건물의 기둥은 착시 현상을 고려해 배흘림을 채택했으며, 목조 건물의 단점인 부식 문제는 아름다운 단청으로 해결했다. 한국의 자연환경에 알맞도록 모든 것의 조화를 이루는 이러한 건축 방법은 어느 나라와 비교해도 뒤떨어지지 않는 건축 기술과 철학이 있었기에 가능했다.

## 창덕궁 건립, 태종의 왕권 강화와 조선 왕조의 본격적인 출발

1392년 태조 이성계가 조선을 건국하면서 수도를 한양으로 천도했을 때 이미 한양에는 정궁인 경복궁이 있었다. 태조 이성계는 경복궁에서 집무를 보았다. 그런데 후계자 문제로 왕자들과 신하들 사이에 권력 다툼이 벌어졌다. 태조는 여덟 아들 중 막내인 방석에게 왕위를 물려줄 생각이었다. 이에 불만을 품은 다섯째 아들 방원은 사병을 이끌고 난을 일으켜 형인 방석과 방번, 조선 건국에 큰 공을 세운 정도전 같은 신하들을 살해했다. 이것이 1398년에 일어난 '제1차 왕자의 난'이다.

왕자의 난으로 권력을 잡은 방원은 형 방과를 2대 왕으로 앉혔다. 그가 바로 정종이다. 정종 2년에 형인 방간의 난(박포朴包의 난)이 일어나 방간은 유배 가고 박포는 사형을 당한다. 이를 '제2차 왕자의 난'이라고 한다. 두 차례의 난이 경복궁에서 일어나자 정종은 한양의 지세가 좋지 않다며 개성으로 천도한다.

그러나 생명의 위협을 느낀 정종이 방원에게 왕위를 양위하고, 방원은 개성의 수창궁에서 즉위한다. 태종은 취약한 권력 기반을 다지고, 왕권 강화를 위해 한양 재천도를 강력히 주장했으나 쉽게 관철되지 않았다. 그러나 태종의 노력은 집요했고 결국 고집대로 한양 천도를 단행한다. 다시 수도를 한양으로 옮기면서 새롭게 지은 궁이 바로 창덕궁이다.

창덕궁의 창건 배경에는 '태종의 왕권 강화와 조선 왕조의 본격적인 출발'이라는 의미가 담겨 있다. 1405년 궁궐이 완성된 지 하루 만인 10월 20일에 태종이 궁궐로 들어갔고, 10월 25일에는 창덕궁昌德宮이란 궁호를 내렸다. 창덕궁의 '창덕昌德'은 '덕을 빛낸다'는 뜻이며, 초창기의 창덕궁은 외전(임금이 거처하던 궁전) 74칸, 내전(왕비가 거처하던 궁전) 118칸으로 현재의 창덕궁보다 작았다.

태종이 창덕궁으로 들어가면서 한양은 명실상부한 조선의 도읍으로 자리를 잡게 되었고, 조선 왕조는 본격적인 체제 정비의 기틀을 마련하게 되었다. 조선 왕조는 최초로 2개의 궐 체제를 갖추게 된 셈이다.

조선 왕조의 정궁은 경복궁이었지만 왕들이 가장 오래 머물며 안식을 얻었던 궁은 창덕궁이었다. 여러 왕이 창덕궁을 선호한 것은 창덕궁 자체에 매력을 느꼈기 때문으로 추측된다. 특히 태종 5년(1405)에 조성된 후원은 창경궁과도 통하도록 만들어 동양 조경의 정수를 보여 준다.

경복궁은 평지에 자리 잡고 있어 서쪽의 인왕산이나 북쪽의 백악산에서 내려다보이는 취약점이 있다. 반면에 창덕궁은 산림이 우거진 산자락에 자리 잡고 있으며 자연과 조화되도록 지어져 다른 궁궐보다 더 아늑한 느낌을 준다.

창덕궁의 위상은 임진왜란으로 더욱 확고해진다. 임진왜란 때 정궁인 경복궁, 창덕궁, 창경궁이 소실되었는데 창덕궁이 가장 먼저 재건되었다. 반면에 경복궁은 터가 불길하다는 이유로 재건되지 않고 고종 2년(1865)까지 270년 이상 폐허로 방치되었다. 그러다가 흥선대원군 때 비로소 다시 건설되었다. 창덕궁은 계속 수난을 당했는데 이때마다 중건했음은 물론이다. 그러나 1910년 8월 29일 한일합병이 인정전에서 강제 체결되는 비운을 겪으면서 조선 왕조는 창덕궁에서 막을 내린다.

일제강점기인 1917년에는 대조전 서쪽에서 큰불이 나 대조전, 희정당, 경훈각, 선정전 동쪽의 내전 등이 크게 소실되었다. 대조전 영역의 복구는 1919년 정월 고종의 승하와 3·1운동, 고종의 국장 등으로 인해 1920년에서야 준공을 보게 된다. 복구 과정에서 경복궁 강녕전, 교태전, 연길당, 경성전, 응지당, 흠경각, 함원전, 만수전, 흥복전 등을 헐어 내고 그 목재로 창덕궁 대조전, 희정당, 흥복헌, 경훈각, 함원전 등을 지었다.

## 세계가 가치를 인정한 창덕궁

우리나라에는 아름다운 궁궐이 여럿 있지만, 그중에서 유일하게 창덕궁이 1997년에 세계유산에 등재되었다. 자연과 조화를 이루는 한국 건축의 가치를 인정받은 것이라고 할 수 있다.

창덕궁은 조선시대 내내 실질적으로 거주가 이뤄진 생활 공간이었다. 그렇기 때문에 공간마다 각각의 기능이 있었다. 왕의 어머니인 대비가 거주하는 곳(만수전, 춘휘당, 천경루, 양지당 등), 왕의 초상화를 봉안하는 선원전 등을 꼽을 수 있다.

14만 5,000평에 달하는 창덕궁은 정전, 침전, 편전(왕이 평상시에 머무는 궁전)으로 이뤄진 인정전 주변의 공간과 후원으로 나누어 볼 수 있다. 한 가지 주의할 점은 후원은 안내원의 안내에 따라 관람을 해야 한다는 것이다. 답사를 가기 전에 미리 관람 시간표를 확인하기 바란다.

최근 창덕궁에 좋은 소식이 있었다. 2022년 7월, 일본이 민족말살정책의 일환으로 '종묘 관통 도로(현 율곡로)'로 갈라놓았던 창경궁과 종묘가 90년 만에 다시 연결되었다. 1932년 종묘 관통 도로가 개설되면서 창경궁과 종묘가 단절되어 구름다리(관덕교)로 양쪽을 오갔는데, 율곡로를 터널로 지하화하고 그 상층부를 녹지화하며 창경궁과 종묘 사이의 '궁궐 담장'으로 복원된 것이다. 비로소 창덕궁과 창경궁을 거쳐 종묘로 이어지는 북한산의 주맥主脈이 온전히 연결되고, 도읍 구성의 기본 배치인 좌묘우사左廟右社(왼쪽에 종묘를 두고 오른쪽에 사직을 둠)가 완벽하게 정리되었다.

창덕궁을 방문하고자 하는 사람은 돈화문으로 들어가 우측에 있는 금천교를 지나기 전에 전면에 보이는 궐내각사도 꼭 둘러볼 것을 추천한다. 이곳은 궁궐 안 관원들이 근무하던 공간으로 정치를 보좌하는 홍문관, 건강을 보살피는 내의원, 정신문화를 담당하는 규장각, 왕의 칙령과 교서 등을 보관하던 예문관 같은 곳들이 있

왕을 보필하던 직속 관청이 자리 잡고 있는 궐내각사 입구(위)와 궐내각사 안의 규장각(아래)이다. 왕실의 수많은 도서를 규장각에서 보관했다.

다. 물론 창덕궁을 답사한 후 나갈 때 보는 것도 좋다.

## 교화를 도탑게 한다,
## 돈화문

태종 12년(1412) 5월에 세워진 돈화문(보물 제383호)은 궁궐 서남쪽 모서리에 있는데 정면 5칸, 측면 2칸의 다포식 2층 우진각지붕(일자형 평면 지붕 형태로 초가지붕에서 흔함)이다. 돈화문의 '돈화'는 《중용》의 '대덕돈화大德敦化'에서 취한 것으로 '교화를 도탑게 한다'는 뜻이다. 《조선왕조실록》에 따르면 돈화문의 2층 문루에 1만 5,000근(약 9톤)의 대종을 걸고 조석으로 인경을 쳤다. 문루란 성문 위에 누각이 설치된 구조물을 말하는데, 외관을 위로 높여 위엄 있어 보이게 한다. 또한 문루는 유사시 장수의 지휘소나 적을 조기에 발견하기 위한 감시소 역할도 했기에 초루譙樓라고도 한다.

문 앞의 넓은 터는 월대月臺라고 한다. 먼저 땅에 기단을 쌓아 월대를 만들고, 다시 2층 기단을 쌓은 뒤에 그곳에 돈화문을 세워 시각적, 심리적으로 우러러보게 만들었다. 계단을 밟고 월대에 오르면 왕을 위한 길인 어도가 한가운데 놓여 있어 이곳이 왕을 위한 공간임을 알 수 있다. 궁궐 정문을 이처럼 세심하게 신경 쓴 이유는 수도인 한양의 중요한 상징물이었기 때문이다.

돈화문은 왕이나 외국 사신이 출입할 때만 열렸다. 보통 신하

위풍당당한 모습의 돈화문으로는 왕이나 외국 사신만이 출입할 수 있었다.

들은 서쪽 담장에 있는 금호문과 경추문을 이용했는데 금호문은 평소에 출입할 때, 경추문은 군사를 동원할 때 이용했다. 왕족 등은 돈화문 동쪽 담장에 있는 단봉문으로 출입했다. 현재는 창덕궁에 들어갈 때 돈화문을 이용하는데, 과거에 왕이 아니면 들어갈 수 없는 돈화문으로 들어갈 수 있다는 것이 특별한 기분을 느끼게 해 줄 것이다.

## 창덕궁의 금천교는 직각으로 꺾여 있는 것이 특징이다

예로부터 궁궐을 건설할 때는 정문을 지나 궐 안으로 들어가기 전에 반드시 명당수를 건너도록 설계했다. 여기에는 두 가지 이유가 있다. 첫 번째는 신하들이 왕을 알현하기 전에 흐르는 물에 악한 마음을 씻어 맑고 바른 마음으로 국사를 살피라는 의미이다. 두 번째는 나쁜 기운이 궐 안으로 들어오는 것을 막기 위함이다.

창덕궁의 금천교錦川橋(보물 제1762호)는 태종 11년(1411) 3월에 진선문 밖에 처음 조성한 것으로, 현재 남아 있는 궁궐 다리 중 가장 오래되었다. 다리의 윗부분은 길이 12.9미터, 너비 12.5미터로 왕이 좌우에 호위 병사를 거느리고 행진할 수 있을 만큼 넓다. 다리는 궁궐마다 설치되는 공통적인 건조물이지만, 다른 궁에서는 정문에서 들어오는 주축에 설치한다면 창덕궁의 금천교는 직각으로 꺾여 있는 것이 특징이다.

금천교는 2개의 홍예를 틀어 돌 난간을 세웠으며 볼록한 곡면 형태로 되어 있다. 바닥은 세 칸으로 나뉘어 있는데, 가운데의 어도가 매우 넓다. 중앙부의 홍예 기반석 위로 남쪽 면에는 해태상, 북

금천교는 궁궐 다리 중 가장 오래되었다.

쪽 면에는 거북상을 설치했다. 또한 홍예의 가운데 남북 방향으로 귀면을 각각 양각으로 새겨 놓았다. 홍예 사이에 역삼각형의 귀면 석재가 있는데, 이는 부정한 것을 물리친다는 의미가 있다.

## 법전인 인정전을 통행하는 문, 인정문

인정문仁政門(보물 제813호)은 법전인 인정전을 통행하는 문으로 그 격이 상당히 높다. 300년이란 긴 시간 동안 조선의 정사를 다루던 인정전의 정문이니 격이 높을 수밖에 없다. 왕도 즉위 전에는 아직 법전에 들어갈 자격이 없어 인정문에서 즉위식을 하고 인정전으로 들어가 좌정한 후에야 비로소 대소 신료들의 하례를 받았다. 연산군, 효종, 현종, 영조 등 여러 왕이 이 문에서 즉위식을 거행하고 왕위에 올랐다. 삼문(정문, 동협문, 서협문) 중 넓은 가운데 문은 왕이 출입했고 동쪽은 문관, 서쪽은 무관이 출입했다.

인정문을 지나 인정전(국보 제225호)으로 들어서면 용마루에 새겨진 꽃무늬인 이화李花가 가장 먼저 눈에 띈다. 고종은 대한제국을 선포하며 국가의 상징인 문장을 조선 왕조의 성씨인 이씨를 상징하는 이화로 정했다.

인정전은 좌우로 회랑이 감싸고 있는데 그 안에 널찍한 마당이 있다. 여기가 바로 왕과 신하들이 모여 조회를 하던 뜰인 조정朝

廷이다. 이곳에는 9품에서부터 정1품, 종1품까지 품계석이 두 줄로 늘어서 있다. 조회 때는 품계석에 맞추어 동쪽에는 문관이 서쪽에는 무관이 섰는데, 이때 문관과 무관은 서로 마주 보았다. 조정에서는 조회뿐만 아니라 연회나 과거 시험 등도 치렀다.

마당에서 인정전으로 오르는 계단의 중간에 있는 '답도踏道'에는 평평한 돌에 구름 속을 나는 한 쌍의 봉황 문양이 있다. 봉황은 '성군이 나타나거나 성군이 다스리고 있음'을 의미한다. 인정전은 월대 위에 있고 봉황이 구름 속을 나는 곳은 하늘이므로, 결국 천상의 세계에 있다는 뜻이다.

인정전은 두 벌의 월대 위에 놓여 있다. 인정전의 월대는 경복궁 근정전과 달리 난간석을 두르지 않았다. 또 인정전의 상하 월대에는 화재를 예방하기 위한 주술적 상징물인 '드므'가 설치되어 있다. 드므는 '입이 넓은 큰 그릇'이란 뜻의 순우리말로, 불귀신이 드

인정전의 '인정'은 '어진 정치'라는 뜻이다.

므의 물에 비친 자신의 모습을 보고 깜짝 놀라 도망쳐서 불이 나지 않게 한다는 이야기가 있다.

인정전 내부를 들여다보면 다른 궁궐과의 차이점을 쉽게 발견할 수 있다. 서양식 커튼과 전구가 설치되어 있고, 바닥도 전돌이 아닌 마루가 깔려 있다. 이렇듯 서양식으로 인정전이 단장된 것은 순종 대에 이르러서였다. 참고로 말하자면, 우리나라에서 가장 먼저 전기가 들어온 곳은 경복궁의 건청궁으로 1887년의 일이다. 전기가 들어온 초기에는 전기 공급이 원활하지 않아 자꾸 전구가 깜박이고 불이 들어오지 않아 애를 먹었다고 한다.

'이왕이면 창덕궁'이란 속담이 있다. 이왕 택할 바에는 더 나은 쪽을 선택한다는 의미이다. 창덕궁이 가장 아름다운 궁궐이라 이런 속담도 생겼을 것이다. 그러나 창덕궁에서는 비극적인 일도 많이 일어났다. 태조 이성계는 말년에 골육상쟁의 여파로 별전에서 쓸쓸히 눈을 감았다. 단종은 숙부인 수양대군(세조)에게 왕위를 찬탈당해 창덕궁에서 쫓겨났고, 연산군은 이 궁궐을 유흥 장소로 만들다가 중종에게 밀려났으며 광해군은 인조에게 폐위당했다.

## 창덕궁의 유일한 청기와 지붕 건물 선정전

선정전(보물 제814호)은 외전에 속하는 편전으로 '정치와 교육을 널리 펼친다'는 뜻을 갖고 있다.

선정전은 정면 3칸, 측면 3칸의 단층 팔작지붕(지붕 끝머리에 'ㅅ' 모양의 널빤지가 달린 지붕) 다포집(처마 끝 하중을 받치기 위해 기둥머리에 대던 나무쪽을 기둥과 기둥 사이에도 올려 짓는 집)이다. 편전은 왕이 신하들과 국가의 정치를 논하던 공식 집무실이었다. 왕은 주요 행사나 국가 의식을 치를 때만 인정전을 이용했을 뿐, 평소에는 이곳에서 더 많이 머물렀다. 편전은 보통 왕이 조회를 하던 정전의 뒤쪽에 있지만, 선정전은 자연환경에 맞추다 보니 인정전의 동쪽 뒤에 자리 잡게 되었다. 규범을 지키되 주변 자연환경에 알맞도록 적응시킨 것이다.

〈동궐도〉(본궁인 경복궁의 동쪽에 위치한 창덕궁, 창경궁, 후원 일부를 그린 그림)를 보면 선정전 지붕이 초록색으로 그려져 있다. 익숙한 먹색이 아니라서 궁금하게 생각하는 사람들이 많을 것이다. 선정전은 왕이 평소에 정사를 펴던 편전인 만큼 격이 높은 건물이다. 그

선정전은 창덕궁에 남은 유일한 청기와 건물이다.

래서 다른 전각들과 달리 청기와를 올렸고, 현재 궁궐에 남아 있는 유일한 청기와 건물이다. 원래 창덕궁 안에는 여러 동의 청기와 건물이 있었는데 모두 불에 타 없어지고 선정전만 남게 되었다. 선정전은 조선 중기 공포(처마 끝의 무게를 받치기 위해 기둥머리에 짜 맞추어 댄 나무쪽)의 형태를 잘 보여 주고 있어 건축사적으로 중요한 의미가 있다.

## 조선시대 가장 많은 왕이 사망한 곳, 대조전

궁궐의 내전에서 가장 중심이 되는 곳이 중궁전, 즉 왕비의 정당正堂인데 창덕궁에서는 대조전大造殿(보물 제816호)이 해당된다. '대조'란 큰 공 또는 위대한 창조란 뜻이지만 실제로는 지혜롭고 현명한 왕자의 생산을 의미한다. 그러므로 대조전은 왕과 왕비의 침실이자 왕자와 공주의 탄생지였고, 어린 왕자와 공주를 교육시키던 곳이라고 볼 수 있다.

대조전은 조선시대 가장 많은 왕이 사망한 곳이기도 하다. 성종(1494), 인조(1649), 효종(1659), 철종(1863), 그리고 대한제국의 마지막 황제인 순종(1926)이 이곳 대조전에서 사망했다.

대조전은 인조 때 재건될 당시 45칸 규모의 건물인 단층 팔작지붕 집이었으나 현재는 정면 9칸, 측면 4칸의 36칸으로 축소되었다. 정면 9칸 중 3칸이 대청이었는데, 서양식 쪽마루와 중국풍 의

대조전은 왕과 왕비의 침실이자 왕자와 공주의 탄생지였다.

자를 갖추어 응접실로 꾸민 것으로 보인다. 대청의 동서쪽으로는 온돌방이 있으며 동쪽은 왕의 침실, 서쪽은 왕비의 침실이었다. 왕비의 침실에는 조선의 마지막 왕비인 순정효황후가 사용하던 침대가 놓여 있다.

대조전의 특징을 또 하나 들면 지붕에 용마루(지붕 가운데의 가장 높은 수평 마루)가 없다는 것이다. 왕의 뒤를 이을 자손을 잉태하는 곳인 대조전에 용마루가 있으면, 용이 깃드는 곳에 또 용이 깃드니 용이 충돌한다는 이유로 대조전에는 용마루를 만들지 않았다.

대조전의 동쪽에 있는 부속채였던 흥복헌興福軒은 조선 왕조에서 가장 비극적인 역사가 담겨 있는 장소이다. 이곳에서 1910년 마지막 어전회의를 열어 한일합병, 즉 경술국치가 결정되어 519년이란 긴 역사를 자랑했던 조선 왕조가 막을 내렸기 때문이다.

## 헌종이 후궁을 위해 마련한 소박한 건물, 낙선재

창덕궁의 동쪽 끝에는 낙선재(보물 제1764호)라는 소박한 건물이 있다. 소박한 건물이라 해도 상당한 규모이다. 낙선재는 헌종이 후궁을 위해 마련한 사적인 공간이다. 이곳에서 헌종은 경빈 김씨를 옆에 두고 편안하게 책을 읽고 서화를 감상하며 한가롭게 머물렀다.

원래 이곳에는 기정旗亭이라는 건물이 있었다. 헌종은 한때 반달이라는 미색에 빠져 지냈는데, 반달이 이곳에 거처했다. 기정은 주점을 뜻하므로 궁궐 속의 비밀 요정인 셈이다. 궁궐 안에 비밀 요정이 있다는 말을 듣고 유생들이 벌 떼처럼 일어나 거듭 상소를 올렸는데 그 내용이 매우 과격했다. 용천 기생인 초월이 올린 상소문을 보면 왕이 구미호와 다를 것 없는 평양 기생에게 빠져 백성이 도탄에 빠졌다고 적었을 정도였다. 결국 헌종은 궁궐 내에 비밀 요정을 두어 국사를 소홀히 한다는 말에 기정을 헐고 그 자리에 낙선재를 지었다.

낙선재는 궁궐에 있는 건물이지만 단청을 하지 않고 대신 창살과 벽을 아름다운 문양으로 장식했으며, 둘레로 행랑을 두어 서화를 보관할 수 있게 했다. 또한 온돌 아궁이가 있는 주변은 불규칙한 직선으로 빙렬무늬가 모자이크처럼 장식되어 있는데 매우 현대적인 느낌을 준다. 이러한 장식은 우리나라 전통 건축에서 많이 사용된 것으로 궁궐 건축의 곳곳에서 찾아볼 수 있다.

낙선재 후원과 승화루 후원을 연결하는 문은 모양이 특이하다. 미닫이 형식으로 둥근 달 같다고 해서 '만월문滿月門'이라 불리는데 벽돌로 쌓아 다분히 중국풍이다. 바깥쪽 문의 좌우 담벼락에는 수복壽福 등의 길상무늬와 꽃무늬가 가득하다. 만월문은 궁궐의 협문으로는 유일하게 원형으로 만든 문이며, 이곳에서 바라본 북악산 봉우리가 장관이다. 문을 들어서면 한눈에 보이는 인정전 일대의 풍경 또한 매우 아름답다.

낙선재는 1884년 갑신정변 이후 고종이 집무실로 사용했으며, 1917년 대조전 일곽의 대화재로 인해 순종이 잠시 이곳에 머물렀다. 1926년 대조전에서 순종이 눈을 감자 순종의 비인 순정효황후가 여생을 보내기도 했다. 또한 영친왕비 이방자 여사가 1963년에 귀국하여 1989년까지 생활했다. 낙선재 옆에 자리한 석복헌에서는 순정효황후가 1966년까지 살았으며, 수강재에서는 덕혜옹주

창덕궁과 창경궁 경계에 위치한 낙선재는 조선 왕조 마지막 영친왕 이은이 머물렀다.

가 일본에서 귀국해 말년을 보내기도 했다. 현재 석복헌과 수강재의 후원은 일반인의 관람이 허용되지 않으며 연구 같은 특별한 경우에만 공개된다.

## 한국 조원의 대명사, 후원

창덕궁 후원은 일반인에게 '비원秘苑'으로 더 잘 알려져 있다. 원래 이곳은 창덕궁과 창경궁 뒤쪽에 자리 잡았는데 왕가에서 사냥과 놀이, 휴식을 취하던 곳이다. 조선 초기부터 고종 때까지는 후원, 상림원, 내원, 서원, 북원, 금원 등으로 불렸다. 창덕궁 후원은 중국의 이화원, 일본의 계리궁과 함께 아시아의 3대 정원으로 꼽힌다.

창덕궁 후원은 9만여 평의 대지에 100여 종이 넘는 거목들이 있고 작은 냇물과 연못, 정자들이 자연과 조화를 이루며 옛 궁궐의 조원 수법造園手法을 그대로 보여 주고 있어 더욱 의미가 크다. 특히 후원에는 정자와 그 밖의 건물을 합해 원래 250여 칸의 건물이 있었는데, 현재 230여 칸이 남아 있어 과거의 모습을 비교적 잘 간직하고 있다.

조선시대에는 국가의 기간산업이 농사와 양잠이었다. 그래서 왕비가 직접 이를 권장하는 행사인 '친잠親蠶'을 후원에서 열기도 했다. 양잠을 장려하기 위해 후원에 뽕나무를 많이 심었고 그중 한 그루가 천연기념물 제471호로 지정됐다.

후원은 크게 네 구역으로 나뉜다. 첫 번째는 부용지를 중심으로 부용정(보물 제1763호), 주합루, 영화당 등이 들어선 구역이고, 두 번째는 애련지와 애련정, 연경당이 들어선 구역이다. 세 번째는 관람정과 반도지, 존덕정이 있는 구역이고, 마지막으로 옥류천을 중심으로 취한정, 소요정, 청의정 등이 있는 구역이다.

후원에 들어서자마자 눈에 들어오는 곳이 부용정이다. 후원의 꽃이라고 불리는 부용정은 300여 평의 연못에 두 기둥은 뭍에, 두 기둥은 물속에 있는데 뭍과 물은 음양을 의미한다. 부용정 내부에 설치한 창은 팔각형으로 인간을 의미한다. 부용지의 네모난 연못과 둥근 섬은 '하늘은 둥글고 땅은 네모나다'는 천원지방天圓地方 사상을 반영하고 있다.

다음으로 볼 곳은 주합루이다. 이곳은 1층에 규장각이 있어서 유명하다. 우주의 이치를 담고 있다는 뜻의 주합루와 정조 때 탕평책 추진의 중추 기구였던 규장각은 정조 원년(1777)에 지어졌다. 1층에는 왕실의 도서를 보관하는 규장각, 2층에는 대신들이 책을 읽을 수 있는 주합루가 있다. 각 층의 이름이 다르지만, 이 건물을 그냥 주합루라고 부른다.

왕립 도서관이자 연구소인 규장각에 보관된 책들이 무려 8만여 권에 이르자, 방대한 자료를 체계적으로 관리하기 위해 1782년 강화도에 외규장각을 지었다. 잘 알려진 사실이지만 강화도의 외규장각은 1866년 병인양요 때 프랑스 함대에 약탈당했다. 이때 약탈당한 외규장각 의궤를 비롯한 여러 유산은 비록 대여 형식이기

부용지와 부용정은 아름답기로 소문나 조선시대가 배경인 사극에 종종 등장한다.

는 하지만 2011년 프랑스로부터 297책 모두 반환받았다. 현재 서울대학교 규장각에서 보관 중이다.

부용지 동쪽에 있는 영화당도 역사적으로 중요한 장소이다. 영화당의 왼쪽에 있는 넓은 마당을 춘당대春塘臺라고 하는데 이곳에서 전시(왕이 임한 자리에서 보는 과거 시험)를 보았다. 《춘향전》에서 이 도령이 장원급제할 때의 과거 문제가 '춘당춘색고금동春塘春色古今同'('춘당대의 봄빛은 예나 지금이나 한결같다'는 뜻으로, 태평스러운 세월을 이르는 말)이다. 선비들이 과거를 보던 자리가 춘당지 주변이었으므로 과거 이야기가 나올 때는 으레 춘당대가 배경으로 등장했다.

두 번째 지역은 연경당 구역이다. 영화당에서 나와 후원으로 좀 더 깊숙이 들어가면 왼쪽 담장에 두 문이 있다. 금마문金馬門과 불로문不老門이 그것이다. 불로문은 창덕궁에서 돌로 된 유일한 문이다. '늙지 않는 문'이라는 뜻으로 왕의 장수를 기원하기 위해 세워졌다. 지하철 경복궁역 안에 불로문을 똑같이 세워 두어 많은 사람이 애용하는 것을 볼 수 있다. 놀랍게도 불로문은 하나의 돌을 깎아 만든 것이다. 원래의 불로문은 커다란 바위를 ㄷ 자로 깎아서 나무 문짝을 달았다고 하는데, 현재 문짝은 남아 있지 않다.

연경당은 효명세자가 순조와 순원왕후를 위한 잔치를 베풀기 위해 지은 집이다. 속칭 99칸 집으로 유명하지만 실제로는 연경당(사랑채) 14칸, 내당(안채) 10칸 반, 선재 14칸을 포함하여 총 119칸이다. 궁궐 안의 다른 건물들이 단청과 장식을 화려하게 한 것에 비해, 이 집은 단청을 하지 않았고 구조도 일부를 제외하고는 기둥 위에 공포를 두지 않은 민도리집으로 배치 형식도 조선시대 사대부 집을 닮았다. 다만 가묘家廟, 즉 사당이 없다는 점이 일반 사대부 집과 다르다.

연경당은 창건 직후에는 효명세자가 신하를 접견하거나 진작례를 거행하는 장소로, 헌종 대 이후에는 익종(효명세자)의 어진과 모훈을 보관하는 곳으로 사용되었다. 연경당은 부엌을 안채 북쪽에 독립된 공간으로 짓고 담으로 구획했다. 안채의 뒤쪽 통벽문 담 너머에 자리 잡은 이 부엌을 '반빗간'이라 하며, 음식 장만과 안주인이 거느리던 하인들이 허드렛일을 하던 공간이었다.

세 번째 지역은 존덕정 일원이다. 후원의 안쪽으로 들어가면 여러 개의 연못과 정자가 나타난다. 그중 한반도 모양을 닮아 '반도지'라는 이름이 붙은 연못이 있다. 원래 2개의 네모난 연못과 가운데에 섬이 있는 동그란 연못이 하나 있었으나 일제 시대에 일본이

연경당은 화려한 단청이 칠해져 있지 않은 사대부 집을 닮았다.

연못의 모양을 바꾸었다고 한다. 그래서 명칭을 바꾸어 '관람지'라고 부르게 되었다. 관람지는 '닻줄을 매어 경치를 관람하다'는 의미를 갖고 있다.

관람지의 동쪽에 부채꼴 모양의 관람정이 있는데, 《궁궐지》에는 선자정扇子亭으로 기록되어 있다. 우리나라에서 평면이 부채꼴인 정자는 관람정이 유일하다. 우리나라에는 반듯하게 각진 정자들만 있다고 생각하는 사람들의 편견을 깨뜨리는 것으로 유명한 정자이다. 관람정의 둥근 기둥 6개 중 4개는 연못 속에 담겨 있다. 나뭇잎 모양인 관람정의 현판 또한 정자의 외관을 멋스럽게 해 준다.

존덕정은 후원에서 가장 오래된 것으로 육각형 모양을 하고 있어 '육면정'이라고도 불렸다. 이곳에는 정조가 쓴 '만천명월주인옹자서萬天明月主人翁自序'라는 글이 있다. '많은 개울이 달을 받아 빛나고 있지만 하늘에 있는 달은 오직 하나뿐이다. 내가 바로 그 달이요 너희는 개울이다. 그러니 내 뜻대로 움직이는 것이 태극, 음양, 오행의 이치에 합당한 일이다'라는 뜻이다. 정조가 개혁을 과감하게 펼치면서 자신의 말을 따르는 것이 하늘의 뜻이라며 신하들에게 충성을 요구하기 위해 쓴 것으로 보인다.

다리 아래 바닥에는 방지方池 모양의 수조를 만들었다. 위에서 내려오는 물이 고였다가 흘러내리며 생기는 부유물이나 불순물이 가라앉도록 하여 맑고 깨끗한 물이 흘러가도록 하기 위함이었다.

마지막 지역은 옥류천 일원이다. 후원 가장 깊숙한 곳에 있는 거대한 바위인 소요암逍遙岩 아래의 너럭바위에는 옥류천이 흐른다. 옥류천에는 경주의 포석정과 비슷한 공간이 있다. 평평한 바위에 둥글게 길을 내어 물이 그 길을 따라 돌다가 폭포가 되어 떨어지는데, 이 풍경 덕분에 옥류천이 많은 사람들에게 사랑을 받고 있다. 포석정처럼 여기에서도 왕이 술잔을 띄워 보내면 술잔이 닿은 곳에 앉아 있던 신하가 시를 지어 읊어야 하는 시회를 열었다고 한다. 다소 작은 감이 있지만 소수의 신하들과 허심탄회하게 정사를 논하기에는 더없이 운치 있는 곳이다.

후원은 왕이 휴식을 취하면서 정사에 집중할 수 있도록 주변 환경을 고려해 지은 원기 회복과 재충전의 공간이다. 후원에 있는 정자의 형태를 모두 다르게 한 것은 조선 왕실이 결코 고루한 형식에 얽매인 것은 아님을 보여 준다.

또한 돈화문에 들어서자마자 볼 수 있는 천연기념물 제472호인 회화나무도 지나치지 않기 바란다. 나무 높이는 15~16미터, 가슴 높이 줄기 직경은 90~178센티미터에 이르는 노거수이다. 회화나무는 천년을 넘게 살 수 있는데다 나뭇가지 또한 학자의 기개처럼 자유분방하고 의젓하여 '학자수學者樹'라고도 부른다. 영어 이름도 'scholar tree'이다. 중국에서는 예로부터 회화나무를 상서로운 나무라 하여 귀하게 여겼다. 그 기원은 주나라 때 회화나무 세 그루를 조정에 심고 최고위 대신인 삼공三公이 나무 아래에서 정사를 돌보

후원 가장 깊숙한 곳에 자리한 옥류천이다. 바위에 새겨진 '玉流川'은 인조의 친필이다.

았다는 것이다. 이후 우리나라에서도 학자수로 칭송을 받았고, 과거에 급제하거나 벼슬을 얻어 출세한 관리가 관직에서 물러날 때 기념으로 회화나무를 심었다고 한다.

종묘의 '종宗'은 마루, 근본, 으뜸을 뜻하고

'묘廟'는 신주를 모신 사당을 뜻한다

# 왕조의 상징, 종묘

종묘는 종로4가에 있는 정문으로 들어갈 수도 있고 창덕궁에서 창경궁을 지나 다리를 건너 종묘 후문으로 들어갈 수도 있다. 물론 창덕궁부터 종묘까지 천천히 돌아보려면 넉넉한 시간과 체력이 필요하겠지만, 후회 없는 선택이 될 것이다.

종묘의 '종宗'은 마루, 근본, 으뜸을 뜻하고 '묘廟'는 신주를 모신 사당을 뜻한다. 다시 말해 종묘는 조선의 역대 왕과 왕비, 그리고 추존된 왕과 왕비의 신주를 모신 특별한 유교 사당으로 가장 정제되고 장엄한 건축물 중 하나이다. 종묘는 태조인 이성계의 묘가 있어 '태묘太廟'라고도 한다. 또한 '대묘大廟'라고도 하는데, 이것은 '대묘에서는 모든 것을 삼감이 예의 중심'이라는 《논어》의 문구처럼, 의례를 중시하는 유교 사회에서 제례를 위한 가장 중요한 공간이라는 뜻에서 부르는 이름이다.

TV 사극에서 왕이 잘못하면 가장 많이 쓰는 단골 대사 중에 "전하, 이 나라 종묘사직을 버리려 하시옵니까?"라는 것이 있다. 이처럼 종묘와 사직은 함께 따라다니는데 종묘는 인신을 대표하는 왕실의 선조를 제사하는 곳이고, 지신인 지기를 제사하는 사직과 함께 나라를 지켜 주는 신격화된 신성한 곳이기도 하다. 위의 대사를 보더라도 종묘와 사직은 단순한 건물이 아니라 왕조의 상징임을 알 수 있다.

임진왜란 당시 일본군이 부산항에 상륙해 파죽지세로 조선 반도를 점령하자 왕은 허겁지겁 의주로 도망가기에 바빴다. 이런 황망한 상황에도 왕이 가장 먼저 챙긴 것이 종묘에 모셨던 이씨 왕가의 신위였다. 왕가의 신위는 조선 그 자체를 의미할 정도로 중요했기 때문이다. 국가의 중요한 일은 반드시 종묘에 먼저 고하는 의례 절차를 거친 다음에 의결했으며, 나라에 가뭄이나 홍수 같은 천재지변이 발생했을 경우에는 기양제祈禳祭를 빈번히 올렸다.

조상의 덕을 기리는 것은 우리에게 중요한 습속으로 여겨져 왔다. 일이 잘되거나 못되는 것은 다 조상 때문이었던 만큼 왕 또한 그 조상의 덕이 지대하다고 여겼고, 따로 장소를 만들어 조상을 기리고 모시는 것은 매우 중요했다. 더구나 종묘는 왕권의 존엄성을 내외에 과시하고 통치 체제를 공고히 하며 지배 이념을 재해석하 종묘는 조선의 역대 왕과 왕비, 추존된 왕과 왕비의 신주를 모신 특별한 유교 사당으로 가장 정제되고 장엄한 건축물 중 하나이다.

는 등의 기능이 있었다. 사실상 조선 왕조는 종묘와 사직을 얼마나 철저히 지키느냐에 달렸다 해도 과언이 아니었다. 또한 왕조의 역사가 계속되면서 종묘는 마치 살아 있는 거대한 생명체처럼 끊임없이 변모했다.

종묘는 엄밀한 의미에서 조선시대의 신전 건축이라 볼 수 있다. '가장 특징적인 사례의 건축 양식으로서 중요한 문화적, 사회적, 예술적, 과학적, 기술적 혹은 산업의 발전을 대표하는 양식'. 유네스코는 종묘의 이 독창성을 높이 평가했기 때문에 1995년에 세계유산으로 등재한 것이다.

## 유교에서 조상신은 중요한 숭배 대상이었다

공자는 '왕을 평안케 하고 백성을 다스리는 데 예보다 좋은 것은 없다'고 했다. 고대 국가에서는 의례를 백성을 통제하고 통치자의 지위를 더욱 견고하게 만들기 위한 도구로 인식했으며, 조선의 군주들도 유교 국가답게 이를 적극적으로 활용했다.

의례는 중국의 전국시대부터 한초漢初에 걸쳐 편찬된 삼례(《주례》, 《의례》, 《예기》)에 자세히 정리되어 있다. 이렇게 정리된 의례는 당나라 때부터 오례五禮인 길례吉禮, 흉례凶禮, 빈례賓禮, 군례軍禮, 가례嘉禮를 주로 하여 각 왕실을 중심으로 하는 국가 의례가 되었다. 오례를 통해서 왕실은 정치적 권위와 사회 질서 안정을 구현하게 되었다고 이해하는 것이다.

유교 사상에서 사람은 영혼인 혼魂과 육신인 백魄이 결합된 존재이며, 죽음이란 혼과 백이 분리되어 영혼은 하늘로 올라가고 육신은 땅으로 돌아가는 과정이라 생각했다. 그러므로 죽은 조상을 숭배하기 위해 혼을 모시는 사당과 혼백을 모시는 무덤을 세웠다. 초월적 신을 인정하지 않는 종교라 볼 수 있는 유교에서 조상신은 중요한 숭배 대상이었다. 당연히 한 나라의 최고 인격체인 역대 왕들을 모신 종묘는 최고의 사당 건축이자 가장 숭고한 신전으로 건설되었다.

정치적으로 정통의 정권은 제례로 하늘과 땅의 신을 섬겨야 한다고 인식했다. 종묘는 고대 군주들에게 가장 중요한 상징적 의미를 갖는다. 그 이유는 오례에서 제일 중요시하는 길례를 천신天神, 지기地祇, 인귀人鬼에 제사를 지내는 예제로 간주했기 때문이다. 이때 천신에게 제사 지내는 것을 '사祀', 지기에게 제사 지내는 것을 '제祭', 인귀에게 제사 지내는 것을 '향享'이라 한다.

길례는 제사 지내는 대상의 격에 따라 대사, 중사, 소사로 나누어 행했다. 대사는 사직과 종묘이며, 중사는 풍운뇌우, 곧 비, 바람, 구름, 천둥을 맡는 천신과 큰 산이나 강의 신, 농사나 누에를 주관하는 신, 공자와 단군이나 고려의 시조신이 대상이었다. 소사는 날씨와 관계된 영성, 사한과 그 밖에 마조, 선목, 칠사 등이 대상이 되었다.

종묘의 기원은 중국의 주나라 이전으로 거슬러 올라간다. 《예기》에는 '천자는 7묘廟로 3소昭 3목穆에 태조太祖의 묘를 더해 7묘가 되며 제후는 5묘廟로 2소昭 2목穆에 태조 묘를 더해 5묘(소목)가 된다'고 했다.

우리나라는 삼국시대부터 종묘를 세웠다. 신라는 남해왕 3년 봄에 시조인 박혁거세를 위한 묘를, 지증왕은 시조의 탄생지에 신궁을 세웠다. 혜공왕 12년(776)에는 종묘 다섯을 정했는데 김씨의 시조인 미추왕, 태종, 문무왕과 그의 부모 묘이다.

종묘 제도가 본격적인 틀을 갖춘 것은 고려시대로 볼 수 있다. 고려 인종 대의 학자인 최윤의는 고려 및 중국의 의례를 참작하여 《상정고금의》를 정비하여 편찬했다. 고려시대에는 대체로 동당이 실제(같은 건물에 칸만 나눠 신위를 봉안하는 것)를 택하고 신위는 서상 또는 5묘의 소목제를 택했다.

조선시대에 이르러 더욱 적극적으로 종묘와 사직 제도 확립에 힘썼으며 의례를 수신과 치국의 방법으로 중요시했다. 국가례로서의 오례가 갖는 특징은 길례 체계 속에서 잘 나타난다. 매년 정기적, 비정기적으로 치러지는 종묘와 사직의 제례를 왕실의 정치적 권위를 상징하는 제사로 간주했다.

## 종묘는 조선 고유의 형식을 따랐다

종묘는 중국 제후국의 예를 많이 참조했으나 실제로 건물을 짓고 제례를 치르는 과정에서는 조선 고유의 형식을 따랐다. 태실이 9실에 불과한 중국의 태묘와 다르게 우리나라의 종묘는 태실이 19칸이다. 또한 종묘는 정면이 매우 길고 수평이 강조된 형태로 이는 중국과 다르고 서양 건축에서도 그 유래를 찾아볼 수 없는 희귀한 양식이다.

또 하나 눈에 띄는 차이점은 신실(봉상시 안의 신위를 모신 방) 양쪽 끝에 설치된 5칸의 월랑月廊과 신실 앞에 넓게 펼쳐진 월대이다. 월랑이 신실 양쪽 끝에 직각으로 뻗어 있어 종묘 건물은 전체적으로 ㄷ 자 형상을 하고 있다.

《태종실록》에 월랑과 관련한 일화가 나온다. 태종이 월랑을 짓도록 명령하자 신하가 물었다. “동서 이방에 허청虛廳을 짓는 것은 종묘 제도가 아닙니다. 후일에 상국의 사신이 보면 어떻게 되겠습니까?” 그러자 태종은 다시 대답했다. “사신이 무엇 때문에 종묘에 오겠느냐. 혹시 그들이 온다 하더라도 조선의 법이 이런가 하고 생각하지 비난하거나 웃겠는가.” 태종의 답에 중국의 제도에 구애받지 않으려는 의지가 엿보인다. 이 동서 월랑은 하나의 고유한 형식으로 자리 잡아 광해군 때 재건 시에도 그대로 존속되었고, 영녕전에도 갖추어져 조선조 종묘 건물의 독특한 형식으로 굳어졌다.

세종 대에 오자 태실 7칸이 모두 차 버렸다. 이 문제를 해결할 방법은 두 가지였다. 정전을 확장하거나 별도의 건물을 짓는 것이었다. 결국 세종은 정전 서쪽에 영녕전을 신축하여 추존왕 4대의 신위를 옮겼다. 엄밀한 의미에서 정전은 동당이실제를 택했지만 영녕전이라는 별묘를 지었으므로 별묘제도 가미한 셈이다. 건물의

종묘는 정면이 매우 길고 수평이 강조된 형태이며, 태실이 19칸이다.

이름인 '영녕永寧'은 '조상과 자손이 함께 길이 평안하라'는 뜻에서 붙인 것이다. 처음에 영녕전은 중앙 4칸에 좌우로 익실을 1칸씩 더했다.

그런데 13대 명종 대에 다시 한계에 부딪힌다. 정전과 영녕전 모두 선왕들의 신위로 가득 찼기 때문이다. 결국 정전의 태실을 4칸 증축하여 총 11칸이 되었다. 하지만 정전 태실을 계속 늘릴 수만은 없다는 여론이 일자 다음과 같은 봉안의 원칙이 세워졌다.

◇

> 5세가 지난 왕은 원칙적으로 정전에서 영녕전으로 신위를 모셔 봉안한다. 그러나 태종이나 세종과 같이 공덕이 뛰어난 선왕의 위패는 옮기지 않고 영구히 정전에 봉안한다. 덕종이나 장조와 같이 실제 보위에는 오르지 못하고 세상을 떠난 세자들도 추존하여 왕으로 봉안하여 영녕전에 모신다. 그리고 정전 내 가장 서쪽으로부터 선왕의 순으로 신위를 모신다.

현재 종묘는 정전과 영녕전을 합해 부르지만 엄밀한 의미에서 종묘는 현재의 정전만을 가리킨다. 정전이라는 명칭은 영녕전과 구분하기 위해 후대에 붙인 것이다.

1592년 임진왜란 때 궁궐은 물론 종묘 또한 소실되었다. 이듬해 선조가 환도했으나 거처할 곳이 없어 궁은 정릉동의 월산대군이 살던 옛집으로, 종묘는 명종 때 영의정을 지낸 심연원의 집으로

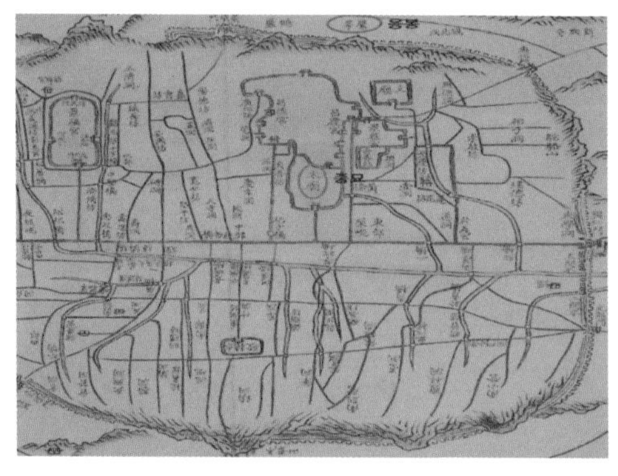


1861년에 제작된 〈수선전도〉에서 종묘 근처의 모습을 볼 수 있다.

삼았다. 이러한 임시 거처 생활은 전쟁을 치르느라 궁핍해진 나라 살림과 계속된 가뭄으로 인해 약 15년 동안 지속되었다. 그러다 나라 안팎으로 안정되어 가자 가장 먼저 종묘 재건에 착수해서 광해군이 즉위한 후에 마무리했다. 이후 헌종 2년(1834)에 정전의 신실 4칸을 늘리고 영녕전 협실 4칸을 증축했다. 이것이 현재 종묘의 모습이다. 지금은 19칸에 19위의 왕과 30위의 왕후의 신주가 모셔져 있다.

한 가지 특이한 점은 연산군과 광해군의 신위가 없다는 것이다. 이는 종묘가 왕실의 정통성을 상징하기 때문으로 해석할 수 있다. 조선의 왕들은 승하하면 삼년상을 치른 다음에 묘호(임금이 죽은 뒤에 생전의 공덕을 기려 붙인 이름)를 받았는데, 연산군과 광해군은 묘호를 받지 못했다. 그래서 두 왕은 종묘에 신주를 모시지 않은 것은 물론, 아직까지 '군'이란 칭호로 불리고 있다. 종묘에 부묘되려면 공덕이 있다고 평가되어야 한다. 이때 정치적 판단이 개입되므로 연산군과 광해군의 신위는 제외된 것이다. 반면에 정종의 경우 오랫동안 묘호 없이 지내다가 숙종 대에 가서야 묘호를 얻었고, 인조는 반정 후 생부를 원종으로 추존해 부묘하기도 했다.

## 종묘의 길은 신도와 어도로 나뉜다

종묘 입구에는 종묘광장공원이 있다. 이곳은 예전부터 많은 사람들의 휴식 공간으로 사랑받았지만 최근에 정비되어 더 많은 사람들이 찾는다. 옹기종기 모여 바둑이나 장기를 두는 것은 물론 산책이나 운동도 한다.

일반적으로 위엄이 있는 건물을 지을 때는 외관에서 웅장함이나 장엄함이 느껴지도록 한다. 그렇기에 건물의 규모는 위엄이 있는 건물을 지을 때 매우 중요하다고 할 수 있다. 기념비적인 건물을 지을 때 가장 많이 사용하는 방법은 같은 요소를 무한히 반복하는 것이다. 그렇게 하면 사람들은 그 건물을 파악할 수 없어 압도당하게 된다. 예를 들어 사람들이 6층보다 높은 건물을 보면 단번에 층수를 파악할 수 없어 높은 건물이라는 생각을 먼저 갖는다.

종묘는 차원이 다르다. 정전은 무려 19칸이다. 이 정도라면 사람들이 건물의 규모에 압도당하지 않을 수 없다. 제례용 목조 건물 가운데 종묘 정전이 세계에서 가장 긴 건물이라는 말이 결코 과언이 아니다. 교토의 사찰 중 종묘보다 긴 건물이 있다고는 하지만 사찰은 제례용 건물이 아니다.

종묘의 길은 신도와 어도로 나뉜다. 신도는 혼령이 드나드는 길이고, 어도는 제사 담당자인 왕과 세자가 이동하는 의례의 길이다. 종묘에 들어서면 어도가 먼저 보인다. 종묘에서 열리는 의례들은 여러 건물과 장소들을 가로지르는 길을 따라 행해진다. 이는 어도가 매우 중요한 역할을 한다는 뜻이다.

두 길은 모두 전돌을 가지런히 깔아 일반 통행로와는 쉽게 구별된다. 정전과 영녕전 마당 중앙을 관통하여 각각의 신문神門으로 이어지는 외줄기 길이 신도인데, 신도의 폭은 전돌 2개의 크기로 매우 좁다. 신도가 이렇게 좁은 이유는 신령은 정신만 있고 몸체가

산 자의 길인 어도는 폭이 넓고, 망자의 길인 신도는 폭이 좁다.

없어 단지 방향만 나타내면 되기 때문이다.

반면에 어도는 전돌이나 거친 넓적돌로 포장된다. 어도는 동문쪽으로만 깔려 있어 왕이라도 남쪽 신문은 지날 수가 없다. 어도는 종묘의 정문에서 시작하여 향대청과 망묘루 앞의 연못을 지나 우측으로 꺾여 재궁에서 멈춘다. 왕은 여기서 목욕재계하고 제사 집전을 준비한다. 다시 어도는 재궁의 서쪽 문에서 시작하여 정전의 동문을 향한다. 제주들은 동문으로 들어가 제례를 지내고 다시 동문으로 빠져나온다. 어도는 정전 남쪽 담장을 끼고 꺾여 영녕전 쪽으로 향하다, 다시 우측으로 꺾여 영녕전 동문을 향한다. 이곳에서도 정전에서와 유사한 절차의 제례를 지낸다.

종묘에서는 의례를 집행하는 곳이 무엇보다 중요하다. 그러므로 종묘의 길들은 걷기 위한 것이 아니라 의식을 치를 때 멈추기 위한 것임을 이해할 필요가 있다. 이를 위해 곧게 뻗기보다는 꺾이는 아이디어를 차용하여 호흡을 조절한다. 너무 빨라지면 일단 멈춘 후 다시 길을 따라 걷는다. 종묘의 길들은 그 자체가 질서이고 의례이며, 행위가 된다는 것을 음미하면서 걸으면 더없이 좋을 것이다.

참고로 신도는 인간이 걷는 길이 아니므로 밟지 않아야 하지만 많은 사람이 이를 모르고 밟고 다닌다. 간혹 이것을 지적하는 사람들이 있는데, 한국의 전통을 지적하는 것이므로 고깝게 생각하지 않았으면 한다.

종묘에는 특이하게 고려 31대왕인 공민왕의 초상을 모신 사당이 있다. 공민왕 신당은 망묘루 동쪽에 있는 별당으로 종묘 창건 종묘에는 특이하게 고려 31대왕인 공민왕의 초상을 모신 사당이 있다.

시에 건립되었다고 한다. 신당 내부에는 공민왕과 노국대장공주魯國大長公主가 한자리에 있는 영정과 공민왕이 직접 그렸다고 전해지는 〈준마도駿馬圖〉가 있다.

공민왕은 당시 고려인의 생활 속에 뿌리내린 몽골족의 머리 형태와 복장을 과감히 폐지하고 고려의 전통을 회복하려고 노력했다. 또한 정치를 개혁하고 옛 영토를 회복하려고 부단히 노력해 많은 업적을 남겼다.

이성계를 발탁한 인물도 공민왕이다. 훗날 조선을 세운 이성계는 자신을 중용한 공민왕에 대한 예의를 지키고, 그의 자주정신을 높이 평가하여 종묘에 신당을 마련했다고 알려졌다. 신당의 정식 명칭은 '고려공민왕영정봉안지당高麗恭愍王影幀奉安支堂'이다.

## 장엄한 분위기를 갖고 있지만 위압감이 느껴지진 않는다

종묘 정전(국보 제227호)은 매 칸마다 신위를 모신 신실인 감실 19칸, 그 좌우의 협실 2칸의 박공지붕 건물이다. 그리고 협실 양 끝에서 직각으로 뻗어 마치 신실을 좌우에서 보위하는 듯한 형태를 취하고 있는 동서 월랑 5칸으로 구성되어 있다. 남문인 신문에서 보면 이중으로 된 월대가 보인다. 동서 109미터, 남북 69미터나 되는 하월대로, 우리나라 단일 월대 중 가장 크다. 하월대 북쪽으로 상월대가 한 단 높게 마련되었는데 하월대와 마찬가지로 박석이 바닥 전체를 덮고 있다.

정전의 전면에는 각 칸마다 두 짝의 판문을 달았으며 문틀 아래쪽 신방목 머리에는 삼태극을 조각했다. 문 외부에는 발을 칠 수 있게 되어 있어, 제향 때 판문을 열고 발을 늘어뜨린 채 제의를 행한다. 판문의 내부 좌우에는 4개의 황색 의장儀仗을 둘러 장식했는데 우산 모양의 용개와 봉개, 커튼 모양의 용선과 봉선이다. 뒷면 툇칸에는 감실이 설치되었는데, 감실은 한 칸의 방으로 구성되었고 이들 사이는 벽이 아니라 발로 구분하고 있다. 감실에는 서쪽에 왕의 신위, 동쪽에 왕비의 신위가 봉안되어 있다.

정전의 신실 한 칸의 구성을 보면, 우선 제일 뒤에 신위를 모신 감실이 있다. 그 앞에 제사를 지낼 공간이 마련되어 있으며, 끝에 있는 문밖에는 툇간 1칸이 추가로 있다. 제사를 지내는 데 필요한 최소한의 공간 구성이자 최대 구성으로 볼 수 있다.

종묘는 궁궐만큼 화려하지 않고 단순하지만 지루하지 않으며, 장엄한 분위기를 갖고 있지만 위압감이 느껴지진 않는다. 종묘만이 갖고 있는 고전적인 아름다움은 여기에서 나온다.

종묘의 기둥들은 건축 기법 중 잘 알려진 배흘림 기법으로 만들어졌다. 기둥의 단면 형태는 기둥을 깎는 기법에 따라 원통기둥, 민흘림기둥, 배흘림기둥으로 나뉜다. 원통기둥은 기둥 위부터 아래까지 일정한 굵기를 가지는 것으로 송광사 국사전, 내소사 대웅보전에서 볼 수 있다. 민흘림기둥은 안정감과 시각적인 효과를 위해 기둥머리의 지름이 기둥뿌리의 지름보다 작은 기둥을 말한다. 개암사 대웅전, 쌍봉사 대웅전, 화엄사 각황전, 서울 숭례문 등이 이런 구조를 갖고 있다. 배흘림기둥은 기둥 높이의 3분의 1 지점에서 가장 굵어졌다가 다시 차츰 가늘어진다. 배흘림기둥은 착시 현상을 교정해 준다는 장점이 있다. 배흘림기둥은 부석사 무량수전, 화엄

눈 쌓인 정전 풍경은 거대한 수묵의 진경 산수화 같은 장관을 연출한다.

사 대웅전 등에서 볼 수 있으며 서양 건축에서도 쉽게 발견된다.

종묘의 또 다른 건축적 특징은 궁궐과는 달리 색채를 극도로 절제했다는 점이다. 목재도 단청을 칠하지 않고 주칠로만 마감했다. 이처럼 절제미를 가진 신실이 19칸으로 길게 연속되면서 장엄함을 느끼게 한다.

정전 지붕의 물매(경사도)가 거의 40도로 가파른 것도 눈에 띈다. 정전은 가로 길이 101미터, 건평이 1,270제곱미터(약 385평)로 동시대의 단일 목조 건축물로는 세계에서 규모가 가장 큰 것으로 추정된다. 정전은 왕에게 제사를 지내는 공간을 건축 요소만으로 격식 있고 장엄하게 구현한 조선시대의 걸작품이라고 할 수 있다. 종묘는 정전 하나만으로도 세계문화유산에 들어갈 수 있다는 평가를 받은 것이다.

학자들은 정전이 동서 월랑을 두어 ㄷ 자 형태를 이루고 건물 앞에 넓고 장대한 월대를 갖춘데다, 조선시대 건축이 지향했던 고유한 건축관과 토착 기술이 더해져서 독특한 형태와 뛰어난 조형미를 갖춘 건축물이 되었다고 평가한다.

## 종묘는 죽은 자들을 위해 만들어진 신전이다

정전 안에는 공신당과 칠사당이 있다. 공신당은 하월대 남쪽 아래에 있는 건물로 조선의 역대 공신

❶ 칠사당은 공신보다 서열이 높기 때문에 서쪽에 위치한다.

❷ 공신당에 봉안된 공신들은 왕과 운명을 같이해, 왕이 정전에 계속 남아 있으면 공신들도 공신당에 남을 수 있었다.

들의 위패를 모시고 있다. 창건 때는 3칸에 불과했으나 공신들이 늘어남에 따라 16칸으로 증축되어 현재 88명의 신위가 모셔져 있다. 일반적으로 왕 1명당 2~3명이 선정되므로 선정된 공신은 가문 최고의 영예로 여겨졌다. 한국 건축에서 가장 긴 건물 중의 하나이지만 형태는 매우 간소하다. 왕의 신실과 한 경내에 있어서 형식을 낮추어 지었기 때문에 그다지 눈에 띄지는 않는다.

칠사당은 왕실 제례 과정에 관여하는 7명의 신들을 모시고 제

정전의 서북쪽에는 영녕전이 있다. 영녕전은 세종 3년(1421)에 정종의 신주를 종묘에 모실 때 지은 건물이다.

사를 지내는 곳이다. 종묘 창건 때부터 정전 울타리 안에 있었다. 칠사당에서는 봄에는 궁중의 신(사명)과 출입을 관장하는 신(호)에게, 여름에는 음식을 관장하는 신(주)에게, 가을에는 궁중 출입을 담당하는 신(국문)과 상벌을 주관하는 신(태려)에게, 겨울에는 도로의 행장을 관장하는 신(국행)과 중류에게 제사를 지낸다.

정전의 서북쪽에는 영녕전永寧殿(보물 제821호)이 있다. 영녕전은 세종 3년(1421)에 정종의 신주를 종묘에 모실 때 지은 건물이다.

영녕전 신실 하나하나의 구성은 정전과 큰 차이가 없지만 부재의 크기나 건물의 규모는 정전보다 작다. 정전에서와 같은 장대함이 느껴지지는 않지만, 오히려 그 때문에 공간이 한눈에 쉽게 들어와 친근감을 더해 준다.

영녕전의 구성도 비교적 간단하다. 네모난 아랫부분에 원형의 주좌를 둔 주춧돌이 있다. 여기에 둥근 기둥과 간단한 초각(돋을새김)을 한 익공을 짜고 한 칸은 개방하고 안에는 두 짝 판문을 달았다. 좌우 익실 앞으로 동서 월랑이 ㄷ 자 형태를 이루고 그 사이는 박석을 덮은 상하 월대로 구성되어 있는 것도 정전과 같다. 또한 부연 없는 홑처마로 서까래를 꾸민 것이나 표면의 단청을 생략하고 간단한 주칠로 마무리한 것 외에도 정전과 유사한 점이 많다.

종묘는 철저하게 죽은 자들을 위해 만들어진 신전이다. 중국의 태묘는 신위를 모신 곳과 제사를 지내는 곳이 서로 다른 건물에 있어 제사 때마다 신위를 옮겨야 했다. 다시 말해 살아 있는 제주의 공간으로 죽은 혼들을 이동시킨, 산 자 중심의 구성이다.

반면 종묘는 신위를 모신 사당이 곧 제사의 장소가 되며 후손인 제주는 길게 이어진 사당들을 지나면서 제사를 드리는, 철저하게 죽은 자들을 중심으로 지어졌다.

## 조선시대 제례 중 가장 격식 있는 왕실 의례

종묘는 장엄함과 당당함을 보여 주는 한편 사당이라는 용도에 맞게 단정하고 소박하면서도 단순한 면을 보인다. 그러나 종묘가 한국을 대표하는 문화유산으로 인정받게 된 이유는 중국의 제도를 그대로 따르지 않고 조선 고유의 방식으로 만들어졌기 때문이다. 더불어 종묘의 가치가 더욱 높아진 데는 2001년 유네스코의 '인류 구전 및 무형유산 걸작'으로 선정된 종묘 제례와 종묘 제례악의 영향도 크다.

종묘 제례 때 선왕의 공덕을 기리는 노래를 기악 연주에 맞춰 부르며 춤으로 표현하는데, 이를 '종묘 제례악'이라고 한다. 이때 부르는 노래는 '악장樂章'이라 하고, 춤은 여러 명의 무용수가 줄을 지어 춤을 춘다는 뜻으로 '일무佾舞'라고 한다. 그러므로 종묘 제례

세계무형유산에 등록된 종묘 제례에 쓰이는 집기와 집전 모습. 종묘 제례는 조선시대의 모든 제례 중에서도 가장 격식 있는 왕실 의례이다.

악은 노래와 악기 연주, 춤이 하나의 종합적인 구성으로 존재한다는 것이 특징이다.

이는 조선 세종 때 궁중 희례연에 사용하기 위해 만들어졌던 보태평保太平과 정대업定大業에 연원을 두고 있으며, 세조 10년(1464) 제례에 필요한 악곡이 첨가되면서 종묘 제례악으로 정식 채택되었다. 종묘 제례악은 이후 임진왜란을 겪으면서 일시적으로 약화되었으나 광해군 때 점차 복구되어 오늘날까지 전승되고 있다.

종묘가 갖는 문화유산적 가치는 크게 세 가지가 있다. 첫째는 제도상의 측면으로 중국의 형식을 그대로 수용, 모방하는 데 그치지 않고 조선의 여건에 맞게 적절히 변용했다는 점이다. 둘째는 건축적인 측면에서 조선의 자연관이나 심미관에 바탕을 두고 독창적인 형태를 창출했다는 점이다. 마지막으로 600여 년을 이어 온 종묘 제례와 제례악이 갖는 긴 생명력이다.

엄밀하게 말하면 유네스코 무형유산은 세계유산과는 격과 틀을 달리하지만, 종묘 제례와 종묘 제례악이 무형유산으로 지정되었다는 사실은 그만큼 중요성을 인정받은 것으로 볼 수 있다. 종묘 제례와 종묘 제례악은 조선시대의 모든 제례 중에서도 가장 격식 있는 왕실 의례이다. 이 의례가 세계적인 인정을 받는 것은 유네스코 세계문화유산인 종묘에서 진행되고, 1462년에 정형화된 형태를 600년 이상 거의 그대로 보존하고 있기 때문이다. 또한 현재까지 전수된 전 세계의 의례 중에서 가장 오래된 종합적 의례라는 것도 중요한 이유이다.

종묘 제례에는 많은 인원이 동원된다. 크게 제관, 집례관, 신위를 받드는 사람과 행사를 보조하는 사람으로 구성된다. 그 직책은 모두 27종이며 신실이 늘어나면 각 직책에 종사하는 인원도 따라서 증가한다. 조선 말기에는 수백 명의 종사원이 참여했던 것으로 보인다. 왕은 제관 가운데 초헌관이 되고 왕세자가 아헌관, 영의정이 종헌관이 된다.

종묘 제향은 정전의 경우 원래 춘하추동에 받드는 제사와 납향제(섣달) 등 5회가 있었다. 영녕전의 경우 춘추 2회였으나, 1971년부터 '전주이씨대동종약원'이 정전과 영녕전 제사를 통합해 매년 5월 첫째 일요일에 종묘 제례를 지내고 있다.

한밤중에 횃불과 조촉을 밝히고 봉행하던 종묘 제례는 1969년부터는 낮 시간으로 바뀌어 진행되다가 2012년부터는 11월 첫째 토요일에도 봉행한다. 행사도 제례 중심에서 어가 행렬, 영녕전

종묘대제는 현재 5월과 11월에 봉행한다.

제향, 정전 제향으로 나누어 보다 품격을 높였다. 특히 어가 행렬은 경복궁에서 종묘까지 직접 행차하는 과정을 재현하여 많은 사람이 길에서도 볼 수 있다. 종묘 제례를 다 보려면 몇 시간이 걸리지만 세계 최고의 제례를 보면 후회하지 않을 것이다. 이 기간에는 종묘에 워낙 많은 사람들이 방문하므로 사전 예약을 하거나 일찍 오는 것이 좋다.

500년 이상 이어진 한 왕조의 왕릉들이
큰 훼손 없이 잘 보존되어 있는 경우는 세계적으로
조선왕릉이 유일하다

# 과거와 현재를 이어 살아 숨 쉬고 있는 조선왕릉

2009년 6월, 동구릉·광릉·태릉을 비롯한 조선시대 왕릉 40기가 한꺼번에 세계유산으로 등재됐다. 이는 조선왕릉의 중요성을 세계적으로 인정받았다는 증거이기도 하다. 500년 이상 이어진 한 왕조의 왕릉들이 큰 훼손 없이 잘 보존되어 있는 경우는 세계적으로 조선왕릉이 유일하다.

조선왕릉은 무려 42기이다. 태조 이래 왕위를 공식적으로 이어받은 사람은 27명이다. 그러나 왕릉이 42기나 되는 것은 왕후와 왕위에 오르지 못하고 사망했으나 사후 추존된 왕과 왕비의 무덤을 모두 포함하기 때문이다.

문화재청은 총 42기의 조선시대 왕릉 중 북한 개성에 있는 제릉(태조 원비 신의왕후의 능)과 후릉(제2대 정종과 정안왕후의 능)을 제외한 40기를 2008년 유네스코 세계유산으로 등재 신청해서 1년 만에 유네스코의 엄격한 심사를 통과했다. 물론 폐위된 연산군과 광해군의 능은 포함되지 않았다.

## 전 세계에서 유래를 찾아볼 수 없는 왕릉인 것은

조선왕릉이 세계유산으로 인정받은 근본적인 요인은 단지 왕의 무덤이기 때문만이 아니다. 조선시대의 긴 역사를 포함해 당대의 건축 양식과 미의식, 철학이 고스란히 담겨 있는 문화의 결정체이기 때문이다. 국제기념물유적협의회ICOMOS는 조선왕릉 40기 전체를 실사하고 나서 조선왕릉이 갖고 있는 가치를 다음과 같이 보고했다.

◇

첫째, 유교 사상과 토착 신앙 등 한국인의 세계관이 반영된 장묘葬墓 문화 공간이다.

둘째, 자연경관을 적절하게 융합한 공간 배치와 빼어난 석물石物 등 조형 예술적 가치가 뛰어나다.

셋째, 제례 의식 등 무형유산을 통해 역사의 전통이 이어져 오고 있다.

넷째, 왕릉 조성이나 관리, 의례 방법 등을 담은 《국조오례의》, 《의궤》, 《능지》 등 고문서가 풍부하다.

다섯째, 조선왕릉 전체가 통합적으로 보존·관리되고 있다.

조선왕릉을 실사한 유네스코 심사위원은 경탄했다. "한 왕조가 500년 이상 지속된 것도 놀랍지만 재위한 모든 왕의 무덤이 남아 있는 경우는 중국, 일본을 비롯한 동아시아는 물론 세계적으로도 유래를 찾을 수 없다." 일본의 경우 3~7세기에 다양한 형태의 능침이 조성되기는 했다. 하지만 그 이후에 왕릉은 눈에 띄게 규모가 작아지고 불교가 성행함에 따라 왕릉 대신 석탑이 조성됐다. 베트남의 경우엔 중국 왕릉과 비슷한 부분이 많아 조선왕릉에 비하면 독자성이 떨어진다. 중국 명·청시대의 황릉은 자연미를 엿볼 수 없는데다 더 이상 제례가 행해지지 않는다.

이렇듯 과거와 현재를 이어 살아 숨 쉬고 있는 왕릉은 조선왕릉이 유일하다. 특히 서울시의 팽창이 가져온 개발 압력에도 불구하고, 녹지가 잘 남아 있는 것만 해도 세계유산으로서의 가치가 충분하다고 할 수 있다. 수도권 일대 조선왕릉의 녹지를 모두 합치면 무려 1,935만 3,067제곱미터(약 585만 4,303평)에 이른다.

조선왕릉의 세계유산 등재는 매우 파격적이었다. 그 이유는 2009년 6월 27일 스페인 세비야에서 열린 제33차 유네스코세계유산위원회 회의장에서 찾을 수 있다. 세계유산 등재 여부를 심사하는 국제기념물유적협의회는 조선왕릉에 최고 등급인 '등재 권고'

조선왕 국장 행렬 모형도이다. 조선왕릉은 조선시대의 철학, 미의식 등이 고스란히 담겨 있는 문화의 결정체이다.

평가를 내리고 그 이유를 5분 동안 설명했다. 설명이 끝나자 호주를 위시한 4개국 위원의 지지 발언이 이어졌다. 당시 마리아 세군도 위원장의 발언이다. "모두 조선왕릉의 가치를 인정하니 시간을 절약하기 위해 심의를 끝내겠다." 단 15분 만에 등재가 결정된 것이다. 논란이 되는 유산의 경우 3시간 이상 심의가 이어질 때도 있음을 볼 때 조선왕릉의 등재가 얼마나 파격적이었는지 알 수 있다. 유네스코 심사위원들로부터 파격적인 대우를 받은 세계유산 조선왕릉 40기의 내역과 그 무덤의 주인공은 다음과 같다.

**동구릉**(사적 제193호)

건원릉(제1대 태조)

현릉(제5대 문종 및 현덕왕후 권씨)

목릉(제14대 선조 및 의인왕후 박씨, 계비 인목왕후 김씨)

휘릉(제16대 인조계비 장열왕후 조씨)

숭릉(제18대 현종 및 명성왕후 김씨)

혜릉(제20대 경종비 단의왕후 심씨)

원릉(제21대 영조 및 계비 정순왕후 김씨)

수릉(추존 문조 및 신정왕후 조씨)

경릉(제24대 헌종 및 효현왕후 김씨, 계비 효정왕후 홍씨)

### 서오릉(사적 제198호)

경릉(제9대 성종 부친 덕종 및 소혜왕후 한씨)

창릉(제8대 예종 및 계비 안순왕후 한씨)

명릉(제19대 숙종 및 계비 인현왕후 민씨, 인원왕후 김씨)

익릉(제19대 숙종비 인경왕후 김씨)

홍릉(제21대 영조비 정성왕후 서씨)

### 서삼릉(사적 제200호)

효릉(제12대 인종 및 인성왕후 박씨)

예릉(제25대 철종 및 철인왕후 김씨)

희릉(제11대 중종계비 장경왕후 윤씨)

### 헌인릉(사적 제194호)

헌릉(제3대 태종 및 원경왕후 민씨)

인릉(제23대 순조 및 순원왕후 김씨)

**영녕릉**(사적 제195호)

영릉(제4대 세종 및 소헌왕후 심씨)

영릉(제17대 효종 및 인선왕후 장씨)

**선정릉**(사적 제199호)

선릉(제9대 성종 및 계비 정현왕후 윤씨)

정릉(제11대 중종)

**태강릉**(사적 제201호)

태릉(제11대 중종계비 문정왕후 윤씨)

강릉(제13대 명종 및 인순왕후 심씨)

**홍유릉**(사적 제207호)

홍릉(제26대 고종 및 명성황후 민씨)

유릉(제27대 순종 및 순명황후민씨, 순정황후 윤씨)

**광릉**(사적 제197호, 제7대 세조 및 정희왕후 윤씨)

**장릉**(사적 제203호, 제16대 인조 및 인열왕후 한씨)

**장릉**(사적 제196호, 제6대 단종)

의릉(사적 제204호, 제20대 경종 및 계비 선의왕후 어씨)

융건릉(사적 제206호)

융릉(추존 장조(사도세자) 및 헌경왕후 홍씨)

건릉(제22대 정조 및 효의왕후 김씨)

정릉(사적 제208호, 제1대 태조계비 신덕왕후 강씨)

사릉(사적 제209호, 제6대 단종비 정순왕후 송씨)

파주삼릉(공순영릉, 사적 제205호)

공릉(제8대 예종비 장순왕후 한씨)

순릉(제9대 성종비 공혜왕후 한씨)

영릉(제21대 추존 진종(영조 맏아들) 및 효순왕후 조씨)

온릉(사적 제210호, 제11대 중종비 단경왕후 신씨)

장릉(사적 제202호, 제16대 추존 원종(인조 부친) 및 인헌왕후 구씨)

## 민간 차원에서 먼저 시작됐다

조선왕릉의 세계유산 등재는 민간 차원에서 먼저 시작됐다는 것이 더욱 눈길을 끈다. 경기도 구리시에서 지역 사회와 일부 역사·문화학계 인사들이 왕릉 관광지 개발을 위해 동구릉의 세계유산 등재를 추진했다. 그러자 2004년에 문화재청이 이를 발전시켜 각지에 분산되어 있는 조선왕릉 40기를 일괄 신청했다.

역사가 긴 만큼 왕릉을 둘러싼 사건도 많았다. 서울시 강남구에 있는 선릉과 정릉처럼 임진왜란 때 일본군이 파헤쳐서 다시 만든 곳도 있고, 능을 다른 곳으로 옮기거나 후일 왕으로 추존되면서 본래 모습이 바뀐 경우도 있다. 이러한 우여곡절에도 조선왕릉은 조성될 때의 모습을 거의 그대로 간직하고 있어, 능이 만들어진 시기를 정확히 반영하고 있다는 점에서 남달리 높은 가치를 지닌다.

세계유산으로 등재된 조선왕릉을 답사하려면 튼튼한 체력과 강한 의지가 필요하다. 왕릉이 40기나 되는데다 왕릉 하나하나의 면적이 넓고 여러 곳에 흩어져 있어 웬만한 체력으로는 감당이 안 되기 때문이다. 또한 미리 철저히 공부해 두지 않으면 한두 군데 왕릉만 보아도 지루해질 수 있다. 안내판에 있는 전문 용어와 한자 때문에 왕릉을 깊이 이해하기 어렵고, 게다가 왕릉들이 비슷해 보여서 왕릉의 가치를 이해하겠다는 강한 의지가 없으면 답사하기가 쉽지 않다.

그러니 조선왕릉이란 커다란 산맥을 넘으려면 기초 정보는 미리 익혀 두어야 한다. 왕릉에 도착해 그 정보들을 참고하며 둘러본다면 더 알찬 답사가 될 것이다. 왕릉에 따라 사전에 허가를 받아야 하는 곳도 있다.

## 왕릉의 준비는 왕이 즉위하는 순간부터

능, 원, 묘 등 조선 왕족의 무덤은 모두 119기에 이른다. 이 중 능이 42기, 원이 13기, 묘가 64기이며, 묻히는 사람의 신분에 따라 능, 원, 묘로 명칭이 다르다.

왕릉은 기본적으로 왕으로 즉위하는 순간부터 준비가 시작된다. 왕이 즉위하는 해에 재궁(시신을 넣을 관)을 만들고, 1년에 한 번씩 옻칠을 한다. 그 뒤에 왕이 죽으면 붉은 비단을 사방에 붙이고, 네 모퉁이에 녹색 비단을 붙인다. 재궁 바닥에는 쌀을 태운 재를 깔고 칠성판(북두칠성 모양으로 구멍을 뚫은 나무판)을 위에 놓는다. 그 위에 붉은 비단 요를 깔고 시신을 모신다. 그 뒤 재궁을 찬궁欑宮에 모시게 되는데, 안에는 사방신이 각 방위에 따라 위치한다. 머리가 남쪽으로 가도록 모신 후 도끼 모양이 그려진 붉은 비단으로 덮는다. 이후 병풍을 설치하고 제사를 올린다.

이어서 왕이 묻힐 곳을 정하는데 대부분 지관이나 대신이 정하지만, 왕이 직접 정하는 경우도 있다. 일반적으로 모든 왕릉은 풍수지리설을 기본으로 한다. 동쪽에 청룡, 서쪽에 백호라 부르는 산줄기가 서로 감싸고, 안산(능의 맞은편에 있는 산)이 능의 전방으로 우회하는 곳이 좋다. 또한 안수案水는 능의 좌우측에서 발원해 연못과 도랑물이 능 앞의 명당을 지나 안산으로 흘러 냇물에 임하는 형세를 최고로 본다.

능 자리는 왕궁에서 100리 안으로 정했다. 그래서 강원도 영월로 유배되어 비극적인 죽음을 맞이한 단종의 장릉(영월군)을 제외한 조선왕릉 39기는 서울, 경기 일대에 모여 있다. 왕릉의 거리를 제한한 것은 왕이 하루 안에 왕릉에서 제례를 올리고 궁으로 돌아올 수 있도록 하기 위해서였다. 능의 관리를 위해 기본적으로 영 1인, 참봉 1인을 두었으며, 참봉은 종친부에서 대군이나 왕자군의 봉사손(제사를 받들 수 있는 후손)을 자유로이 임명했다.

국상이 벌어지면 이조판서는 곧바로 의정부에 보고해 임시 기구인 빈전도감, 국장도감, 산릉도감을 설치하고 국장을 분담한다. 빈전도감은 겉과 안이 흰 비단옷을 9겹으로 입히는 습, 염, 성빈, 빈전을 설치하며(세자나 왕세자빈은 '빈궁', 그 외 일반인은 '빈소'라 함), 재궁 설치, 상복을 입는 성복成服, 장례가 끝난 후에 3년간 신위를 안치하는 혼전魂殿에 소용되는 물건을 준비하는 일 등을 맡는다.

국장도감은 재궁, 견여(가마), 반우거(수레), 보여(금으로 만든 도장을 싣는 가마), 명기(생전에 쓰던 물건을 상징하지만 규모가 매우 작으며 왕후 능에는 넣지 않음), 책보, 복완服玩, 청석으로 만드는 지석, 제기 등을 만드는 일을 맡는다.

또한 승하한 왕이나 왕비에게 시호, 능호, 묘호(왕후에게는 없음)와 존중해서 부르는 존호를 내려 준다. 일반적으로 '조'는 왕조를 처음 열거나 그에 준하는 공로가 있을 경우에만 붙였으며 '종'은 그 뒤를 이은 왕에게 붙였다. 철종 때 순종을 순조로 바꾸면서 묘호를 높이는 풍조가 생겼고, 대한제국이 되자 묘호를 대대적으로 격상했다. 현재 우리가 알고 있는 왕의 명칭은 후대에 고친 것이다. 조선의 왕 중 묘호가 '조'인 경우는 추존된 사도세자 장조와 문조를 제외하고 태조, 세조, 선조, 인조, 영조, 정조, 순조 등이 있다. 참고로 말하자면 정2품 이상의 재상이 죽어도 시호를 내려 주었다.

능호는 왕이나 왕후 또는 추존된 왕이나 왕후에게 내리는데, 태조 이성계는 조선 왕조를 세웠으므로 건원健元이란 두 글자를 사용하고 그 외에는 모두 외자이다. 왕세자나 왕세자빈, 후궁 소생으로서 왕위에 올랐을 때 그 생모에게 원호를 내려 주는 경우가 있고, 그 외에 대군이나 군은 모두 '묘'라 한다. 묘호는 왕이 승하한 뒤에 이름을 피해 종묘에 봉안하는 호칭을 말한다.

산릉도감은 금정(무덤의 구덩이를 파는 일), 현궁, 석인(무덤 앞에 세우는, 돌로 만든 사람 형상), 석수, 비각, 정자각, 재방(제관이 목욕재계하는 처소로 지은 재실과 제기고), 제수나 제복 등 제사 일체를 관장하는 전사청, 향을 보관하는 향대청, 그리고 수릉군 70명이 능을 지키기 위해 지은 수복방(제기를 보관하거나 능을 지키는 관리가 있던 방), 부엌인 수라간 등을 준비한다.

## 조선왕릉은 봉분의 형태에 따라 구분된다

초기에는 조선왕릉의 분묘를 석실과 석곽으로 만들고 상부에 봉분을 만들었다. 《국조오례의》에는 2명을 안장하는 합장릉 형식의 석실 구조가 기록되어 있다. 석실을 조립하고 안에 재궁을 넣은 다음, 석실을 삼물(석회와 세사 황토를 섞은 것)과 숯으로 감싸서 땅에 묻고 병풍석과 난간석을 설치했다. 15세기 전반까지 대부분의 왕릉 내부는 석실로 만들어졌는데, 이와 같은 왕릉 조성에는 엄청난 인원과 예산이 필요했다. 그래서 세조는 왕릉을 간소화하라는 명을 내렸다. "내가 죽으면 속히 썩어야 하니 석실과 석곽을 사용하지 말고 병풍석을 쓰지 말라."

석실을 사용하지 말라는 것은 돌을 사용하지 말라는 의미이므로 대안으로 회격(관을 봉분 속 광중에 내려놓고 그 사이를 회로 메워서 다

조선왕릉 석실 구조도. 15세기 전반까지 대부분의 왕릉 내부는 석실로 조성되었는데, 이를 위해 엄청난 인원과 예산이 필요했다.

★ 사진 이창환 제공

지는 일)을 채택했다. 세조의 유언으로 광릉이 조선왕릉 중에서 최초로 회격을 이용한 방식으로 조성되었다.

세조의 지시로 만들게 된 회격 왕릉은 예상보다 좋은 결과를 얻었다. 무덤 자체도 견고하지만 공사 기간을 단축하고 인원도 줄일 수 있었다. 임진왜란 때 왜군이 문정왕후의 능인 태릉을 도굴하려고 100명이나 동원했는데도 워낙 견고해 도굴을 포기하고 철수했을 정도였다.

조선왕릉은 봉분의 형태에 따라 여러 가지로 구분된다. 왕이나 왕비의 봉분을 단독으로 조성한 형태를 '단릉'이라고 하는데, 조선왕릉 중 왕만 단독으로 있는 무덤은 장릉(단종)을 제외하면 건원릉(태조)과 정릉(중종)뿐이다. '쌍릉'은 한 언덕에 왕과 왕비의 봉분을 나란히 마련한 형태로 태종의 헌릉이 가장 돋보인다. '삼연릉'은 한 언덕에 왕과 왕비, 계비의 세 봉분을 마련한 형태를 말하는데 경

조선왕릉 회격 구조도. 장경왕후의 능인 휘릉으로 검은색은 숯이다.

위에서부터 단릉인 혜릉, 쌍릉인 원릉, 합장릉인 유릉, 동원이강릉인 현릉, 삼연릉인 경릉으로 조선왕릉은 봉분의 형태에 따라 여러 가지로 구분된다.

릉(헌종, 효현왕후, 효정왕후)이 유일하다. '동원이강릉'은 하나의 정자각 뒤로 한 언덕의 다른 줄기에 별도의 봉분과 상설을 배치한 형태로 세조의 광릉이 효시이다. '동원상하봉릉'은 왕과 왕비의 능이 같은 언덕의 위아래에 걸쳐 각각 조성된 형태를 말한다. '합장릉'은 서울 헌릉과 인릉의 능침 전경. 왕과 왕비의 봉분이 나란히 있는 모습이 돋보인다.

★ 국립문화재연구소 소장

왕과 왕비를 하나의 봉분에 합장한 형태로 조선 왕실의 기본 능제이다. 그리고 조선의 마지막 왕릉인 순종의 유릉은 유일하게 하나의 능에 3명을 합장(동봉삼실)했다.

## 최고의 명당에 위치한 조선왕릉

왕릉은 최고의 명당자리를 엄선해 조성한다. 조선왕릉 중에는 능의 위치를 옮긴 경우가 많은데, 가장 큰 이유는 바로 능침이 풍수지리에 좋지 않다는 믿음 때문이다. 붕당 간의 정쟁과 풍수적 논리로 위치를 옮긴 조선왕릉이 15기나 된다. 풍수지리에 나쁘다고 해서 능을 옮기는 게 이해되지 않는 사람들도 있겠지만, 왕릉에 올라가 보면 왜 번거로워도 옮겼는지 알 수 있을 것이다.

왕릉에는 상설을 설치했다. 그 목적은 후세인들이 무덤의 주인을 알 수 있도록 하는 데 있다. 피장자의 일대기를 적은 지문誌文이 있으나 깊은 땅속에 묻기 때문에 외관상으로는 쉽게 알아볼 수 없다. 그에 비해 상설은 쉽게 그 피장자의 신분이나 위상을 분별할 수 있다.

상설이란 단어는 그 뜻이 넓어져서 능침 자체를 가리키는 용례로도 많이 쓰였다. '마음이 상설에 매달려 있다', '멀리 상설을 바라본다' 같은 표현이 자주 나오는데, 이때 '상설'이란 능 자체는 물론 능에 묻혀 있는 선대의 왕을 가리킨다.

조선왕릉은 죽은 자와 산 자가 만나는 공간인 정자각을 중심으로 두 군데로 나눌 수 있다. 첫 번째는 외금천교, 재실, 연지 등 진입 공간을 지나 홍살문(혼전문), 정자각과 참배도(향도와 어도), 수복방, 수라청이 배치된 곳이다. 이곳은 왕의 혼백과 참배자가 만나는 제향 공간이다. 두 번째는 언덕 위 봉분을 중심으로 곡장과 석물이 조성된 곳으로, 죽은 자를 위한 성역인 능침 공간이다.

왕릉을 천천히 걸어 들어가면 가장 먼저 만나는 것이 돌다리인 금천교이다. 금천교는 왕의 혼령이 머무는 신성한 영역으로 속세와 구분해 주는 구실을 한다. 금천교를 지나면 능원이 신성한 구역임을 나타내는 커다란 문이 있다. 붉은 석간주칠을 한 신문神門인 홍살문이다. 홍살문은 둥근 기둥 2개를 세우고, 위에는 지붕 없이 화살 모양의 나무를 나란히 세워 놓았는데 그 중앙에는 삼태극 문

❶ 구리 동구릉의 재실. 재실에서는 제사 음식을 준비한다.

★ 국립문화재연구소 소장

❷ 유릉 배위. 이곳에서 4배를 하며 혼백을 부른다.

양이 있다. 홍살문 오른쪽에는 제례의 시작을 알리는 정도의 네모난 배위가 있다. 이 배위에서 혼백을 부를 때 4배한다.

홍살문 앞에서부터 정면의 정자각까지 얇은 돌을 깔아 만든 길을 '참도'라고 한다. 참도는 혼령이 이용하는 신도(향도)와 참배자(왕 또는 제관)가 이용하는 어도로 구분돼 있다. 좌측의 신도는 능의 주인인 신이 다니는 길로, 우측의 어도보다 약 10센티미터 정도 높고 넓다. 일반적으로 홍살문에서 정자각까지의 직선거리는 약

90미터지만 능마다 차이가 있다.

참도는 정자각 월대 앞에서 오른쪽으로 꺾어 월대 동쪽까지 이어지는데, 이곳에서 계단을 오르면 배위청이다. 정자각의 계단은 정면에 두지 않고 측면에 만든다. 이것은 참배자가 서쪽을 바라보면서 들어가도록 설계되었기 때문이다. 해가 동쪽(시작과 탄생)에서 서쪽(끝과 죽음)으로 지는 자연의 섭리를 건축물에 활용한 것으로, 동쪽 계단은 신계와 어계로 2개, 서쪽 계단은 1개이다.

그 이유는 올라갈 때는 참배자가 왕의 영혼과 함께하지만 내려올 때는 참배자만 내려온다는 생각 때문이다. 왕의 영혼은 정자각 뒤의 문을 통해 봉분으로 간다고 생각했다. 신계는 기본적으로 3단으로 돼 있으며, 양옆에 구름무늬와 삼태극을 조각한 북 모양의 돌이 있는데 이것은 진행을 가리킨다. 어계는 배석이 없으며 단순한 장대석의 3단 계단이다.

동쪽으로 오른 월대의 형태는 정전의 기단 폭과 배전의 기단 폭이 일치하는 일반 배전형이 많다. 헌관은 월대에 올라 배위석에서 4배하고 동문을 통해 정청으로 들어간다. 배위청은 앞면 1칸, 측면 2칸이며 배위청에 맞닿은 정청은 앞면 3칸, 측면 2칸으로 배위청보다 단을 10센티미터 정도 높게 조성했다. 이 두 건물이 결합해 정丁 자 형태를 갖추어서 '정자각'이라 한다. 정자각은 일반적으로 맞배지붕이다.

제례를 마친 제관들은 정청 서쪽 문을 통해 나와 월대 서쪽 어계를 거쳐 내려온다. 그런 다음 정자각 북서쪽에서 제례 의식을 끝낸다는 의미로 지방을 불사르고 제물을 예감에 묻는다. 조선 초기 능인 건원릉과 헌릉에는 잔대(술잔 받침용 그릇) 형식의 소전대라는 석물이 있었으나, 세종 때부터 소전대 대신 예감(제사를 마친 후 축문 등을 태우기 위한 시설물)으로 대체했다. 그리고 산신에게 제사 지내는 산신석을 능침의 강(사초지 경사면)이 끝나는 정자각 뒤쪽 동북쪽에 세웠는데 규모는 혼유석(넋이 나와 놀도록 한 돌)의 4분의 1 정도이다.

정자각 앞쪽 양옆에는 재실에서 준비한 제례 음식을 데우고 진설하는 수라청, 능원을 지키는 사람의 공간인 수복방(수직방)이 있다. 수라청과 수복방은 참도를 향해 서로 마주하고 있고 정면 3칸, 측면 1칸 규모이며 지붕은 맞배지붕이다. 수라청 근처에는 제례 준비를 위한 어정이 있다. 어정의 위치에 따라 수라청은 아래위로 자리를 이동하기도 한다.

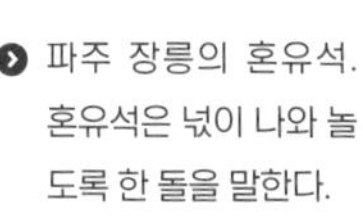
파주 장릉의 혼유석. 혼유석은 넋이 나와 놀도록 한 돌을 말한다.

★ 국립문화재연구소 소장

## 조선왕릉에서만 볼 수 있는 특징

능침까지 올라가는 능역은 기본적으로 사초(잔디)로 조성한다. 정자각 뒤쪽으로 작은 동산 모양의 사초지로 이어지는데, 이것은 조선왕릉에서만 볼 수 있는 특징이다. 사초지 위에 오르면 장대석이라 부르는 긴 돌들이 단을 지어 놓여 있고, 가장 높은 상계에 능의 주인이 영면한 봉분이 자리한다.

봉분 주변 3면에 곡장이라는 낮은 돌담이 조성되어 있다. 궁궐에 담장을 치는 것과 같다. 곡장 안에는 석호(호랑이 모양의 돌 조각)와 석양(양 모양의 돌 조각)들이 봉분을 호위하고, 능침 중에서 가장 중요한 봉분을 병풍석(호석)이 둘러싸고 병풍석 외곽을 난간석이 둘러싼다. 이들 난간석과 병풍석이 초기 조선왕릉 양식의 특징이었으나 제7대 세조 때부터 병풍석을 생략하고 난간석만 둘렀다.

태종 헌릉의 병풍석과 난간석이다. 추존된 왕의 능은 대부분 난간석을 설치하지 않았다.

❶ 구리 동구릉의 경릉 능침. 봉분 주변 3면에 곡장이라는 낮은 돌담이 조성되어 있다.

❷ 서울 정릉의 병풍석. 병풍석은 초기 조선왕릉 양식의 특징이었으나, 세조 때부터 병풍석을 생략하고 난간석만 둘렀다.

★ 국립문화재연구소 소장

하지만 추존된 왕의 능은 대부분 난간석을 설치하지 않았다.

난간석은 12각형을 이루고 석주는 사각기둥이며, 죽석은 원주형을 이루고 있다. 능원 석물에는 연꽃 조각이 많이 등장하는데, 불교의 상징적 의미와 풍요와 다산을 기원하며 왕실의 번영과 영원성을 강조하는 것이다. 연꽃이 물을 정화하는 생태적 특성을 지닌데다 군자를 상징하기 때문으로 추정된다.

난간석 앞에 석양 2좌를 세우고, 석양 사이에는 석호를 동서

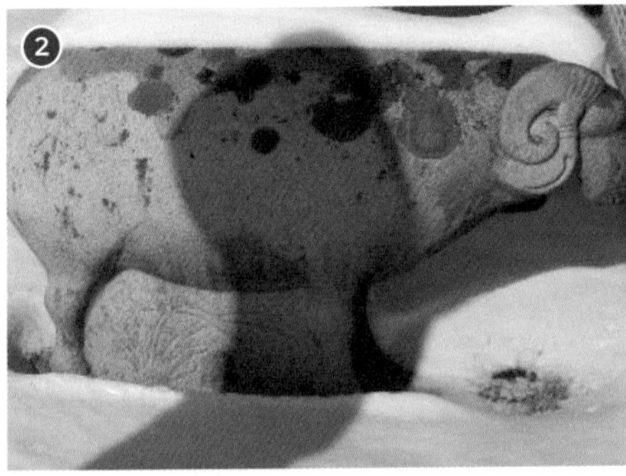

❶ 의릉에 있는 석호. 석호는 능을 수호하는 수호신의 의미를 지닌다.

❷ 수릉에 있는 석양. 석양은 사악한 것을 피하고 죽은 이의 명복을 기원하는 뜻을 담고 있다.

❸ 정릉에 있는 석마. 몸통의 길이에 비해 다리를 굵고 짧게 만든 것이 특징이다.

쪽에 각각 1좌와 북쪽에 2좌씩 담장을 향해 배치한다. 석호는 능을 수호하는 수호신의 의미를 지니며, 석양은 죽은 이의 명복을 기원하는 뜻을 담고 있다. 좀 더 자세히 설명해 보면, 호랑이는 지상의 동물 가운데 가장 용맹하므로 석호는 지상의 모든 미물을 수호해 달라는 뜻이며, 석양은 지하의 미물을 지켜 주는 영물로 지하 세계 미물의 수호신으로 해석하기도 한다. 석호는 중국과 베트남의 능에서는 볼 수 없는, 한국만이 갖고 있는 수호 조각물이다.

## 많은 사람이 왕릉 내부의 모습과 벽화의 유무를 궁금해한다

상계단 장대석 위 제1단 능상 정면에 장방형(직사각형)의 석상을 두고 좌우에 망주석(또는 석망주)을 세운다. 중계단 장대석 위 제2단 정면 중앙에는 장명등(묘역을 밝히는 등)을 세운다. 장명등은 능침의 중심 시설로 일반적으로 안산에 축을 맞춘다. 장명등에는 대부분 모란, 연꽃 문양이 새겨져 있는데 영지, 국화 등이 새겨지기도 한다. 장명등은 일반적으로 왕릉과 일품 이상 사대부 묘에만 사용했다. 장명등의 화사석(등불을 밝히도록 된 부분)에는 네모난 창을 뚫고, 옥개석을 올리고 그 위에 보주(연꽃 봉오리 모양의 장식)가 달린 상륜(탑머리)을 얹었다. 태조 때부터 순조 때까지는 사각으로 만들었으나 사도세자의 융릉과 정조의 건릉에 있는 화사석은 원형이다.

장명등 좌우에 관복을 입은 문인석 1쌍 또는 2쌍을 마주 세운다. 문인석의 뒤나 옆에는 각각 석마 1좌를 세우며, 제3단 좌우 문인석 앞에는 무인석 1쌍 또는 2쌍과 석마를 각각 1좌씩 세운다. 문치주의를 내세웠던 조선 왕조의 특성상 문인석을 무인석보다 한 단 더 높은 중계에 설치했다.

문인석은 관대를 착용하고 홀笏을 쥐고 있는 형상이다. 홀은 관원들이 조복·제복·공복을 입고 두 손에 쥐는 작은 판으로 옥이나 상아, 괴목(회화나무)으로 만들었다. 홀은 왕의 교명이나 전할 말을 써서 잊지 않게 하려는 기구였으나 후세에는 단순한 의례용 장식으로 제도화되었다. 무인석은 대체로 사람 키보다 훨씬 커서 무인이라는 것을 한눈에 알 수 있다. 가장 큰 문인석과 무석인은 철종의 예릉, 장경왕후의 희릉에 있는데 크기가 3미터가 넘는다. 비교적 조선 후기에 세워진 예릉의 석물이 크게 만들어졌다. 이는 흥선대원군이 왕권 강화를 꿈꾸며 예릉을 위엄 있게 꾸몄기 때문으로 보인다. 석인을 설치하는 풍속은 전한前漢(기원전 202 ~ 기원후 8) 때부터 시작되었는데, 우리나라에서는 당나라의 영향을 받아 통일신라 초기부터 시작되었고 고려 초기부터는 더욱 활발하게 세워졌다.

많은 사람이 왕릉 내부의 모습과 벽화의 유무를 궁금해한다. 실록의 내용을 토대로 내부를 추정해 보면 현궁(시체가 놓이는 무덤의 구덩이 부분)은 머리를 북쪽으로 하고 가운데에 있으며, 애책(죽음을 애도해 쓴 글)은 서쪽, 증옥(죽은 사람의 무덤에 함께 묻던 옥돌)과 증백함(비단 선물함)은 남쪽, 그 옆에 명기(그릇 등 도기)와 복완(일상 집기와 애장품)을 나열했을 것으로 보인다. 이외의 것은 문비석(남문의 문짝) 밖의 편방에 넣었다. 지석은 남쪽 봉분과 석상 사이 북쪽에 묻었다고 한다. 그리고 왕릉 내부에 벽화를 그렸다고 한다. 《국조오례의》에 따르면 석실 내부에 사신도가 그려져 있다고 한다.

또한 조선왕릉을 만드는 데 얼마나 많은 인원이 동원됐는가도 많이 알고 싶어한다. 자료에 따르면 왕릉을 건설하는 데 전문 장인들과 잡역부들이 대거 동원되었는데, 연 인원이 대략 20만~30만 명에 가까웠다고 한다. 발인 때 필요했던 인원도 6,000여 명에 이를 정도였다. 왕릉 축조는 조선 왕조에서 가장 중요한 사안 중의 하나였지만, 들어가는 비용과 인원이 많아 큰 고민거리이기도 했다. 세조가 능역을 간소하게 만들라고 명한 것도 이 때문이었다.

## 조선왕릉의 교과서라 할 만한 이성계의 건원릉

조선왕릉에서 가장 중요한 왕릉은 태조 이성계의 건원릉이다. 이성계가 조선을 창건하지 않았다면 조선은 세워지지 않았고 조선왕릉 자체도 존재하지 않았을 것이기 때문이다. 더구나 건원릉이 동구릉의 여러 왕릉 중에서 가장 묏자리가 좋다고 한다.

태조 이성계는 고려 충숙왕 4년(1335)에 태어나 태종 8년(1408)에 74세의 나이로 사망했다. 재위한 기간은 다소 짧아 1392

➊ 태조 이성계가 묻힌 건원릉이다. 건원릉은 조선왕릉에서 가장 중요한 왕릉이다.

★ 국립문화재연구소 소장

년부터 1398년까지로 햇수로는 7년, 만으로는 6년 남짓이다.

건원릉은 고려 왕릉 가운데 가장 잘 정비된 공민왕과 노국공주의 헌정릉을 기본으로 하여 조성되었으며 조선왕릉의 교과서라고 할 수 있다. 홍살문에서 직선으로 바라보면 정자각이 보인다. 정자각은 태종 8년(1408)에 건원릉과 같이 건립되었고, 그 후 몇 차례에 걸쳐 중수했다. 그런데도 건립 당시의 기본적인 틀을 그대로 유지하고 있다. 또한 조선 1대 태조의 능인 건원릉의 정자각이라는 상징적 의미와 조선왕릉 조성 제도에서 정자각의 표준이 된 건물이라는 가치를 인정받아 보물 제1741호로 지정되었다.

정자각 뒤에 있는 능침의 봉분은 12각의 화강암 병풍석이 감싸고 있다. 병풍석의 양쪽 가장자리 우석(귀퉁이 돌)에는 중심에 태극이 그려진 방울과 방패 무늬가 새겨져 있고, 중앙에 구름무늬 속에 서 있는 십이지신상의 모습이 보인다. 병풍석 밖으로 난간석이 돌고 난간석 밖으로 석호와 석양이 네 마리씩 교대로 밖을 향해 배치되었다. 봉분 앞에 석상(혼유석, 상석)이 있는데 석상 밑으로 귀면이 새겨진 고석 5개가 보이며, 그 양옆에 망주석이 서 있다.

건원릉은 병풍석의 문양이나 문인석, 무인석 등의 양식에서 고려 헌정릉의 영향이 보인다. 그러나 석호와 석양의 배치, 장명등, 난간석주는 새로운 양식으로 일정한 변화를 주어 새 왕조가 시작되었음을 알려 준다. 봉분 주위로 곡장을 두르는 양식은 조선시대의 능제에 새롭게 추가된 것이며, 석물의 조형은 중국 남송 말기의 형식을 따르고 있다.

건원릉은 특이하게도 봉분에 잔디가 아닌 억새풀이 심어져 있다. 원래 태조는 고향 함경도 영흥에 묻히기를 원했으나 태종 이방원이 아버지를 먼 이북 땅에 모실 수 없다며 고향에서 흙과 억새풀을 가져와 봉분을 만들었다고 한다. 봉분 위 억새풀은 자주 깎으면 죽게 되므로 매년 4월 5일 한식 때만 벌초한다.

2장

# 역사가 깃든 마을

남한산성을 '천작지성'이라고 했는데,
하늘이 내려 준 천혜의 자연조건을 완벽하게 갖춘 성이라는 뜻이다

## '비상 왕궁' 남한산성

경기도 광주시 남한산성면 산성리(성남시·하남시 일부 포함)에 위치한 남한산성(사적 제57호)은 2014년에 유네스코 세계유산으로 등재되었다. 남한산성은 동아시아에서 도시 계획과 축성술이 상호 교류한 증거인 군사 유산이다. 또한 지형을 이용한 방어 전술의 시대별 층위가 결집된 초대형 포곡식包谷式(계곡을 감싸고 있는) 산성이다. 남한산성의 이 두 가지를 높이 사 유네스코 세계유산으로 등재되었다.

당시 세계유산분과위원장의 말이다. "남한산성은 일상적인 왕궁과는 별개 산성이면서도 병자호란 때 왕이 거주한 '비상 왕궁

Emergency Palace'이라는 점이 높이 평가되었다. 이런 산성은 세계적으로 남한산성밖에 없다."

남한산성은 북한산성과 함께 한양 도성으로 갈 때 반드시 거치는 주요 길목이었으며 한양을 지키는 중요한 산성이었다. 또한 남한산성은 삼국시대 때 패권을 장악하기 위해 삼국이 사력을 다해 쟁취하려던 곳이기도 했다. 남한산성은 '백제 온조왕 13년에 산성을 쌓고 남한산성이라 부른 것이 처음'이라고 《고려사》와 《세종실록》 〈지리지〉에 기록되어 있다. 백제 초기에는 '한산漢山'으로 불려 남한산성이 백제의 왕도였다는 견해가 있으며, 신라가 삼국을 통일하고 당나라와 전쟁을 수행하면서 한강 유역을 방어하기 위해 672년에 축조했다고도 한다.

남한산성 성벽의 외부는 급경사이지만 내부는 경사가 완만하고 평균 고도 350미터 내외의 넓은 구릉성 분지여서 방어용 산성

남한산성은 자연 지형, 건축 구조, 도시 계획적인 면에서 모두 진정성을 인정받아 유네스코 세계유산에 등재되었다.

★ 외교부 소장

으로 천혜의 조건을 갖추고 있다. 《여지도서》(조선 후기에 전국 읍지를 모아 편찬한 책)는 남한산성을 '천작지성天作之城'이라고 했는데, 하늘이 내려 준 천혜의 자연조건을 완벽하게 갖춘 성이라는 뜻이다.

이중환도 《택리지》에 '남한산성은 한강 남쪽에 있고 중심지는 만 길이나 되는 산꼭대기 위에 있다. 옛날 백제 시조 온조왕의 옛 도읍이었던 곳이다. 안쪽은 평평하고 얕으나 바깥쪽은 높고 험하다. 청나라 군사가 처음 왔을 때 칼날 하나 대 보지 못했고, 병자호란 때도 끝내 함락되지 않았다. 인조가 성에서 내려온 것은 단지 양식이 부족하고 강화가 함락됐기 때문이다'라고 기록하고 있다.

조선시대에 수도를 한양으로 정하자 남한산성은 전략적 거점으로 부각된다. 《조선왕조실록》에 태종 10년(1410)부터 남한산성에 대한 수축 논의가 시작되었고, 세종 1년(1418)에도 남한산성을 수축할 것을 청하는 내용이 있을 정도로 조정에서 중요하게 생각

남한산성을 쌓을 때 지은 4개의 장대 중 수어장대만이 유일하게 남아 있다.

했다. 특히 임진왜란 때는 난공불락의 요새로 인식됐다. 그러나 남한산성이 한국사에 큰 획을 그은 것은 인조 대이다. 인조반정(1623) 이후 왕위에 오른 인조는 중립 외교를 포기하고 '친명배금'으로 외교 정책을 바꾸면서 후금後金을 자극하여 조선과 후금의 전투가 불가피해졌다. 이때 남한산성이 본격적으로 역사에 등장한다.

## 정묘조약, 후금과 조선이 형제의 예를 갖추는 선에서 화친을 맺다

인조 3년(1625), 후금은 심양瀋陽으로 천도하고 명나라를 정벌하려 했다. 하지만 그전에 친명배금 정책을 내세우는 조선을 반드시 정벌해야 했다. 명나라를 공격할 때 후방에 있는 조선이 공격하면 양쪽에 적을 두고 싸우는 형세가 되기 때문이다. 더불어 전쟁 때 필요한 물자를 확보할 수 있는 보급창으로도 조선은 중요했다.

후금의 태종은 인조 5년(1627) 1월, 왕자인 패륵貝勒과 아민阿敏에게 군사 3만 명을 주어 조선을 공격하도록 명령했다. 이를 정묘호란이라 한다. 후금은 순식간에 의주를 점령한 다음 둘로 나뉘어 주력 부대는 용천, 선천을 거쳐 안주성 방면으로 진격했고, 일부 병력은 평안도 가도串島에 주둔하고 있던 명나라의 모문룡毛文龍 부대를 격파하고 황해도 평산까지 나아갔다.

전세가 불리해지자 조선 조정은 김상용을 유도대장으로 임명

1909년 촬영한 남한산성 북문의 모습이다. 남한산성이 본격적으로 역사에 등장한 것은 조선 인조 때였다.

* 국립중앙박물관 소장

해 수도를 지키게 하고, 소현세자는 전주로 내려 보냈으며 인조는 강화도로 피신했다. 후금의 병력이 계속 도성을 향해 진격하자 김상용은 창고에 보관된 식량을 모두 태워 버렸다. 더불어 임진왜란을 통해 전투 경험을 쌓은 의병들이 후금의 배후를 공격하기 시작하자, 후금은 더 이상 남하하지 못하고 황해도 평산에 진을 치고는 조선에 화의를 제의했다.

조선 조정은 화친을 주장하는 화친론자와 이를 반대하는 척화론자로 나뉘어 치열한 논쟁을 벌였다. 결국 화친론자 최명길 등이 나서서 화의 교섭을 했다. 사실 후금은 조선을 점령해 통치하려던 의도보다 명나라를 공격할 때 배후 세력인 조선을 묶어 두려고 공격한 것이었기에 조선과 형제의 예를 갖추는 선에서 화친을 맺었다. 이것이 정묘조약으로 주요 내용은 다음과 같다.

◇

후금의 군사는 평산에서 진격하지 않고 다음 날부터 철병한다.

후금과 조선은 형제의 나라로 칭한다.

후금은 군사를 철수한 후에 다시는 압록강을 넘어오지 않는다.

후금과 화친한다 해도 명나라와 적대하지 않는다.

조선은 호군犒軍(군사를 위로하기 위한) 물품을 보낸다.

조선 왕족을 후금에 볼모로 보낸다.

특히 '두 나라는 각기 경계를 잘 지켜 원수로 삼지 않는다'는 서약서도 서로 교환하여, 조선으로서는 비교적 무난하게 전란을 마무리한 셈이었다. 그런데 놀라운 것은 조선이 이렇게 호되게 당하고도 아무런 대책을 세우지 않았다는 점이다. 조선 역사상 최대의 치욕은 이미 예견된 일이나 마찬가지였다.

## 병자호란으로 고립무원의 절망 상태에 빠진 남한산성

정묘호란 이후 후금은 나라 이름을 '청'으로 바꾸었다. 그런데 청나라가 내몽골을 정벌하고 북방의 패자가 되자 정묘조약과는 달리 조선에 엄청난 세폐歲幣를 요구하고, '아우의 나라'에서 '신하의 나라'가 되기를 요구했다. 더구나 명나라와의 군신 관계를 청산하고 청나라를 섬기라는 굴욕적인 요구까지 했다. 조선은 이 요구를 거부했다. 이에 발끈한 청 태종이 조선을 침입하며 병자호란이 일어난다.

1636년 12월 9일, 청 태종은 청군 7만 명, 몽골군 3만 명, 한족 군사 2만 명 등을 이끌고 직접 압록강을 건너 순식간에 평남 안주까지 진격했다. 청군은 조선의 명장 임경업이 평북 의주의 백마산성을 철통같이 지키고 있음을 알고 백마산성을 피해 곧바로 한양으로 갔다. 백마산성을 지키고 있던 임경업은 인조에게 청의 수도 심양을 공격하면 전세를 역전시킬 수 있다는 뛰어난 전략을 제안했지만, 이 제안은 실행되지 않았다.

12월 13일 청군이 평양에 도착했고 다음 날에는 청군 선발대가 개성을 통과했다. 그러자 대국인 청과 전쟁을 하자던 대신들조차 왕에게 피난을 가야 한다고 주장했다. 인조는 강화도 수비를 명령하고 우선 종묘사직과 원손元孫, 둘째 아들 봉림대군(훗날 효종), 셋째 아들 인평대군을 강화도로 피난시키고 나서 도성을 탈출하고자 했다. 그러나 인조가 남대문을 나서려는 순간, 청군 선발대가 이미 지금의 서울시 불광동 일대인 양철평良鐵坪을 통과했다는 보고를 받고 강화도가 아닌 남한산성으로 향했다.

원래 조선은 청이 침입할 경우 강화도로 피신하기 위해 식량과 군비를 강화도에 집중시켰는데, 갑작스레 남한산성으로 피신하게 되면서 여러 문제가 발생하기 시작했다. 인조가 남한산성으로 피신했을 때 성안에는 비축된 양곡 1만 4,300석, 소금 90여 석뿐으로 약 50일의 식량밖에 없었다. 당연히 남한산성에서는 장기

지화문은 남한산성 4대문 중 가장 크고 웅장하다.

간 버틸 수 없으니 강화도로 옮겨야 한다는 주장이 제기되었다. 인조는 이를 수용해 강화도로 출발했으나 눈보라가 심하게 몰아치고 길이 얼어붙어 다시 성안으로 발길을 돌려야 했다.

반면에 청군 선발대는 큰 저항을 받지 않고 진격하여 12월 16일에 남한산성에 당도해 산성 밑 탄천에 포진했다. 조선군은 포위된 상태에서 몇 차례에 걸쳐 별동대를 성 밖으로 보내 적병과 교전하고, 수십 명을 사살하는 성과를 올리기도 했다. 그러나 전국 각지에서 출병한 구원병들이 남한산성에 도착하기 전에 궤멸되거나 흩어졌고, 의병들마저 별 도움이 되지 않았다. 명나라의 원병도 중간에 풍랑으로 인해 되돌아가고 말았다.

남한산성이 고립무원의 절망적인 상태에 빠지자 성안의 조선 조정에서는 점차 강화론이 힘을 얻어 가고 있었다. 그러던 와중에 1637년 1월 22일, 강화도가 청군에 함락되면서 피신해 있던 왕자와 군신들의 처자 200여 명이 포로로 잡혔다.

기선을 잡은 청군이 곧바로 남한산성에 총공세를 벌여 조선군의 사상자가 더 늘어났고, 1월 25일에는 청군의 화포 공격으로 성벽 일부가 무너졌다. 청군의 병력에 비해 10분의 1 수준인 조선의 병력, 점차 고갈되어 가는 식량, 포로로 잡혀간 왕자 등 모든 정세가 불리해졌다. 이에 인조는 항복을 결심하고 최명길과 김신국 등을 대표로 파견해 청과 항복 조건을 조율하도록 했다.

청에서는 항복의 표시로 두 가지를 요구했다. 첫 번째는 두 손을 묶고 빈 관을 메고 가는 것이었다. 죽을죄를 지었으니 죽여도 달게 받겠다는 의사를 표하라는 것이었다. 두 번째는 항복단 아래서 삼배구고두三拜九叩頭(세 번 절하고 아홉 번 이마를 찧는 것)하는 것이었다. 결국 1월 30일 인조가 삼전도로 나아가 수항단 아래 무릎을 꿇고 청 태종을 향해 삼배구고두를 행했다.

삼학사의 영혼을 모신 현절사가 남한산성에 세워지면서 남한산성이 청에 대한 저항 정신의 구심점 역할을 했다.

인조가 삼전도에서 청 태종에게 항복한 것은 남한산성이 함락돼서가 아니라 더 이상 저항하기 어려운 궁지에 몰렸기 때문이다. 그런데도 왕이 피신해 45일간이나 항전할 수 있었던 것은 남한산성이라는 든든한 요새가 있었기 때문이다. 특히 1688년, 병자호란 당시 척화론을 주장하다가 청에 끌려가 죽음을 당한 오달제, 윤집, 홍익한 등 삼학사의 영혼을 모신 현절사가 남한산성에 세워졌다. 바로 이 남한산성이 청을 향한 저항 정신의 구심점 역할을 했다는 것이 유네스코 세계유산 등재에 큰 영향을 줬다.

## 천혜의 요새, 남한산성

남한산성은 통일신라시대인 7세기부터 18세기 조선 영조 때까지 축성을 거듭한 흔적이 고스란히 남아 있고, 조선시대의 성곽이 갖춰야 할 성내 시설도 완벽하게 갖춰져 있다. 또한 원성 외에 봉암성, 한봉성이라는 외성이 있다. 1636년 병자호란의 현장이자, 1895년 을미사변 직후 일제에 맞선 의병들의 항쟁 중심지이기도 했다.

성벽에는 4대문 외에 16개의 암문이 있고, 성벽 위에는 성가퀴(성 위에 낮게 쌓은 담으로 몸을 숨기고 적을 감시하거나 공격하는 곳)가 1,940타 있으며, 각 타에는 원총안과 근총안이 설치되어 있다. 성벽 안쪽에는 125개에 달하는 군포가 구축되어 있다. 군포와 군포 사이에는 90여 군데의 소금을 묻어 둔 매염터와 숯을 묻어 둔 매탄

터가 있다. 또한 수구문, 우물터 6개소, 비석 43개, 포루 20여 개, 돈대 등이 있다.

2000년 한국토지공사 토지박물관 지표 조사를 보면, 여장의 옥개 중심선을 기준으로 측량한 수평 거리의 경우 남한산성 성벽의 전체 규모는 둘레가 1만 2,356미터이다. 폐곡선을 이루지 않는 한봉성을 제외한 성 내부의 면적은 214만 5,268제곱미터(약 64만 8,944평)로 확인되었다. 그중 남쪽의 두 돈대를 제외할 경우 전체 둘레는 1만 2,101미터이고, 성 내부의 면적은 220만 6,901제곱미터(약 66만 7,575평)이다. 외성과 옹성을 제외한 원성의 규모는 둘레가 7,545미터이고 성 내부의 면적은 212만 6,637제곱미터(약 64만 3,307평)이다.

성벽을 따라갈수록 남한산성이 천혜의 요새라는 사실에 감탄하지 않을 수 없다. 실제로 청군이 화포 등으로 무장했다고 하지만, 조선군의 상황이 조금만 좋았더라면 남한산성을 함락시키기가 어려웠을 것이라는 데 모두 공감한다.

남한산성은 다른 유산에 비해 비교적 보존 상태가 좋다. 성벽의 높이는 낮은 곳이 3미터, 높은 곳이 7미터 내외이고, 성벽의 축성 방법은 축성 및 개축 시기에 따라 차이가 있다. 인조 때 축성한 원성의 경우 지반 위에 잘 다듬은 장대석을 쌓고 막힌줄눈 바른층쌓기를 했다.

각 돌의 높이는 대체로 20센티미터 내외이고 폭은 30~50센티미터, 높이 대 폭의 비율은 1:1.5~2.3 정도이다. 이러한 성돌의 비율은 삼국시대에서 통일신라시대의 석축 산성에 비해 상당히 확대된 수치이다. 삼국시대와 통일신라시대의 경우 성돌은 높이 약 15센티미터, 높이 대 폭의 비율은 1:3.2 ~ 4.8 정도이다. 삼국시대에 비해 높이는 높아지고 폭은 좁아졌다. 특히 남한산성은 크기가 일정하지 않은 방형 석재를 쌓고 사이사이에 작은 돌을 끼워 넣는 방식도 많이 보인다. 이것은 무거운 돌을 운반할 수 있는 도구가 사용되면서 성돌이 커지고, 따라서 각 성돌 사이에는 틈 없이 서로 결합하는 면이 넓어지도록 함으로써 성벽의 안정성을 높인 것이다. 이러한 축성 기법은 정조 때 정약용이 시공한 수원화성에서 절정을 이룬다.

남한산성은 워낙 넓어서 한번에 둘러보기가 쉽지 않다. 그래서 남한산성문화관광사업단에서는 탐방로를 짧게는 2.9킬로미터에서 길게는 7.7킬로미터까지 코스를 나누어 안내하고 있다.

**1코스**(3.8킬로미터, 1시간 20분)

산성로터리-북문-서문-수어장대-영춘정-남문-산성로터리

**2코스**(2.9킬로미터, 1시간)

영월정-숭불전-수어장대-서문-국청사-산성로터리

**3코스**(5.7킬로미터, 2시간)

남한산성역사관-현절사-벌봉-장경사-망월사-지수당-남한산성역사관

4코스(3.8킬로미터, 1시간 20분)
산성로터리-남문-남장대터-동문-지수당-개원사-산성로터리

5코스(7.7킬로미터, 3시간 20분)
남한산성로터리-동문-동장대터-북문-서문-수어장대-영춘정-남문-동문

각자 일정에 따라 코스를 선택하면 된다. 다만, 성수기에는 등산객들로 발 디딜 곳이 없을 정도로 붐비니 참고하기 바란다.

## 임시 궁궐이었던 남한산성 행궁

남한산성에서 꼭 가 봐야 하는 곳 중 하나는 남한산성 행궁이다. 비록 짧은 기간이지만 왕궁의 역할을 했던 역사적인 장소인 행궁을 빠뜨린다면 남한산성을 본 것이라고 할 수 없다.

행궁이란 정궁에 대비되는 용어로서 왕이 궁궐을 벗어나 거둥할 때 머무는 별궁 또는 이궁, 임시 궁궐을 말한다. 남한산성 행궁

외에도 왕의 능행을 목적으로 한 화성행궁과 전란에 대비한 남한행궁, 북한행궁, 강화행궁, 전주행궁, 월미행궁, 격포행궁, 휴양 공간이었던 온양행궁, 초수행궁, 이천행궁 등이 있다.

행궁에 대한 기록은 백제 때부터 나타난다. 《삼국사기》 〈백제본기〉 진사왕 8년(392, 일부에서는 391년)에 왕이 구원행궁에서 사망했다는 기록이 있다. 《고려사》에도 40건의 기록이 확인된다.

조선시대 초기에 조성된 행궁은 풍양궁과 온양행궁, 초수행궁, 이천행궁 등이 있다. 임진왜란 이후 인조에서 숙종 대까지는 남한행궁, 북한행궁, 강화행궁, 전주행궁, 격포행궁, 월미행궁 등이 조성되었고 정조 대에 화성행궁, 시흥행궁, 과천행궁 등이 만들어졌다.

남한산성 행궁은 인조 2년(1624)에 산성을 개축하면서 함께 지어 1626년 11월에 완공됐다. 남한산성 행궁은 병자호란 당시 단순한 행궁의 차원을 넘어 임시 궁궐로 사용되어 더욱 중요하게 보고 있다. 원래는 상궐 73칸, 하궐 154칸 등 총 3단 227칸으로 이뤄진 행궁으로 후대에 지방관인 유수의 집무실로 사용된 것으로 추정된다.

행궁은 정궁에 비해 격이 낮기 때문에 구성 배치에서 궁궐의 기본적인 요소는 갖추되 다소 자유롭게 건설되었다. 크게 왕이 머무는 침전 구역과 정무를 보는 편전 구역으로 구성되지만 각 행궁별로 목적에 맞는 독특한 특성을 갖기도 한다.

일반적으로 행궁은 궁궐이 갖는 삼조三朝와 전조후침(앞에는 조정을 두고 뒤에는 침전을 두는 배치)의 배치 원리를 적용한 형태이다.

남한산성 행궁은 화성 행궁과 더불어 조선시대에 조성된 것 중 가장 큰 규모이다.

삼조란 외조外朝에 해당하는 진입부, 치조治朝에 해당하는 정전, 연조燕朝에 해당하는 침전의 세 영역을 말한다.

남한산성 행궁의 규모는 《남한지》, 《여지도서》 등 문헌마다 다소 차이가 있다. 따라서 정확한 규모를 파악할 수 없지만 대체로 상궐 70여 칸 내외, 하궐 154칸과 기타 좌전 26칸, 우실 4.5칸, 인화관 68칸 등을 합해 총 325칸 정도에 이르는 것으로 보인다. 이것은 정조 대에 건설된 화성행궁(576칸)과 더불어 이 시기에 조성된 것 중에 가장 큰 규모이다. 이처럼 남한산성 행궁의 규모가 큰 이유는 광주부의 치소로 사용되었기 때문으로 추정된다.

2002년에 복원된 내행전은 정면 7칸, 측면 4칸인 왕의 침전으로 중앙 3칸에 대청, 양옆에 온돌방과 마루방이 있으며 대청을 제외한 3면으로 퇴가 있다. 창경궁의 침전인 통명전, 환경전과 동일한 평면으로 궁궐 침전의 법도를 그대로 적용했다. 내행전의 공포는 새의 날개처럼 생긴 부재를 2개 겹쳐 쌓은 이익공 형식으로, 행궁 내 건물 중에서 가장 격식이 높다. 지붕은 팔작지붕이며 용과 봉황 문양의 막새기와를 사용했다.

상궐 내행전의 담 밖에 있었던 좌승당은 광주부 유수의 집무실이다. 이 건물이 건설되기 전 광주부 유수는 내행전을 집무실로 사용했다. 좌승坐勝은 '앉아서 이긴다'라는 뜻으로 반드시 이길 만한 계책을 써서 적을 물리친다는 의지를 담고 있다. 발굴이 되면서 정면 6칸, 측면 3칸의 팔작지붕으로 밝혀져 2002년에 복원되었다.

2004년에 복원된 외행전은 하궐의 중심 건물로 '정당'이라고도 부르는데 정면 7칸, 측면 4칸의 상궐 내행전과 같은 규모이지만 바닥 면적이 다소 작다. 병자호란 당시 이곳에서 인조가 병사들에게 음식을 베풀기도 했다. 발굴 당시 통일신라시대 관련 유구들이 발견되어 행궁 내의 전시관에 별도로 보관하고 있다.

남한산성 행궁의 또 다른 특징은 종묘와 사직을 갖고 있다는 점이다. 숙종 37년(1711)에 건립된 좌전과 우실이 바로 그것이다. 이 건물은 행궁을 중심으로 전통적인 도성 배치 원리인 좌묘우사의 원칙을 적용해 건설했다. 즉, 행궁을 도성의 정궁으로 보고 종묘 봉안처인 좌전을 행궁의 왼쪽, 사직 봉안처인 우실을 행궁의 오른쪽에 두었으며 2010년에 복원되었다.

남한산성 행궁은 지리적 입지 때문에 병자호란 때의 인조 외에도 숙종, 영조, 정조, 철종, 고종 등이 여주, 이천 등의 능행길에 머물러 이용했다고 한다. 행궁 입구 현판은 한남루漢南樓이다. 이는

'한강 남쪽 성진城鎭의 누대'라는 뜻이다.

산성 축조와 건축물 설립 부역에는 대개 승군이 동원되었다. 인조는 군사시설인 승도청을 설치해 각성대사를 도총섭으로 임명하고 8도의 승군을 동원해 항마군이라 했다. 이미 있던 망월사, 옥정사 외에 국청사, 동림사, 개원사, 천주사, 장경사 등 7개의 사찰을 추가로 건립해, 모두 9개의 사찰에 승군들을 머물게 하면서 훈련과 수도 방위를 꾀했다.

수원화성은 총 길이 5.7킬로미터,
면적 1.2제곱킬로미터(36만 3,000평)에 이르는 결코 작지 않은 규모로
다양한 목적의 건축물과 시설물들이 적절하게 배치되어 있다

# 보는 관점에 따라 다양하게 해석되는 수원화성

경기도 수원시 장안구에 위치한 수원화성은 서울에서 가깝고 접근성이 좋아 많은 사람들이 방문하는 명소이다. 더욱이 남다른 곡절을 가진 곳으로도 유명하다. 수원화성은 보는 관점에 따라 다양하게 해석된다. 효의 관점에서 보는 사람들은 비극적인 죽음을 맞은 아버지 사도세자의 비원을 풀려는 정조의 효심이 만든 결과물이라고 생각한다. 정조의 개혁 이념에 주목하는 사람들은 당시의 당파정치를 개혁하기 위한 정치·경제·군사적인 의도가 담긴 복합적인 정치 기구의 하나로 본다. 수원화성은 이런 다양한 배경들이 모여 완성된 조선 후기의 걸작품이다.

수원화성은 총 길이 5.7킬로미터, 면적 1.2제곱킬로미터(36만 3,000평)에 이르는 결코 작지 않은 규모로 다양한 목적의 건축물과 시설물들이 적절하게 배치되어 있다. 4개의 성문, 5개의 암문(비밀 통로), 2개의 수문, 2개의 노대(적에게 활이나 돌을 쏘려고 성안에 높게 지은 대), 4개의 적대(성문 양옆에 돌출시켜 지은 네모꼴의 대), 3개의 공심돈, 8개의 치성(성심의 돌출부), 5개의 포루(포진지), 2개의 장대(지휘소), 4개의 정자, 1개의 봉돈(봉화대), 7개의 감시소 등으로 구성되어 있었다. 그러나 시가지 조성, 전란 등으로 일부가 소실되고 41개의 시설물만 현존하고 있다.

과학적인 위용을 과시하는 수원화성의 장안문이다. 수원화성은 조선 후기 건축 당시의 원형을 거의 그대로 간직하고 있다.

* 문화재청 소장

## 새로운 이상을 실현하기 위해 수원을 선택하다

정조는 아버지 사도세자의 무덤(현릉원)을 수원으로 옮겼다. 당연히 무덤 앞에는 재실이나 전사청 등 제사와 관련한 여러 건물이 들어서야 했지만, 현릉원의 경우 구 수원읍의 관청 건물을 그대로 사용했다. 결국 고을 중심부에 무덤이 들어서면서 2,000여 명의 주민들이 새로운 정착지로 이전해야 했다. 하지만 정조에게는 명분이 있었다. 효를 무엇보다 중시하는 유교 사회에서 부친에 대한 효심을 표명하는 데 이것을 반대한다면 윤리적으로 용납되지 않는 일이었기 때문이다.

정조 22년(1798) 8월, 정조는 수원화성과 관련된 상소문을 받았다. 상소의 주인공은 60세를 넘긴 임장원이란 언관으로, 그는 정조에게 하고 싶은 말을 모두 적었다. 임장원은 정조가 아버지인 사도세자에게 효도를 다하려는 것은 이해하지만, 그 때문에 대규모 토목 공사를 진행해 나라를 동요시키는 것은 옳지 않다고 주장했다. 또한 사도세자가 생전에 수원에 묻히고 싶다고 말한 적이 없다고 지적하면서 수원에 능묘를 만들고 신도시를 개발해야 할 하등의 이유가 없다고 고했다.

그러나 정조는 화성 문제에 관한 한 합리적인 토론이나 건설적인 비판을 조금도 받아들이려 하지 않았다. 당시 '정조가 중국의 진시황제처럼 성을 쌓는다'는 유언비어도 나돌았다. 하지만 정조는 '소인小人과는 이뤄진 성과를 함께 즐길 수는 있어도 시작을 함께할 수는 없다'는 말로 반대파에 대해 일절 대응하지 않았다.

정조가 수원화성에 대해 이와 같이 단호한 조치를 취한 것은 당대의 정치, 경제 상황과 관련이 있다. 18세기 후반 조선 사회는 느리지만 분명한 변화를 겪고 있었다. 철저한 농업 중심 사회에서 점차 상업이 활기를 띠었고, 양반과 상민으로 엄격히 구분되던 신분 제도도 흔들리기 시작했다. 지식층도 이런 변화에 무심할 수 없었다. 그들은 철학적 논쟁 대신 백성들이 생활 속에서 새로운 활로를 찾을 수 있는, 이른바 실학 사상을 도입했다.

이런 시기에 왕위에 오른 정조에게는 또 다른 과제가 있었다. 신하들의 권력 다툼 속에서 약해진 왕권을 되찾는 일이었다. 정조는 왕권을 강화하기 위해서는 새로운 정치 공간을 만드는 것이 최선이라고 생각했다. 그런데 한양은 모든 면에서 기존 세력이 뿌리를 깊게 내리고 있었으므로 새로운 통치 개념을 접목시키기에는 어려움이 있었다. 그래서 정조는 새로운 이상을 실현시키고자 수원이라는 새로운 공간을 택한 것이다.

수원은 한양과 남쪽을 연결하는 교통의 요지이자 상업 활동을 위한 도시인데다가 사도세자의 현륭원(지금의 융건릉)이 인근에 있었다. 정조는 표면적으로는 능침을 보호하고, 자신이 은퇴해 상왕上王이 되었을 때 내려와 머물 곳이 필요하다고 역설했다. 하지만 정조의 숨은 뜻을 모를 리 없는 신하들이 새로운 도시 건설을 반대했다. 임장원의 상소도 이런 배경에서 나온 것이다.

그러나 정조는 신도시 계획을 밀고 나갔다. 가장 먼저 현륭원

정조는 재위 당시 아버지의 능인 융릉에 자주 능행을 나왔다고 한다.

을 지킨다는 명분으로 국왕의 친위 부대를 수원부에 두었다. 이는 조선 팔도 안에서 수원이 한양을 제외하고는 다른 어느 도시보다 강력한 지위와 군사력을 갖춘 실질적인 조선 제2의 도시라는 것을 의미했다.

정조가 이런 생각을 한 것은 조선의 역사를 정확하게 파악하고 있었기 때문이다. 17세기 초부터 노골화된 당파 싸움은 17세기 말 숙종 때 상대를 철저히 제거하는 대립으로 치달았다. 영조는 이 문제를 해결하기 위해 탕평책을 실시해 여러 정파의 인재들을 고루 등용했다.

정조도 탕평책을 견지하면서 때 묻지 않은 지방 선비들을 등용함으로써, 조선시대를 피로 물들였던 당파 싸움을 완전히 없애고 정치적인 안정을 확립했다. 또 상공업의 발달로 새로운 부가 축적되자 문화도 그에 걸맞춰 실학과 기술 혁신을 강조하는 북학北學

을 모두 포용해 사상적인 탕평을 추구했다.

이러한 정치 개혁이나 사회 개혁은 강력한 왕권 없이는 불가능한 일이었으므로 정조는 장용영이라는 친위 부대를 육성해 왕권을 강화했다. 또 규장각이라는 국왕 직속의 정치 기구이자 학술 기관을 만들어 충성스러운 두뇌 집단을 결집시켰다.

이렇게 다방면으로 왕권을 강화해 나갔으나 정조에게는 한 가지 걸림돌이 있었다. 불명예스럽게 뒤주 속에서 사망한 사도세자의 아들이라는 멍에였다. 그래서 정조는 통치 기간 내내 아버지 사도세자에 대한 효성과 추보 사업을 가장 중요한 정치적 명분으로 내세웠다.

정조는 아버지 사도세자의 시호를 '장헌'으로 고치고 어머니의 존호를 '혜빈'에서 '혜경궁'으로 높였다. 또 아버지의 사당을 크게 지어 '경모궁'이라 하고, 창경궁 내에 경모궁이 보이는 높은 언

조선 제22대 왕 정조의 어진은 수원화성 화령전에 전시되어 있다.

덕에 어머니가 머물 새 전각을 지어 '자경전'이라 이름했다.

## 정조의 꿈을 펼치기 위해 건설한 신도시

정조는 신하들의 한결같은 충성을 받고 절대적인 권위를 가진 군주의 모습을 꿈꾸었다. 이러한 이상을 실현하기 위해서는 세 가지가 필요했다. 첫째, 충성스러운 신하, 둘째 막강한 군사력, 그리고 이들을 원만하게 다룰 수 있는 자금이었다. 정조는 수원이 이 꿈을 실현시키기에 알맞은 장소라고 생각했다.

당시 한양은 급격한 발전을 이루고 경제적 번영을 누리고 있었다. 국내외 유통망의 중심으로서 한양은 상업 요지 곳곳을 연결하는 교통로, 청나라와 일본을 오가는 무역로로 연결된 대도시로 발전하면서 한양 특유의 문화를 꽃피웠다. 그 결과, 자연스럽게 한양 생활권이 확대되었고 한양과 교외의 범위가 넓어지는 결과를 낳았다. 즉, 한양에서 삼남三南으로 향하는 교통로의 확대와 수도권 교통의 요지에 새로운 도시 건설의 필요성이 제기된 것이다.

수원이 지닌 지리적 장점에 주목한 학자도 있었다. 17세기의 실학자인 반계 유형원이다. 그는 자신의 저서 《반계수록》에서 수원이 남쪽에서 한양으로 올라오는 길목에 있다는 점에 주목했다. 그는 경제적 관점에서 보면 수원은 물자 유통의 요지인데도 산으로 가로막혀 제 기능을 다하지 못하고 있다고 주장했다. 또한 수원을 넓은 들판으로 옮겨 물자 소통의 거점으로 삼으면 경제의 중심지가 될 것이라고 말했다.

정조는 이러한 내·외부적인 요인을 기반으로 자신의 이상을 실현시키려면 수원에 신도시를 건설하는 것이 최선이라는 결론을 내렸다. 나아가 정치·경제의 공간을 아버지 사도세자의 추모 사업과 연결시키면 금상첨화가 될 수 있다는 생각을 했다. 이에 수원을 자신의 꿈을 펼칠 새로운 도시로 만들기 위한 여러 가지 절차를 착착 수립했나. 우선 국왕의 친위 부대로 만든 장용영 외영을 수원부에 두었다. 장병의 숫자도 5,000명이나 되었다. 수원부가 제대로 모습을 갖추자 정조 17년(1793)에 수원부의 명칭을 화성으로 고치

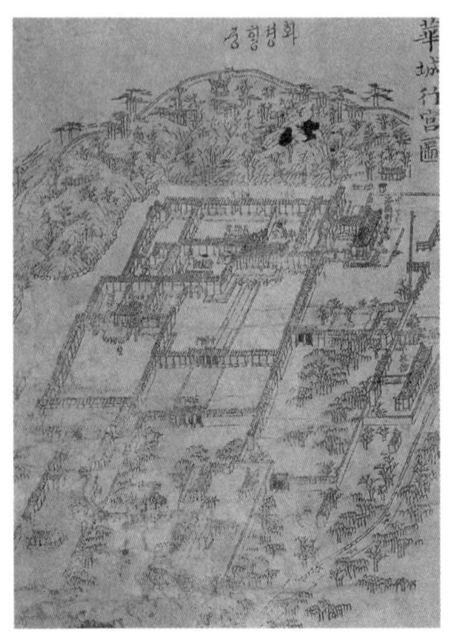

조선시대 대표적인 풍속화가 단원 김홍도가 그린 〈화성행궁도〉이다.

* 규장각 소장

고 유수의 관직을 정2품으로 정했다. 이것은 수원부가 광주부와 함께 한양 다음으로 큰 도시가 되었다는 것을 뜻한다.

## 기존의 성곽과 읍성의 개념을 혁파한 수원화성

수원화성은 우리나라의 성곽 발전의 역사에서도 매우 중요하다. 이곳이 다른 성곽과는 달리 상업적 기능과 군사적 기능을 동시에 수행할 수 있도록 평산성平山城(평지와 산을 이어 쌓은 성) 형태로 설계되었기 때문이다. 한국의 성곽은 전통적으로 평상시에 거주하는 평지성平地城(평지에 둘러쌓은 성)과 전시에 피난처로 삼는 산성山城(산 위에 쌓은 성)을 기능상 분리했다. 그러나 수원화성은 구릉지와 평지가 조금씩 있는 지세에 축조한 평산성이었다.

수원화성은 평상시에 거주하는 읍성에 방어력을 강화시킨 것이다. 임진왜란 때 힘겹게 일본을 격퇴시켰지만, 전란 초기에 관군은 무력하게 패퇴했고 왜군의 진격로에 있던 읍성들의 방어벽은 쉽게 무너졌다. 그것을 본 선조는 전국의 산성들을 정비하라는 명령을 내렸다. 현재 형태를 보존하고 있는 대부분의 산성들은 이때 정비된 것이다.

임진왜란 때 맹활약한 영의정 류성룡은 사회 안정을 위한 대책을 마련하는 동시에 국토의 방어력을 높이기 위한 몇 가지 방안을 제안했다. 그 주요 내용이 산성의 보수와 읍성의 방어 시설 강화였다. 류성룡은 읍성에 치성을 쌓고 옹성과 현안, 양마장, 포루 등을 설치할 것을 제안했다.

'치성'에서 '치雉'는 성벽과 성문 사이에 접근하는 적을 정면과 좌우에서 격퇴시키려는 방어 시설을 가리킨다. 성벽을 직선으로 쌓으면 사각지대가 생겨서 성벽 바로 밑에서 접근하는 적을 놓칠 수 있고, 공격할 때도 전면에서만 할 수 있었다. 따라서 적이 성벽으로 접근하는 것을 쉽게 발견해 전투력을 배양시킬 수 있도록 성벽의 일부를 튀어나오게 만드는 것이다. 양마장이란 성 밖의 호 안쪽에 성벽을 한 겹 더 쌓아서 성벽에 접근하는 적을 안팎에서 공격할 수 있게 한 시설물을 말한다.

또한 임진왜란 때 의병 활동을 한 조헌과 일본에 포로로 잡혀갔다가 귀환한 강항도 각기 중국과 일본 성곽의 장점을 파악해 우

수원화성 북쪽의 수문 화홍문과 방화수류정. 방화수류정은 원래 군사 시설이었지만 경치를 조망하는 정자 역할도 겸했다.

리나라 성곽의 개선안을 내놓았다. 이들은 기존의 읍성이 너무 넓고, 방어할 만한 시설이나 지리적 이점을 갖추지 못하고 있다고 지적했다.

수원화성의 또 다른 특징은 도시 기반 시설로서 인근 지역과 연결되는 새로운 개념의 신작로가 만들어졌다는 점이다. 팔달산 기슭의 행궁과 화성 유수부 앞에서 용인 방면으로 이어지는 십자로가 건설되었다. 십자로 변에 상가와 시장을 만들어 상업 도시로서의 성격을 명확히 했다.

정조는 화성을 물류 경제와 국제 무역의 새로운 중심지로 부상시키는 데 혼신의 힘을 쏟았다. 이때 채제공도 큰 역할을 했다. 채제공은 수원을 특별 대우하는 몇 가지 안을 내놓았다. 상가를 조성해 서울의 부호를 옮겨 오게 할 것, 수원부에서 기와를 구워 기와집을 짓게 할 것, 수원부 주변에 매달 6개의 5일장을 개설하되 세

정조는 능원에 참배할 때 임시 처소였던 수원 화성 행궁에 머물렀다.

★ 문화재청 소장

금을 받지 말 것 등이다.

정조는 도시가 단순한 행정 명령을 수행하는 장소에서 경제 활동의 거점으로 발전하고 있다는 데 주목했다. 발전을 지속하기 위해서는 단순한 산성보다는 일상의 경제 생활이 영위되는 안전한 도시가 될 수 있어야 한다고 생각했다. 이런 의미에서 수원화성은 기존의 성곽과 읍성의 개념을 근본적으로 혁파하는 신도시가 되어야 한다고 생각했던 것이다.

## 젊은 정약용이 새로운 방식으로 건설한 역작

수원화성 건축과 관련해 빼놓을 수 없는 인물이 바로 다산 정약용이다. 정조는 당시 홍문관에 근무하던 젊은 실학자 다산에게 '삼남의 요충이요, 서울의 보장지지保障之地로서 만세에 길이 의지할 만한 터'인 수원화성을 건설하도록 했다. 다산은 왕명을 받고 왕실 서고인 규장각에 비치된 여러 문헌을 참고해 새로운 도시에 걸맞은 새로운 성곽을 설계했다.

다산의 계획안은 〈성설〉, 〈옹성도설〉, 〈현안도설〉, 〈누조도설〉, 〈포루도설〉에 기록되어 있다. 〈성설〉에는 성의 전체 규모와 재료, 공사 방식 등 전반에 관한 내용을 적었다. 〈옹성도설〉은 옹성, 〈현안도설〉은 현안, 〈누조도설〉은 적이 성문에 불을 붙이는 것을 방지하기 위해 성문 위에 벽돌로 5개의 구멍을 내고 그 뒤에 물을 저장한 큰 통을 만드는 방법을 설명한 것이다. 〈포루도설〉은 치성을 만든 후 설치하는 여러 시설에 대해 설명했다. 그중 〈성설〉에 나오는 여덟 가지 축성 방안의 골자는 다음과 같다.

◇

첫째, 성의 둘레는 3,600보(1보는 1.178미터. 3,500보는 4,240미터)로 하고 성벽 높이는 2장 5척(현대의 치수로 약 7.75미터)으로 한다.

둘째, 벽돌성과 토성에 대한 논의가 있었으나 조선 사람은 벽돌을 굽는 데 익숙하지 않고, 토성은 겉에 회를 바른다고 하지만 흙과 회는 서로 달라붙지 않아서 겨울에는 얼어 터지고 비가 오면 물이 스며들어 무너지기 쉽다. 따라서 돌로 성을 쌓는다.

셋째, 참호(성벽 아래 못)는 성을 쌓을 때는 성벽 내외를 모두 돌로 쌓는 것이 최선이지만 조선은 이런 방법에 능하지 못했다. 그러므로 안쪽 성은 산에 의지하고 평지에서는 흙을 높여야 하는데, 흙을 높이는 대신 호를 파서 해결한다.

넷째, 기초를 다질 때는 수원부 냇가에 흰 조약돌이 많으므로 이를 사용한다. 구덩이를 넓이 1장, 깊이 4척 정도로 파서 얼지 않도록 한다. 1보마다 팻말을 세우고 사람들을 모집해 1단씩 메워 가는데, 1단에 품삯을 얼마씩 주면 인부들이 많은 수입을 위해 힘써 일할 것이다.

다섯째, 석재를 채취할 때 산에서 돌을 다듬어 무게를 덜고 실어 나르는 데 편하게 한다. 돌의 등급을 매겨 깎고 자르는 데 규제가 있게 한다. 큰 돌은 하층에, 중간 돌은 중층에, 작은 돌은 상층에 놓아 대소를 가려 사용한다.

여섯째, 수레가 다니도록 반드시 먼저 도로를 닦는다.

일곱째, 기존의 큰 수레나 썰매는 효율적이지 못하다. 새로 유형거(정약용이 수원화성 건설을 위해 고안한 수레. 재래식 수레 바퀴보다 작고 튼튼하게 함)를 고안해 사용한다.

여덟째, 성이 무너지는 것은 배가 부르기 때문이므로 성의 높이와 두께를 3등분한다. 성을 쌓을 때 아래 3분의 2까지는 점점 안으로 좁혀 매 층의 차를 1촌(고대부터 내려온 중국의 길이 단위 중 하나, 엄지손가락 좌우 넓이)으로 하며 비례를 좁힌다. 위는 3분의 1부터 점점 밖으로 넓히듯 하되 매 층의 차를 3푼(길이의 단위, 3푼은 약 0.9센티미터)으로 한다. 이렇게 하면 성의 전체 모양이 가운데가 약간 굽은 듯 보인다. 함경북도 경성의 성은 이 방법으로 쌓았는데, 몇백 년이 지나도 한 곳도 무너지지 않았으므로 이를 참조한다.

정조는 정약용이 제안한 것을 그대로 받아들였다. 정조가 정약용의 학식을 깊이 신뢰한다는 사실을 알 수 있는 대목이다. 정약용의 〈성설〉은 뒤에 〈어제성화주략〉, 즉 '왕이 지은 화성 축성을 위한 기본 방안'이란 이름으로 변경 없이 《화성성역의궤》에 수록되었다.

그러나 아무리 철저하게 계획했다 해도 실제로 작업을 진행할 때는 변동 사항이 생기기 마련이다. 수원화성에서는 둘레가 그러했다. 〈성설〉에서는 성의 둘레를 3,600보로 잡았지만 공사 진행 중에 확장이 불가피해 4,600보가 되었다.

정약용이 축성 계획안을 작성할 당시 나이는 겨우 31세에 지나지 않았다. 축성에 대한 특별한 경험도 없었고 더욱이 전쟁에 참여한 적도 없었다. 단지 1790년 정조가 사도세자의 무덤에 참배 가기 위해 한강에 배다리를 건설할 때 참여한 것이 전부였다.

당시 조정에는 경험이 많은 축성 전문가와 전쟁에 일가견이 있는 장군들이 있었다. 그런데도 화성과 같은 중요한 공사 계획을 젊은 학자 다산에게 맡긴 것은 정조에게 원대한 뜻이 있었기 때문이다. 정조가 바란 것은 기존의 생각과 방식으로 짓는 성곽이 아니었다. 정약용은 정조의 뜻을 정확하게 꿰뚫고 상업 도시에 걸맞은 새로운 성곽을 구상했다.

견고하게 쌓은 수원 화성 벽이다. 큰 돌은 하층에 작은 돌은 상층에 쌓았다.

* 문화재청 소장

## 화성 건설에는 11대의 거중기가 사용되었다

수원화성은 건축하는 데 당초 10년이 걸릴 것으로 예상했으나 놀라운 속도로 진행되었다. 중간에 6개월을 쉬었던 것을 감안하면 28개월 만에 완성된 셈이다. 수원화성이 이처럼 빨리 완성될 수 있었던 것은 4년에 걸친 설계의 치밀함과 첨단 건설 기계의 도입 덕분이었다.

축성에 동원된 기계 장비는 모두 10종류였는데, 그중 가장 대표적인 것이 현대의 기중기와 비슷한 거중기이다. 수원화성을 건설하기 전에 정조는 정약용에게 《도서집성》, 1627년 예수회 선교사인 요한 테렌츠 슈레크Johann Terrenz Schreck(중국 이름은 '등옥함')와 명나라의 왕징이 저술한 《기기도설》을 내려 화성 건설에 필요한 기중법을 연구하라고 명했다. 이를 바탕으로 정약용은 여러 가지 건설 장비를 새롭게 고안했다.

사실 정약용이 많은 기자재를 고안할 수 있었던 것은 소현세자의 공이 컸다. 소현세자는 청나라에 볼모로 잡혀가 9년을 심양과 북경에서 보냈는데, 이때 북경에서 예수회 선교사 아담 샬Adam Schall과 긴밀하게 교류했다. 소현세자는 아담 샬로부터 천주교 교리와 서양의 과학 기술에 대한 여러 권의 책을 받아 귀국했다. 비록 소현세자는 왕이 되지 못하고 죽음을 맞았지만, 그가 귀국할 때 가져온 서적들은 훗날 조선의 실학자들에게 큰 영향을 주었다.

화성 건설에는 모두 11대의 거중기가 사용되었다. 표본으로 먼저 1대를 만들었고 수원에서 이 표본을 본떠 10대를 추가로 만들었다. 거중기는 수원화성 건설 기간을 단축하는 데 큰 역할을 했다. 정조도 거중기의 유용성을 인정하는 말을 했다. "다행히 거중기를 이용해 경비 4만 궤가 절약되었다."

거중기의 구조도와 원리는 《화성성역의궤》에 자세히 나와 있어 이를 복원하는 데 큰 문제가 없었다. 거중기는 4개의 다리를 세우고 그 위에 횡량橫梁을 얹었는데, 여기에 도르래가 달린 중간 횡량을 연결했다. 밑에 있는 횡량은 중간 횡량과 도르래에 감긴 밧줄로 연결되고, 밑부분에는 물건을 들어 올릴 수 있도록 쇠사슬을 걸게끔 했다. 이 횡량은 밧줄이 당겨지고 풀리는 작동 원리에 따라 아래위로 이동하는데, 여기에 달린 도르래는 움직도르래 작용을 한다. 다리 옆에는 2개의 소거(일종의 물레)를 붙여 밧줄을 풀고 조이는 얼레축과 큰 도르래를 달았다.

거중기는 수원화성 건설 기간을 단축하는 데 큰 역할을 했다.

《화성성역의궤》는 수원화성 축성 과정 등을 글과 그림으로 남긴 책이다.

* 국립중앙박물관 소장

## 수원화성이 빨리 완공된 또 하나의 이유, 노임제

수원화성이 빨리 완공될 수 있었던 또 하나의 이유가 있다. 바로 노임제(공공노동의 대가를 보상해 준 제도)이다. 화성 축성은 수많은 석재가 사용된 큰 공사였으며 석재를 채취하고 운반하는 작업이 가장 큰 비중을 차지했다. 과거에는 백성들에게 돈을 주지 않고 강제로 부역을 시킬 수 있었다. 그래서 나라에 큰 공사가 있으면 백성들은 자기가 먹을 음식을 직접 지참해 나라에서 시키는 날짜만큼 부역을 했다. 특히 신분상 관청에 속해 있던 장이들은 1년 중 일정 기간 동안 의무적으로 관청의 공사장 일을 해야 했다.

17세기 중반부터는 부역 대신 모군 제도가 시행되었다. 조세 제도도 바뀌어 돈이나 포목 등으로 대납이 가능했다. 그렇기 때문에 부역 노동 또한 더 이상 백성들을 강제로 동원하기보다는 돈을 주고 일꾼을 고용하는 것이 더욱 효율적이었다.

노임제는 정조 때부터 정착되었다. 정조는 즉위 초부터 여러 제도를 개선했는데, 정조의 장자로 어려서 죽은 문효세자의 사당을 지으면서 작업 일수를 기준으로 한 노임제를 실시했다. 장인의 부역 노동이 사라지고 하루 일당을 기준으로 한 노임제가 정착되자 장인 세계에 큰 변화가 생겼다. 이제 장인들은 자신의 기술을 연마해 유능한 기술자로 인정받으면 다른 기술자보다 더 많은 노임을 받을 수 있었다. 이 제도는 당연히 장인들의 경쟁력을 유도해 기술을 한층 증진시키는 데 결정적인 역할을 했다.

건축 자재의 상당수는 한양이나 한강변의 민간 상인에게 구입했다. 수원화성이 신하들의 우려와는 달리 오히려 건축 호경기를 조성했다. 당연히 작업 능률도 크게 향상되어 예상치 못할 정도로 빠른 기간 안에 새로운 혁신 도시가 탄생한 것이다.

수원화성이 건설되자 부수적인 이점도 많이 생겨났다. 이때 건설되었던 만석거(오늘날의 정자동 일왕저수지. 일명 '조개정방죽')를 파서 관개 시설을 갖추고, 인근에 넓은 국영 농장 대유둔大有屯, 北屯을 설치했다. 이곳은 최신 농법으로 선진적 협동 영농을 시도하는 등의 농업 진흥책을 강구해 화성의 선진적 생산 기반 시설로 자리 잡았다. 만석거와 대유둔의 성공은 만년제萬年堤, 축만제祝萬堤, 西湖, 축만제둔祝萬堤屯, 西屯과 남제南堤의 건설로 확대됐다. 이들의 성공은 우리나라 농업 발달에 큰 족적을 남기는 계기가 됐다.

2010년 양동마을과 하회마을이 '한국의 역사마을'로
유네스코 세계유산에 등재되었다

# 살아 있는 유산 '한국의 역사마을', 양동·하회마을

2010년 양동마을과 하회마을이 '한국의 역사마을'로 유네스코 세계유산에 등재되었다. 이는 한국의 세계유산이 하나 늘었다는 의미를 뛰어넘는다. '역사도시' 또는 '역사마을'은 단순히 마을의 역사가 길거나 고건축물이 많다고 등재되는 것이 아니기 때문이다. 그런 면에서 양동마을과 하회마을이 세계유산에 등재된 것은 매우 의미 있는 일이다.

유네스코는 한 유산에 대한 세계유산 등재 심사를 두 번 이상 하지 않는다. 다시 말해 유네스코 세계유산이 될 수 있는 기회는 오직 한 번뿐이다. 그런 까닭에 각국은 등재 가능 여부를 면밀히 따져서 해당 유산이 등재될 가능성이 없다고 판단하면 회의 직전에 등재 신청 자체를 철회하는 일이 많다.

등재 후보지가 문화유산일 때는 국제기념물유적협의회라는 자문 기구가 현지 실사를 포함해 해당 유산에 대한 광범위한 심사를 한다. 그런데 '한국의 역사마을'은 사전 평가 보고서에서 등재 보류 판정을 받았다. '등재 보류refer'란 말 그대로 세계유산으로서의 가치는 있지만, 현재로서는 여러 가지 미비한 부분이 있어서 등재를 보류한다는 뜻이다. 물론 등재 신청 자체를 해당 국가에 돌려보내는 '반려defer' 아니면 등재 자체가 아예 불가능한 '등재 불가not to inscribe'보다는 등재 보류 판정이 훨씬 좋은 평가이긴 하다. 그래도 등재를 장담할 수 없다는 불안감이 남아 있다.

그래서 일반적으로 등재 보류 판정을 받으면 세계유산위원회 회의 직전에 등재 신청을 철회하고 다음 기회를 노리기 마련이다. 단 한 번의 기회를 잃을 수도 있기 때문이다. 실제로 2009년 조선왕릉과 함께 정부가 동시 등재를 추진한 '남해안 지역 백악기 공룡해안'은 등재 보류 판정을 받자 등재 신청을 사전에 철회했다.

그렇지만 정부는 양동·하회마을만큼은 정공법을 채택했다. 비록 등재 보류 판정을 받기는 했지만, 그것을 뛰어넘을 수 있다는 자신이 있었기 때문이다. 우선 양동·하회마을이 왜 등재 보류 판정을 받게 됐는지 그 이유를 분석했다. 국제기념물유적협의회는 역사·문화적 가치를 볼 때 대표적 양반 씨족 마을인 두 마을을 한데 묶어 '연속 유산'으로 등재할 필요성은 충분히 이해했으나, 행정 구역이 다른 두 마을을 통합해 관리할 수 있는 체계를 문제 삼았다. 다행히 이와 유사한 사례가 있었다. 2008년에 말레이시아의 역사 도시인 말라카와 조지타운 시가 등재 보류 판정을 받았는데도 보완책을 마련해 등재되었다.

보류의 원인을 파악하니 길이 보이기 시작했다. 정부는 지자체, 문화유산 보존 활용 전문가, 마을 주민 등으로 구성된 '역사마을 보존 협의회'를 구축했다. 두 마을을 통합적으로 관리할 수 있는 협의회를 구축한 다음, 세계유산위원회 21개 위원국에 이 사실을 적극적으로 홍보했다. 그리하여 마침내 두 마을을 세계유산으로 등재하는 데 성공했다.

세계유산위원회가 하회마을과 양동마을에서 주목한 것은 이곳에서 이어져 내려오는 유교 문화였다. 즉, 유교를 이념으로 한 문화와 한민족이 갖고 있는 전통을 고스란히 보존하고 계승해 온 '살아 있는 유산'이라는 점을 높이 평가한 것이다. 유네스코는 등재 결의안에서 하회마을과 양동마을을 다음과 같이 평가했다.

◇

주거 건축물과 정자, 서원 등 전통 건축물들이 조화를 이루고 있다. 또한 전통적 주거 문화가 조선시대의 사회 구조와 독특한 유교적 양반 문화를 잘 보여 주고 있으며, 이러한 전통이 오랜 세월 동안 온전하게 지속되고 있는 점이 세계유산으로 등재되기에 손색이 없다.

또 문집, 예술 작품, 조선 유학자들의 학술적·문화적 성과물, 세시풍속과 전통 관혼상제 등 무형 유산이 잘 전승되고 있다는 점도 높이 평가했다.

## 명문세가의 상징적인 마을, 하회마을

하회마을은 우리나라에서 민속적 전통과 건축물들이 가장 잘 보존된 곳이다. 고故 엘리자베스 영국 여왕과 조지 부시 전 미국 대통령 부자가 방문해 세계적으로 널리 알려지기도 했다. 이 마을은 풍산 류씨가 모여 사는 씨족 마을이다. 씨족 마을이란 같은 성씨가 혈연 집단을 이루고 있는 유교 문화 특유의 마을로 장자 상속을 근간으로 한다.

1999년, 고 엘리자베스 영국 여왕이 하회마을에 방문해 세계적으로 알려지기도 했다.

하회마을은 처음에 류씨만 모여 살던 마을은 아니었다. 처음에는 김해 허씨가 하회마을의 주산인 화산의 남쪽 기슭에 살았고, 그다음에는 광주 안씨가 화산 북쪽 기슭에 자리를 잡았다. 풍산 류씨는 그 후에 와서 허씨와 안씨가 마을을 이룬 곳을 피해 지금의 하회에 자리를 잡은 것이다. 이들 세 성씨는 17세기 중엽까지 마을에 함께 살았으나 점차 두 성씨가 그곳을 떠나면서 하회마을은 류씨 씨족 마을이 되었다.

풍산 류씨는 후손들이 계속 중앙 관계로 진출한 덕분에 점점 성장했다. 특히 입암立巖 류중영, 귀촌龜村 류경심, 겸암謙菴 류운룡, 서애西厓 류성룡 등을 배출해 더욱 명성을 높였다. 그 덕분에 하회마을은 명문세가의 한 상징적 마을로 또는 유교 문화의 전형적 마을로 주목받았는데, 여기에는 류운룡과 류성룡의 영향이 크다고 할 수 있다.

부용대와 하회마을 사이를 낙동강이 S자형으로 감싸 흐르는 모습이 마치 연꽃이 물에 떠 있는 모습 같다.

류운룡은 퇴계 이황이 향리 도산에 서당을 열었을 때 제일 먼저 찾아가 배움을 청했다. 그리고 그가 부용대 남쪽 기슭에 정사를 지어 학문에 정진할 때, 그의 호를 따 '겸암정사'라는 이름을 지어 준 것도 퇴계이다. 류성룡은 류운룡의 동생으로 임진왜란을 슬기롭게 극복할 수 있도록 도운 조선의 명신 중 한 명이다.

하회마을이 속해 있는 풍천면 주변에는 동쪽으로 풍산읍, 서쪽으로 예천군 지보면, 남쪽으로 의성군 신평면, 북쪽으로는 예천군 호명면이 있다. 태백산에서 뻗어 온 지맥이 이곳에 와서 봉우리를 맺으며 화산과 북쪽 언덕을 이루었고, 일원산에서 뻗어 온 지맥이 남산과 부용대를 이루었다. 부용대는 하회마을의 상징으로 절벽이 절경을 이루는데 '부용'이란 연꽃을 뜻한다.

부용대와 하회마을 사이를 낙동강이 S자형으로 감싸 흐르는 모습이 마치 연꽃이 물에 떠 있는 모습 같다 하여 '연화부수형蓮花浮

부용대는 하회마을의 상징으로 절벽이 절경을 이룬다.

水形'이라고도 한다. '하회河回'라는 이름도 '강河이 마을을 감싸고 돈다回'는 뜻이다. 풍수지리상 하회마을(양동마을 포함)은 '완사명월형浣沙明月形', 즉 비단옷을 밝은 달빛 아래 펼쳐 놓은 형상의 명당이다. 그 덕인지 두 마을은 비단옷을 입은 귀인들이 많이 배출됐다.

하회마을처럼 마을이 강가에 바로 붙어 있는 경우는 극히 드물다. 수해의 위험이 있기 때문이다. 그러나 하회마을은 낙동강의 흐름이 다른 곳과 달라 큰 피해를 입지 않았다. 이중환이 쓴 《택리지》에도 이러한 내용이 나온다.

◇

우리나라 지세는 동쪽은 높고 서쪽은 낮으며 강은 산골에서 나와서 유유하고 한가한 모양이 없고, 항상 거꾸로 말려들고 급하게 쏟아지는 형세가 있다. 그러므로 강가에 정자를 지은 것은 지세의 변동이 많아 흥하고 스러짐이 일정치 않다. 오직 시냇가에 사는 것은 평온한 아름다움과 시원스러운 운치가 있고, 관개와 농사짓는 이점이 있다.

……(중략)……

무릇 시냇가에 살 때는 반드시 영嶺에서 멀리 떨어지지 않은 곳이라야 한다. 그런 다음이라야 평시에나 난세에나 오랫동안 살기에 알맞다. 그러므로 시냇가에 살 만한 곳으로는 영남 예안의 도산陶山과 안동의 하회가 으뜸이다.

……(중략)……

하회는 평평한 언덕 하나가 황강(낙동강) 남쪽에서 서북으로 향하는

데, 거기에 서애 류성룡의 집이 있다. 황강물이 휘돌아 흘러 마을 앞에 머물면서 깊어진다. 수북산은 학가산에서 갈라져 와 강가에 둘러 있는데 모두 돌벽이며, 돌빛이 또한 온화하고 수려해 조금도 험하지 않다. 암벽 사이에 옥연정과 작은 암자가 있는데 소나무와 전나무로 덮여 진실로 절경이다.

이중환은 영남에서 봉화 유곡마을, 안동 도산의 토계 부근, 하회마을, 양동마을을 길지로 적기도 했다. 마을의 집터도 풍수사상이 반영되어 마을 중앙의 삼신당三神堂을 중심으로 길지에 자리 잡았다. 삼신당은 정월 대보름에 마을의 안녕과 평화를 비는 동제가 열리는 곳이며, 하회 별신굿 탈놀이도 이곳에서 가장 먼저 시작된다. 삼신당에는 수령이 600년 이상 된 느티나무가 있는데 이를 '하당'이라고 부른다.

하회마을 가운데에 있는 삼신당 느티나무는 수령 600년이 넘는다.

하회마을의 형상은 꽤 독특하다. 마치 삿갓처럼 가운데는 도톰하게 솟아 있고 바깥쪽으로 갈수록 점점 낮아진다. 집들의 분포도 원형을 이루고 있어 마을이 비행접시처럼 보인다. 마을이 원형을 이루고 있는 까닭은 산기슭에 자리 잡고 있지 않기 때문이다. 전형적인 마을은 산을 등지고 앞쪽으로 강을 낀 이른바 배산임수 형태를 하고 있다. 그런데 하회마을은 산과 멀리 떨어진 채 강폭에 휩싸여 있어 강줄기의 흐름을 따라 둥글게 형성되었다.

학자들은 하회마을을 감싸 흐르는 강이 태극 모양을 하고 있다고 설명한다. 물이 태극 모양으로 흐르면 땅도 으레 태극 모양을 이루기 마련이다. 하회를 두고 '산태극수태극'이라고 하는 이유가 이것이다. 태극형은 태극도설의 철학적 이치와 관련이 있어 풍수지리적으로 매우 귀하게 여긴다. 특히 강과 산은 음양의 관계이기 때문에 태극 형상으로 맞물려 있으면 특별한 의미로 해석된다.

옛날에 하회마을에는 배나무가 많아서 늦은 봄이면 배꽃으로 온 마을이 하얗게 뒤덮였다고 한다. 배나무를 정원수로 썼기 때문이다. 그래서 하회를 '이화촌梨花村'이라고도 했다. 그런데 지금은 하회마을에서 배나무를 거의 볼 수 없다. 마을에서 정원수를 향나무로 많이 바꿨기 때문이다. 향나무와 배나무는 상극이다. 향나무의 포자 때문에 배나무가 잘 자라지 않는다. 하회마을의 옛 정취를 되살리기 위해서는 향나무가 아닌 배나무를 다시 살려야 한다고 이야기하기도 한다.

## 자연환경, 유교적 이념, 문화적 역량이 어우러진 마을

하회마을의 길은 거미줄처럼 얽혀 있다. 마을 가운데에 있는 삼신당을 중심으로 길이 사방으로 뻗어 있다. 마을 외곽을 순환하는 도로가 방천길이나 농로로 이어지고, 마을 중심부의 순환 도로 사이에 또 하나의 순환 도로가 있어 몇 겹의 순환 도로가 만나기도 한다. 이처럼 길이 복잡한 이유는 마을의 형상과 관련이 있다.

보통 마을은 주거지가 산기슭을 따라 가로로 길게 분포하거나 산골짜기를 따라 세로로 길게 형성되기 마련이다. 그런데 하회마을은 하안의 둔덕에 자리를 잡고 있어 길이 마을 중심부에서 방사선형으로 형성되어야 원활하게 소통할 수 있다. 그러다 보니 당연히 집의 방향도 제각각 다른 것이다.

길이 거미줄처럼 복잡하기는 하지만 그래도 큰 틀에서의 경계는 있다. 낙동강의 지류인 화천의 흐름에 따라 남북 방향으로 큰길이 나 있는데, 이를 경계로 위쪽은 북촌, 아래쪽은 남촌으로 나뉜다. 북촌의 양진당과 북촌댁, 남촌의 충효당과 남촌댁은 역사와 규모에서 서로 쌍벽을 이루는 전형적인 양반 가옥이다. 이 큰길을 중심으로 마을 중심부에는 류씨, 변두리에는 다른 성씨들이 살았다.

또한 마을 전체가 농경지(생산 영역), 거주지(생활 영역), 유보지(의식 영역)로 나누어져 유교적 의식이 강조되는 독특한 특징을 유지하고 있다. 특히 가장 유교적이라 할 수 있는 의식 영역에는 정자 등이 세워져 학문과 교육, 사교의 중심으로서 문화의 산실 역할을 했다.

하회마을의 또 다른 특징은 대부분의 담장이 흙으로 만들어졌다는 점이다. 흙담은 양쪽에 판자를 대고 나무틀을 짠 뒤에 그 속에 작두로 썬 짚을 넣어 반죽한 진흙을 채워 넣고, 흙이 굳으면 판자를 뜯어내는 방식으로 만든다. 흙담은 비가 많이 오면 쉽게 무너지기 때문에 지붕 못지않게 기와나 이엉으로 잘 이어 두어야 한다. 담을 쌓는 과정이 돌담보다 다소 번거롭고 힘들지만 흙담을 쌓은 이유가 있다.

먼저 돌이 없다. 돌담을 쌓으려면 돌이 넉넉하게 있어야 하는데 마을이 하안에 위치해 돌을 구하기가 힘들다. 강변에는 모래가 대부분이고 자갈이 조금 있다. 그렇다고 산에서 암석을 구해 오기도 어려웠을 것이다.

다음은 풍수지리설 때문이다. 하회는 행주형이자 연화부수형이라고 하는데 행주형이란 배가 떠나가는 듯한 지세를 의미한다. 배에 돌을 실으면 가라앉는다. 또한 물 위에 뜬 연꽃에 돌담을 쌓으면 연꽃이 상한다. 이러한 이유로 돌담이 아닌 흙담을 쌓은 것이다. 이처럼 자연환경과 조선의 유교적 이념과 제도, 주민들의 문화적 역량이 오늘의 하회마을을 만들었다.

## 마을 전체가 문화재인 하회마을

하회마을은 약 600년의 역사를 간직한 만큼 중요한 문화재도 많다. 류성룡의 《징비록》이 국보 제132호, 하회탈과 병산탈이 국보 제121, 하회 별신굿 탈놀이는 중요무형문화재 제69호이다. 서애 류성룡 종가 문적이 보물 제160호이고, 류성룡 유물이 보물 제460호이다.

건물로는 보물 2건, 중요민속자료 9건이 있다. 구체적으로 살펴보면 풍산 류씨 종가인 양진당(보물 제306호), 서애 류성룡의 생가인 충효당(보물 제414호), 북촌댁(중요민속자료 제84호), 원지정사(중요민속자료 제85호), 빈연정사(중요민속자료 제86호), 작전고택(중요민속자료 제87호), 옥연정사(중요민속자료 제88호), 겸암정사(중요민속자료 제89호), 남촌댁(중요민속자료 제90호), 주일재(중요민속자료 제91호), 하동고택(중요민속자료 제177호) 등이 있다.

하회마을을 둘러보는 방법에는 두 가지가 있다. 전문 지식을 갖춘 해설사의 설명을 들으며 관람하거나 자신이 원하는 곳을 찾아다니며 둘러보는 방법이다. 가장 좋은 방법은 두 가지를 적절히 섞는 것이다.

여행 사진가 이형준은 하회마을 곳곳을 보기 전에 우선 부용대에서 하회마을과 낙동강이 이루는 절경을 감상하라고 추천한다. 하회마을에서 나룻배를 이용해 부용대로 건너간다면 그곳의 분위기에 더욱 취할 수 있다. 하회마을의 전체 모습을 먼저 눈에 담았다

❶ 양진당은 류성룡의 형 류운룡의 집으로 풍산 류씨 종가이다.

❷ 남촌댁은 충효당과 함께 남촌을 대표하는 집으로 남촌 중심에 있다.

❸ '하회마을 동쪽에 있다' 하여 하동고택이라 불린다.

면 겸암정사, 화천서원, 옥연정사를 둘러본다. 배를 타고 마을로 다시 돌아와 원지정사, 삼신당, 양진당, 충효당, 영모각, 화경당(북촌댁), 주일재(양오당), 염행당(남촌댁), 하동고택 등을 답사한다. 그러나 부용대와 인근 유적은 반드시 하회마을을 통해 가야 하는 것은 아니므로 이곳에 먼저 갔다가 하회마을을 둘러보아도 좋다.

하회마을은 건축 박물관이라고 해도 과언이 아닐 만큼 시대별, 양식별로 다양한 집들이 있다. 솟을대문이 있는 기와집이 많지만 하회마을을 돋보이게 만드는 것은 초가집일 것이다. 초가삼간은 세 칸짜리 작은 집을 의미하는데, 흥미로운 것은 하회마을에서는 마루를 찾아보기 힘들다는 점이다. 방 앞이든 뒤든 툇마루조차 붙이지 않았기 때문에 마치 초가집에는 부엌과 방만 있는 것처럼 보인다. 사회적으로 계급이 낮고 빈곤했던 이들이 마루보다 방을 우선했기 때문이리라.

류성룡의 종택 충효당은 하회마을의 대표적인 반가이다.

초가집에는 나무가 많이 쓰이지 않는다. 나무는 보통 기둥이나 문에만 쓰이며 주로 흙으로 짓는다. 이런 토담집들은 하나같이 지붕이 두텁다. 이는 여름보다 겨울나기를 겨냥해서 집이 지어졌다는 사실을 알려 준다. 처마가 낮아 머리가 닿을 것 같고, 기단도 낮아 댓돌은 필요하지 않다. 문도 작은 외짝문이라 출입이 어려울 정도이다. 초가삼간은 북촌댁 우측 만송정 가까이에 많이 있는데, 과거에는 모두 북촌댁 소유였다고 한다. 초가집 중에 문간채에 마루가 딸린 방이나 사랑채까지 갖춘 곳도 있다. 비교적 풍족하게 산 집으로, 이런 집에 살았던 사람들은 양반과 매우 끈끈한 관계를 맺고 있었음을 알 수 있다.

## 양동마을은 월성 손씨와 여강 이씨, 두 씨족의 집성촌

양동마을(중요민속자료 제189호)

은 하회마을과 함께 조선시대 양반들의 생활상과 주거 양식을 보여 주는 대표적인 반촌이다. 하지만 두 마을은 여러 가지 면에서 대조적이다. 하회마을이 강물이 휘돌아 가는 강마을이라면, 양동마을은 산에 의지한 산마을이다. 하회는 풍산 류씨의 단일한 동성 부락이지만 양동마을은 월성 손씨와 여강 이씨(여주 이씨 경주파)의 두 씨족으로 구성된 집성촌이다. 하회마을에는 동제洞祭의 일부로 유명한 별신굿이 전해 내려오는 반면, 양동마을에서는 줄다리기, 지신밟기, 달집태우기 등 세시 행사를 벌인다.

양동마을은 하회마을과 같이 강이 직접 맞닿지는 않지만 주변에 형산강이 흐른다. 이 마을은 여러 작은 골짜기가 나란히 흘러 '말 물勿' 자를 거꾸로 놓은 모습이다. 산세는 경주의 재물이 형산강의 안락천에 실려 양동마을로 모두 들어오는 형상이라고 한다. 물 자형 마을은 우리나라에서 양동마을이 유일하며 풍수지리상 배산임수의 명당에 위치하고 있다. 특히 구릉 등과 같은 지세를 거스르지 않고 그대로 활용한 건물 배치가 두드러져 고건축물의 보고로도 불린다.

마을은 내곡, 물봉골, 거림, 장터골을 중심으로 거주지가 형성되어 있는데 물 자 능선을 중심으로 나뉜다. 능선은 서쪽으로 갈수록 낮고 북동쪽으로 갈수록 높아지며, 각 능선과 그 사이의 진입로가 있는 골짜기들은 서쪽에서 동남쪽으로 향하고 있다. 즉, 경사가

양동마을은 마을 전체가 국가지정문화재이다.

급한 산이 마을의 진입로를 가려 골짜기 밖에서는 마을의 모습이 드러나지 않는다.

### 양동마을은 외손 마을

양동마을에 언제부터 사람이 살았는지는 알 수 없지만, 성주산 정상의 구릉지에 10여 기의 청동기 시대 무덤이 있는 것으로 보아 오래전부터 사람들이 살았을 것으로 추정한다. 고려시대와 조선시대 초기까지 오씨와 장씨가 작은 마을을 이루었다고 한다. 그러나 양동마을이 현재와 같은 명성을 얻게 된 것은 조선 초 월성 손씨와 여강 이씨가 결혼해 처가에 들어와 살면서부터이다.

《경북지방 고문서 집성》을 보면 양동에는 고려 말 여강 이씨 이광호가 거주하고 있었는데, 그의 손자사위가 된 풍덕 류씨 류복하가 처가를 따라 마을에 정착했다. 이어서 15세기 중반 손소孫昭(1433~1484)가 류복하의 무남독녀와 결혼해 처가의 재산을 상속받으면서 양동에 자리 잡았다. 손소는 단종 원년 생원진사시를 거쳐 세조 5년(1459)과 9년에 각각 문과와 문예시에서 장원했고, 세조 13년(1467) 함경도 지방의 이시애의 난 때 공을 세워 계천군으로 봉해졌다. '계천군'은 양동마을 앞으로 흐르는 실개천의 이름이라고 한다. 성종 7년(1476) 진주목사로 갔다가 병으로 사망했고 왕에게 양민襄敏이란 시호를 받았다.

손소의 딸은 여주 이씨 이번李蕃과 결혼해 두 아들을 두었는데 그중 한 사람이 조선시대 유학자 회재晦齋 이언적李彦迪(1491~1553)이다. 이번 또한 결혼 후 양동에 정착했고, 그의 아들 이언적이 외가에서 유년 시절을 보내면서 영남 지역의 유력 가문으로 부상했다. '양동마을은 외손 마을'이라는 재미있는 말이 있다. 마을 형성기에 이광호-류복하-손소-이번 등으로 이어지면서 친손이 아닌 외손이 번성했던 것을 말한다. 이 말은 아직도 유효해 요즘도 양동 처녀라면 선도 안 보고 데려간다는 말이 있을 정도이다.

월성 손씨와 여강 이씨, 두 가문은 경주의 읍지를 편찬하고 향촌 내 주요 사족의 명부인 향안鄕案의 작성을 주도했다. 아울러 향교와 원사를 출입하면서 향촌 사회를 이끌고 지방 유림을 조직·동

양동마을 입구의 경사면에 있는 기와집 향단이 보인다. 이언적이 지은 집이다.

원하기도 했다. 특히 옥산, 서악, 동강서원을 중심으로 경주권의 유림을 대표해 영남의 여러 지역 향교나 서원 등과 연합하기도 했다. 손씨와 이씨 집안은 지금까지도 결혼으로 인척 관계를 유지해 오고 있다. 이런 경우는 우리나라에서 양동마을이 유일하다.

두 문중 내에서의 위계는 마을의 공간 구성에 영향을 주었다. 대체로 한 골짜기의 가장 높은 곳에는 대종가 또는 파종가가 터를 잡았으며, 그 밖의 지손(종파에서 갈라져 나온 파의 자손)들의 주택은 그 아래 기슭에 자리 잡았다. 반드시 그런 것은 아니지만 대체로 자손들의 주택이 종가 건물보다 규모가 작다. 17세기 말에는 양동마을의 집이 600~700채나 되어 우리나라에 있던 성씨 집성촌 가운데 가장 규모가 컸다고 한다.

현재 마을 내 상류 주택은 30여 호 정도인데, 16세기부터 19세기까지 전통을 지키면서 건설하여 원형은 물론 시대의 변화에 따른 발전상을 엿볼 수 있다. 초기 건물인 '통말집(ㅁ 자 집)'에 이어 '반말집(튼 ㅁ 자 집)'이 주류를 이루는데, '뜰집' 등 ㅁ 자 집이 대부분인 안동 지방의 상류 주택과는 뚜렷한 차이를 보인다. 이는 조선 후대로 내려올수록 사대부의 주택보다는 부농 주택으로서의 성격이 짙어졌기 때문이다.

양동마을에 양반층 주택만 있는 것은 아니다. 낮은 지대의 길가에는 일반 민가가 있고, 주요 상류 주택 앞에는 가랍집이라는 외거노비들의 집이 있다. 현재 양동마을에는 손씨 18호, 이씨 78호, 다른 성씨 30여 호로 약 130호가 있다.

## 가장 많은 문화재 건물과 풍부한 문헌 자료가 있는 마을

양동마을에는 많은 문화재들이 있다. 보물로는 이언적이 경상감사 시절 지은 향단(보물 제412호), 조선 전기 청백리 손중돈의 옛집인 관가정(보물 제442호), 이언적의 종가인 무첨당(보물 제411호) 등이 있다. 그 외에 15세기에 창건된 서백당(중요민속자료 제23호)을 비롯해 1504년에 건립된 낙선당(중요민속자료 제73호), 사호당 고택(중요민속자료 제74호), 상춘헌 고택(중요민속자료 제75호), 근암고택(중요민속자료 제76호), 두곡고택(중요민속자료 제77호), 수졸당(중요민속자료 제78호), 이향정(중요민속자료 제79호), 수운정(중요민속자료 제80호), 심수정(중요민속자료 제81호), 안락정(중요민속자료 제82호), 강학당(중요민속자료 제83호) 등이 있다. 단일 마을로는 가장 많은 문화재 건물을 만날 수 있는 것이다. 특히 중요민속자료 제75호인 상춘헌 고택, 제76호인 근암고택, 제77호인 두곡고택이 나란히 위치해 시대의 변화 양상을 한눈에 볼 수 있다.

양동마을은 고건축물이 유명하지만 조선시대부터 이어져 온 족보와 풍부한 문헌 자료들도 빼놓을 수 없다. 금속 활자본 《통감속편》은 국보 제283호이며, 손씨 문중이 소장한 〈손소 초상〉은 보물 제1216호이다. 《통감속편》은 중국 고대의 역사를 기록한 책으로, 단종이 왕세자 시절 공부하던 자선당 전적에만 찍던 집희경지緝熙敬止라는 도장이 권수卷首와 서문 등 5곳에 찍혀 있다.

〈손소 초상〉은 성종 7년(1476) 도화서 화원이 그린 초상이다.

❶ 양동마을 높은 위치에 있는 관가정은 중종 때의 청백리로 알려진 우재 손중돈의 옛집이다.

❷ 양동마을에 있는 상춘헌 사랑채이다.

★ 문화재청 소장

1467년 손소가 이시애의 난을 평정한 공로로 적개공신敵愾功臣에 책봉한 것을 기념하기 위해 성종이 직접 하사했다. 초상화가 많이 남아 있지 않은 조선 초기의 한국 공신도상과 회화사 연구의 귀중한 자료로 평가된다.

양동마을을 답사하는 방법도 여러 가지가 있다. 보통 마을 왼쪽부터 보는 방법과 오른쪽부터 보는 방법 중에 택하는데, 많은 사람이 왼쪽부터 보는 것을 선택한다. 정충비각, 관가정, 향단, 무첨

두곡고택 사랑채 전경. 상춘헌 고택, 근암고택, 두곡고택은 나란히 위치해 시대의 변화 양상을 한눈에 볼 수 있다.

당, 대성헌, 물봉 동산 초가집 구역, 경산서당, 수졸당, 낙선당, 서백당, 고택가(근암고택, 상춘헌 고택, 사호당 고택) 구역, 동호정, 명당, 두곡고택, 강학당, 심수정 순이다.

## 초익공 형식의 정자 독락당과 가장 특이한 형태의 정해사지 십삼층석탑

양동마을에서 11킬로미터쯤 떨어진 독락당(보물 제413호)도 가 보면 좋다. 한국 최고의 정자이자 유네스코 세계유산으로 지정될 만큼 중요성을 인정받은 곳이다.

독락당은 1532년에 지은 건물로 이언적이 이곳에서 말년을 보냈다. '옥산정사玉山精舍'라고도 불린다. 일반 건물은 정면 칸살이 3, 5, 7칸 등 홀수라면 독락당은 짝수인 4칸이라 건축사적으로 눈

독락당은 '어진 선비도 세속의 일을 잊고 자신의 도를 즐긴다'는 뜻이다.

★ 문화재청 소장

에 띈다. 지붕의 형태도 남다르다. 개울을 향한 동쪽은 합각이 있는 팔작지붕이지만, 안채와 맞붙은 서쪽은 맞배지붕으로 양쪽이 대칭을 이루지 않는다. 안채와 연결된 구조에서 나오는 자연스러운 선택이라고 평가하는 학자들이 있으나 보편적인 형태는 아니다.

독락당은 초익공 형식, 즉 기둥 위의 공포 짜임이 간결해 주두 하나를 얹고 위를 향해 뻗은 쇠서를 내는 것으로 마무리한 구조적인 특징도 지니고 있다. 대청에서 측면 천장을 올려다보면 천장의 가구가 환히 드러난다. 종보 위에서 끝부분을 사다리꼴로 다듬은 동자기둥이 종도리를 받치고 있고, 종보와 중도리를 잇는 직선재의 소슬합장이 삼각형을 이루고 있다. 이와 같은 초익공 형식이나 솟을합장을 가진 구조 등은 조선 전기의 건축 양식을 반영한 것이다.

대문을 지나면 경청재가 있는데 이언적의 손자인 순과 준 두 형제가 이 건물을 지을 때 작성한 화의문의 내용이 특별하다.

◇

계정과 독락당은 이언적의 별서(한적하게 따로 지은 집)이고 이외 유택에는 부모인 잠계 이전인의 정성이 가득하다. 집과 담장을 수리하기 위해 우리 형제가 약간의 토지를 출현했다. 후손들 가운데 혹시 궁벽하여 토지에 대해 다투는 일이 있으면 불효로써 논단할 것이다.

계정溪亭은 독락당의 별채로 정자로 사용되고 있다. 이곳은 방 1칸과 계곡의 반석 위에 가느다란 기둥을 세워 쪽마루를 덧대고 있는 특이한 구조이다. 원래 이곳에는 이언적의 아버지가 쓰던 3칸짜리 초옥이 있었으나, 이언적이 은거하면서 그것을 기와집으로 바꾸고 옆으로 2칸을 내어 지금처럼 만든 것이다.

몸채는 방 1칸과 마루 2칸을 들이고 계곡을 향해 쪽마루를 덧대어 계자난간(난간의 일종)을 두른, 구조가 간단한 작은 집이다. 계정은 절반은 집 안에 있고 절반은 숲속에 있어 마치 집과 자연 양쪽에 다 걸터앉은 형태이다. '溪亭계정'이란 편액(그림이나 글씨를 써서 걸어 놓는 액자)은 한석봉의 글씨로 알려져 있다. 옆으로 덧붙인 곳에 '양진암'이라고 쓴 커다란 편액은 퇴계의 글씨이다.

계정의 참모습은 바깥 개울 건너에서 바라보아야 온전히 드러난다. 개울가 바위의 생김새에 따라 길이가 다른 기둥을 세운 것은 물론 쪽마루의 아름다움을 볼 수 있다. 학자들은 계정이야말로 계류를 따라 발달한 영남지방 정자 문화의 한 규범이라고 평가한다.

독락당에서 도보로 5분 거리에 있는 정혜사지 십삼층석탑(국

독락당 대청 천장은 서까래가 노출되어 있다.

★ 문화재청 소장

보 제40호)도 들르면 좋다. 정혜사지 십삼층석탑은 통일신라시대의 석탑 중에서 가장 특이한 형태를 하고 있다. 토대의 상면 중앙에는 1단의 석축이 있고, 그 위에 4매석으로 구성된 높직한 2단의 사각형 굄이 있으며 그 위에 13층 몸돌을 올린 모습이다. 신라 인근에서 이와 같은 형태는 찾아볼 수 없다.

1층 몸돌은 거대한데 2층부터는 몸돌과 지붕돌 모두 급격히 작아져 2층 이상은 마치 1층탑 위에 덧붙여진 머리 장식처럼 보인다. 탑 1층 몸체에는 높이 131센티미터, 폭 166센티미터인 모서리 기둥이 있고 중앙에는 불사를 모시는 감실이 있다. 지붕은 경사가 완만하고 모서리는 볼록하며, 처마 층급 받침은 3단으로 13층이라는 보기 드문 형태이다. 이 석탑을 보면 한국의 석탑이 남다른 다양성을 갖고 있다는 것을 실감할 수 있다.

백제역사유적지구는 공주와 부여, 익산을 포함한
넓은 지역과 수많은 유적을 포함한다

# 건축 기술의 발전과 불교의 확산을 보여 주는 백제역사유적지구

백제는 기원전 18년에 고구려에서 내려온 온조가 한강 유역에 위례성을 쌓으며 세운 나라로 약 500년 동안 이곳이 도읍지의 역할을 했다. 그러던 475년, 고구려의 침략으로 인해 백제는 도읍지를 남쪽으로 옮기게 되었다.

백제 제21대 왕인 개로왕은 고구려에서 보낸 첩자 도림의 말에 속아 왕권을 키우고 나라의 강성함을 과시하고자 대규모 토목사업을 벌였다. 이때를 틈타 고구려 장수왕이 이끄는 고구려군 3만 명이 백제를 공격했고 개로왕은 아차산성 전투에서 죽음을 맞았다. 개로왕의 뒤를 이어 왕이 된 문주왕은 한성이 폐허가 되자 도읍지를 남쪽인 웅진(공주)으로 옮겼다. 웅진은 북으로는 차령산맥과 금강이 둘러싸고 있고, 동남쪽으로는 계룡산이 막고 있어 고구려와 신라의 침략을 막을 수 있는 요새 중의 요새였다. 이후 백제는 더욱 강성한 나라를 꿈꾸며 부여로 천도했다. 그래서 백제역사유적지구는 공주와 부여, 익산을 포함한 넓은 지역과 수많은 유적을 포함한다.

이 유적지구를 구체적으로 분류하면 공주는 공산성과 송산리 고분군 2곳, 부여는 관북리 유적과 부소산성, 능산리 고분군, 정림사지, 부여 나성 등 4곳, 그리고 익산은 왕궁리 유적과 미륵사지 2곳을 합친 8곳이다.

충청남도는 문화재청 등과 함께 2012년 5월 백제역사유적지구 세계유산등재추진단을 설립하고, 2014년 등재 신청서를 유네스코에 제출했다. 겨우 1년이 지난 2015년에 유네스코 세계유산으로 등재 결정이 되었는데, 이는 백제역사유적지구가 매우 중요한 유산임을 세계적으로 인정받은 것이라고 볼 수 있다.

## 도읍지로 제 역할을 다한 공주 공산성

공주가 역사의 무대에 등장하게 된 배경은 다소 기구하다. 북진 정책을 펴던 백제 개로왕이 강성한 고구려 장수왕의 칼에 전사하고 한성마저 함락당해 어쩔 수 없이

❶ 공산성 금서루는 성내로 진입하는 차도로 이용되다가 1993년에 복원되었다.

❷ 공산정은 공산성에서 전망이 제일 좋은 곳이다.

❸ 왕궁지에서는 대형 건물터와 돌로 쌓은 둥근 연못터 등 각종 유적이 확인되었다.

❹ 임류각은 백제시대 왕과 신하들의 연회 장소로 추정된다.

밀려 내려온 곳이 바로 공주이기 때문이다. 공주는 성왕이 좀 더 비옥하고 뜻을 펼칠 수 있는 곳을 찾아 부여로 도읍을 옮기기 전까지 백제의 수도였다. 475년부터 538년까지 63년이란 시간 동안 나라를 재정비하고 문물을 활발히 진작시켜 성왕 때 기력을 되찾을 수 있었으니, 공주는 도읍지로서 제 역할을 다했다고 볼 수 있다.

공주로 가려면 반드시 금강을 가로지르는 금강교를 건너야 한다. 금강교를 가로질러 공주 시내에 들어가기 전 왼쪽으로 공주 시가를 외호하고 있는 둔덕이 나오는데, 이곳이 바로 공산성이다. 공주가 백제의 도읍일 때 '웅신성'이라는 궁성이 있었던 곳이다. 백제 웅진성의 정식 명칭은 공주 공산성이고 토성으로 추정한다. 지금 있는 석축은 조선 중기에 새로 쌓은 것으로, 동서로 길고 남북으로 폭이 좁으며 산성의 전체 길이는 약 2킬로미터이다.

공산성의 답사는 금서루(서문)부터 시작한다. 금서루는 원래 자리만 남아 있어 성내로 진입하는 차도로 이용되다가 1993년에 복원되었다. 입구 우측으로 당대 공주 벼슬아치들의 선정비가 줄지어 있다. 문루의 규모는 동문과 같이 정면 3칸, 측면 3칸의 중층 건물이다. 금서루에 오르면 길이 두 갈래로 나뉘는데 대부분 오른쪽 길로 먼저 간다.

오른쪽 길을 따라 오르면 왕궁지, 쌍수정, 쌍수정 사적비, 임류각이 나온다. 가장 먼저 나오는 왕궁지는 백제가 웅진으로 수도를 옮긴 초기의 왕궁터이다. 1980년대 발굴 조사 때 10칸, 20칸 등의 대형 건물터와 돌로 쌓은 둥근 연못터, 목곽의 저장 시설 등의 각종 유적이 확인되었다.

쌍수정(충청남도 문화재자료 제49호)은 인조가 1624년 이괄의 난을 피해 5박 6일간 머문 곳이다. 쌍수에 기대어 왕도를 걱정하던 인조가 이괄을 평정했다는 소식을 듣고 기뻐하며 이 쌍수에 '통훈대부通訓大夫'의 칭호를 부여했다는 데서 유래했다. 쌍수정 사적비(충청남도 시도유형문화재 제35호)는 인조가 이곳에 머물렀다는 내용을 새긴 비문이다. 비문은 인조 때 영의정을 지낸 신흠이 지었고, 글씨는 숙종 때 영의정을 지낸 남구만이 썼다.

광복루(충청남도 문화재자료 제50호)는 원래 공산성의 북문인 공북루 옆에 있던 누각을 일제강점기 때 현재의 위치로 옮긴 것이다. 8·15 광복 이후에 광복루라고 개칭했다.

계속 산성을 따라가면 연지(충청남도 기념물 제42호)라는 연못이 나온다. 연지는 계단 형태로 석축을 정연하게 쌓았으며 동쪽과

쌍수정은 인조가 이괄의 난을 피해 머문 곳이다.

서쪽에 넓은 통로를 두었다. 연못과 금강 사이에는 만하루라는 정자가 있으며, 세조 4년(1458)에 건설하고 임진왜란 때 승병의 합숙소로 사용된 영은사도 인근에 있다.

연못의 경치를 즐기면서 천천히 걷다 보면 공산성의 북문인 공북루(충청남도 시도유형문화재 제37호)가 나온다. 옛 망북루 터에 신축한 것으로 강변에 위치해 강 사이를 왕래하는 남북 통로의 관문이다. 조선시대 문루 건축의 좋은 예라고 할 수 있다. 계속 길을 재촉하면 전망대인 공산정이 나온다. 이곳에서 공주를 연결하는 금강교 등 공주 일원이 잘 보이는데, 전략적인 목직으로 공산성을 건설한 이유를 이해할 수 있다.

공산성 안내도에는 공산성을 둘러보는 세 가지 코스가 친절하게 나와 있다. 첫 번째 코스는 1시간 30분 동안 성곽 길 전체를 도는 코스이다. 두 번째 코스는 금강을 만끽하는 코스로 45분 정도 걸린다. 금서루에서 좌측으로 방향을 잡아 공산정-공북루-연지 및 만하루-영은사를 거쳐 금서루로 되돌아온다. 천천히 둘러볼 시간이 부족한 사람들을 위한 30분짜리 왕궁지 코스도 있다. 이 코스는 금서로-쌍수정-쌍수정 사적비-왕궁지와 진남루를 거쳐 금서루로 되돌아오는 코스이다. 자신의 상황에 따라 적절한 코스를 선택해 구경하면 된다.

백제의 혼이 살아 있는 공산성은 곳곳에 근대의 흔적도 남아 있다. 특히 이곳은 갑오농민전쟁(1894년 전라도 고부군에서 시작된 동학운동) 때 치열한 격전지여서 공산성을 발굴할 때 관군의 것으로 보이는 대포알이 여러 개 발견되었다.

## 우연히 발견된 무령왕릉

무령왕릉과 왕릉원은 송산리 고분군의 새 명칭으로, 2021년 문화재청 고시에 따라 바뀌었다. 이곳은 공주시 중심지에서 서북 방향으로 약 1킬로미터 정도 떨어진 곳에 있다. 금강과 인접해 있으며 북쪽이 막혀 있고 남쪽이 트여 있는 구릉 지역이다. 현재 확인된 고분은 벽돌무덤인 무령왕릉과 6호분, 굴식 돌방무덤인 1~5호분이 있다. 굴식 돌방무덤의 벽면에는 강회를 발랐는데, 이는 한성 시대부터 내려오던 백제식 무덤 축조 방식이다. 아직 봉분이 분명하지 않은 고분도 주위에 수십 기 분포되어 있다.

무령왕릉은 백제의 사회·문화상을 연구하는 데 중요한 자료로 평가된다.

5호분은 깬돌로 네 벽을 구축했다. 바닥으로부터 약 1미터 정도는 수직으로 쌓고, 그 위부터는 기울기를 약 25도 정도 안으로 좁히면서 마주 쌓아 올림으로써 활등처럼 굽은 모양의 천장을 이루었으며 정상에는 1매의 대판석을 덮고 있다. 또한 널길(고분 입구에서 시체를 안치한 방까지 이르는 길)은 남벽에 설치했는데 남벽의 동쪽에 치우치게, 즉 동쪽 장벽에 잇대어지게 하고 있다.

6호분은 벽돌을 쌓아 만들었고 네 벽에 진흙과 호분을 바른 위에 벽화를 그려 놓아 '송산리 벽화고분'이라고도 부른다. 벽에는 청룡, 백호, 주작, 현무의 사신도와 동그랗게 표시한 해와 달, 별들이 그려져 있다. 백제의 벽화는 이 벽화와 부여 능산리 고분의 벽화만 남아 그 가치는 이루 말할 수 없다. 오랜 세월의 습기 때문에 그림이 얼룩덜룩해지고 군데군데 떨어져 나갔지만, 선이 지니고 있는 부드럽고 우아한 힘은 그대로이다.

자신들만의 색깔을 갖고 문화를 이뤘던 백제는 오늘날 우리를 놀라게 할 유산이 많았을 것으로 생각된다. 하지만 현재 남아 있는 유물이 많지 않아 매우 아쉽다. 이런 아쉬움을 지워 준 것이 바로 무령왕릉이다.

무령왕릉은 우연히 발견되었다. 1971년 7월 5일, 송산리 고분군 가운데 5호분과 6호분 주위에 자꾸 물이 차오르자 지하수를 차단하기 위한 배수 공사를 진행했다. 그러던 중 바닥이 일반 흙으로 되어 있지 않은 것을 발견하고, 그곳을 좀 더 깊이 파자 검은 벽돌과 아치 모양의 벽돌 구조가 발견된 것이다. 당시 무령왕릉의 발견

자체도 고고학계를 놀라게 했지만, 더 놀라운 것은 무령왕릉이 다른 고분들과는 달리 도굴되지 않은 처녀분이라는 점이었다.

무령왕릉이 발견되자 전국에서 수많은 사람들이 몰려들었다. 당시 공주대학교 사범대학 한인전 교수는 혹시나 도굴꾼들이 무령왕릉 안의 유물을 노리지 않을까 걱정되어 몇몇 교수들과 그곳에서 잠을 자면서 현장을 지켰다고 한다. 정식으로 발굴이 진행되기 전에 현장을 지킨 것이다. 무령왕은 40세의 늦은 나이에 즉위했지만, 공주 시대의 번영을 이룬 백제 '중흥의 왕'이다. 《삼국사기》에 따르면 무령왕은 키가 8척이나 되어 훤칠하며 풍모가 준수했다고 한다. 성품 또한 인자하고 너그러워 민심이 스스로 와서 따랐다고 한다.

무령왕릉은 다른 고분들과 달리 도굴되지 않았다.

무령왕릉에서 출토된 유물은 모두 108종, 2,906점에 이르며 국보로 지정된 유물만도 12점에 이른다. 그중 가장 흥미를 끄는 것은 이 무덤이 무령왕의 것임을 밝힌 지석과 토지신으로부터 땅을 샀다고 새겨 놓은 매지권이다. 이 지석에서 매우 특이한 단어를 발견할 수 있다. 무령왕의 죽음을 '훙薨'이라 적지 않고 '붕崩'으로 표시한 것이다. 천자, 즉 황제가 죽었을 경우에는 '붕'을 사용해 '붕어'라 했고 제후나 왕공, 귀인의 죽음은 '훙'을 사용해 '훙거', '훙서', '훙어'라 불렀다. 그러므로 무령왕의 죽음을 '붕'이라고 표시했다는 것은 왕이라 칭해지긴 했어도 실제의 위상은 황제와 버금갔음을 알려준다. 즉, 당시 백제 왕은 백제에 소속된 각 지역의 수장(왕)들을 통솔하는 존재였던 것이다. 1985년부터 무령왕릉의 모형 전시관이 마련되어 일반에게 공개되고 있다.

## 백제가 가장 찬란한 시간을 보냈던 부여의 부소산성

'부여' 하면 대부분의 한국인은 잃어버린 백제를 떠올릴 것이다. 특히 황산벌에서 5천 결사대와 함께 목숨을 바친 계백 장군, 낙화암에서 떨어진 삼천 궁녀 등 비장한 사건들을 주로 떠올린다. 이곳이 백제가 부여에서 가장 찬란한 시간을 보냈는데도 그 흔적들이 너무 적기 때문일 것이다. 부여 시내 한가운데에 있는 정림사지 오층석탑이 이곳이 백제의 도읍지였음

➋ 부소산성은 백제시대 마지막 왕성이다.

을 간신히 보여 줄 뿐이다. 천년 사직을 지켜 온 도성터며 사찰터가 곳곳에 자리하고 있는 경주와는 천양지차이다.

부여에는 백제의 흔적이 일부 남아 있다. 백제의 향기를 느낄 수 있는 부소산성(사적 제5호)이 대표적이다. 부소산의 남쪽 기슭에 왕궁터가 있고, 산성 안에는 해맞이하는 영일루와 달을 보내는 송월루 등의 누각 자리가 있어 백제인들의 풍류를 엿볼 수 있다. 부소산성을 주축으로 부여를 빙 둘러 감싸고 있는 나성도 남아 있다. 이들이 유네스코 세계유산으로 지정된 것은 당연한 일이다.

부소산은 부여의 진산으로, 부여의 북쪽인 쌍북리(현재의 관북리)에 있으며 해발 100미터 정도의 나지막한 구릉이다. 왕궁과 도시를 방비하기 위해 이곳에 부소산성을 건설했다. 이곳은 북으로 강을 두르고 바로 산이 막아서 북에서 침공하는 고구려 군사를 방어하기에 적합했다. 산성이 완성된 것은 성왕이 538년에 수도를 사비(부여)로 옮기던 무렵이지만, 그보다 앞서 동성왕이 산봉우리에 산성을 쌓았고 후대에 무왕이 605년에 고쳐 다시 쌓았다.

국립부여문화재연구소에 따르면 부소산성은 산정에 테뫼식(머리띠식)으로 산성을 쌓고, 부소산 전체 외곽을 아우르는 포곡식(산봉우리를 중심으로 주변 계곡 일대를 돌아가며 벽을 쌓는 방식)으로 둘렀으며, 축조 방식은 흙과 돌을 섞어 다진 토석 혼축식이다. 경사면에 흙을 다진 축대를 쌓아 더욱 가파른 효과를 낸 성곽이 2,200미터에 걸쳐 부소산을 감싸고 있는 것이다.

부소산성 입구로 들어가 오른쪽 길로 접어들면 삼충사가 있다. 삼충사는 백제 말의 세 충신인 성충, 흥수, 계백의 위패를 봉안한 사당으로, 1957년에 처음 세워졌고 1981년에 대대적으로 신축했다. 곧이어 영일루가 나오는데 이곳은 영일대가 있던 자리이다.

부소산 가장 높은 곳에는 사자루가 있으며, 바로 아래쪽으로

저물어 가던 백제를 가장 장엄하고 극적으로 보여 주는 곳이 바로 낙화암이 아닐까 싶다.

백마강을 내려다볼 수 있는 백화정이 절벽 위에 자리 잡고 있다. 그 아래쪽에 있는 낙화암은 사비가 나당 연합군에게 유린될 때 삼천 궁녀가 꽃잎처럼 백마강에 몸을 던졌다는 전설이 깃든 곳이다. 절벽 아래에는 유람선 선착장이 있어 황포돛대를 타고 낙화암을 바라볼 수 있다. 저물어 가던 백제를 가장 장엄하고 극적으로 보여 주는 곳이 바로 이 낙화암이 아닐까 싶다.

가파르게 내려가는 계단 길 왼쪽에 약수가 유명한 고란사가 있다. 이곳은 바위틈에서 흘러나오는 약수를 맛보려는 사람들로 늘 북적북적하다. 이들 유적은 부소산성 입구를 통하지 않고 유람선 선착장에서 유람선을 타고 고란사 선착장에 내려 답사하고 나서 배를 타고 되돌아오거나 부소산성 입구로 나갈 수도 있다.

## 무덤의 주인을 알 수 없는 부여 능산리 고분군

부여의 유적 중 많은 사람에게 깊은 인상을 남기는 곳은 능산리 고분군(사적 제14호)이다. 부여 근방에는 백제 고분 수백 기가 여기저기에 흩어져 있지만 형체가 제대로 남은 것은 드물고, 또 대부분 도굴되어 온전한 것도 많지 않다. 그러나 능산리 고분군은 봉분이 비교적 잘 남아 있고, 규모도 큰 무덤들이 모여 있다.

고분군 입구에서 안쪽으로 5분쯤 걸어 들어가면 왼쪽 언덕에 고분 7기가 남향으로 들어서 있다. 이곳은 예전부터 왕릉으로 알려졌던 곳이다. 사비 시대 왕이 6명이어서 역대 왕들이 이곳에 묻혔을 것으로 추정하지만, 무덤의 주인을 알 수 있는 지표가 전혀 없어 누구의 무덤인지는 알지 못한다. 다만 전북 익산에 무왕과 왕비의 능이라고 전해지는 쌍릉이 있으므로 무왕은 여기에 묻히지 않았을 것으로 생각된다.

능산리 고분들은 일제강점기 초기인 1915년경부터 일본인들이 발굴했는데, 그중 '동하총(1호분)'에는 사신도 벽화가 그려져 있다. 고구려의 전유물로 알려진 고분 벽화가 백제 고분에서 나온 것을 보아 이 무렵 백제와 고구려의 문화 교류가 활발했음을 알 수 있다. 또한 사신도가 발견된 것을 볼 때 백제에서도 도교가 수용되고 있었음을 알 수 있다.

1호분은 굴식 돌방무덤으로, 현실과 연도를 갖추고 있는데 현

능산리 고분군은 봉분이 비교적 잘 남아 있고, 규모도 큰 무덤들이 모여 있다.

실의 벽면과 천장은 각각 1매짜리 거대한 판석을 세우고 덮어 만들었다. 돌의 표면을 물갈이하고 그 위에 주색, 황색, 청색, 흑색의 안료를 써서 동쪽 벽에는 청룡, 서쪽 벽에는 백호, 북쪽 벽에는 현무, 그리고 남쪽 벽에는 주작의 사신도를 그렸다. 또 천장에는 연꽃과 구름 그림이 흐릿하게 남아 있다.

이 고분의 지형지세도 동쪽에는 청룡, 서쪽에는 백호가 되는 능선이 감싸고 있고 앞으로는 동서로 하천이 흐르고 있으며, 멀리 남쪽으로는 주작이 되는 안산이 자리하고 있어 풍수지리상으로도 사신에 싸여 있는 자리이다. 이곳은 전문 연구자들에게만 연구용으로 공개하고 있다. 일반인들은 모형 전시관에서 정교한 모형을 관람할 수 있다.

한 가지 아쉬운 것은 사신도가 형태를 알아볼 수 없을 만큼 망가졌다는 점이다. 일제강점기 때만 해도 벽화의 모양을 어느 정도

동하총에 벽화가 그려져 있는 것으로 보아 백제와 고구려의 문화 교류가 활발했음을 알 수 있다.

확인할 수 있었는데, 지금은 윤곽조차 쉽게 분간하기 힘들다고 한다. 문화재 보존 전문가 5명이 고분을 조사한 결과, 고분 네 면 모두 바탕층과 채색층에 균열과 박락剝落 현상이 진행되고 있다고 발표했다. 보존 상태가 급격히 악화된 이유는 1972년에 고분을 개방하면서 무덤 내 환경이 평형 상태를 잃었기 때문으로 추정된다. 고분 내부의 미생물 번식 방지를 위해 습도를 건조하게 유지한 것이 벽화 점토 바탕층에 미세한 균열을 일으킨 듯하다는 의견도 있다.

## 한국 최고 수준의 석탑이 있는 부여 정림사지

정림사지 오층석탑(국보 제9호)은 백제시대 부여를 대표하는 석탑이다. 중국 역사서인 《북사》에는 '사탑심다寺塔甚多'라고 할 정도로 백제에는 탑이 많다고 기록되어 있다. 불교가 융성했기에 수많은 탑들이 존재했을 것으로 짐작되지만, 안타깝게도 현재까지 남아 있는 탑은 익산 미륵사지 석탑과 부여의 정림사지 오층석탑뿐이다.

정림사는 백제시대에 주로 활용한 남북 자오선 상에 중문, 탑, 금당, 강당이 차례대로 놓인 일탑식 가람 배치 구조이며 사찰 전체를 회랑이 둘러싸고 있다. 특이하게 중문과 탑 사이에 연못을 만들어 다리로 지나가게 했으며, 현재 복원된 2층 기단 위에 정면 5칸, 측면 3칸의 금당이 자리 잡고 있다. 강당은 금당보다 조금 더 커서 정면 7칸, 측면 3칸의 건물로 추정되며 역시 복원되었다. 정림사가 있던 절터를 정림사지(사적 제301호)라고 한다.

정림사지 오층석탑은 백제 석탑의 완성된 형태로 한국 석탑 중 최고 수준이다. 특히 미륵사지 석탑이 작은 부재들로 만든 흔적이 보여 목탑에서 석탑으로 번안한 모습으로 추정한다. 반면 정림사지 오층석탑은 부재들이 한결 단순해지고 정돈되어 비로소 석탑으로서의 완성미를 보여 준다.

높이 8.33미터의 정림사지 오층석탑은 한동안 백제를 멸망시킨 당나라 장수 소정방이 세운 것이라고 잘못 알려져 있었다. 1층 탑신부 한 면에 새겨진 '대당평제국비명大唐平濟國碑銘'이라는 글자 때문이었다. 학자들은 소정방이 백제를 멸망시킨 것을 기념하려고 이미 세워져 있는 탑에 글자를 새긴 것으로 추정한다. 강당 자리에 전체 높이 5.62미터의 고려 때의 석불 좌상(보물 제108호, 석조여래좌

정림사지 오층석탑은 백제 석탑의 완성된 형태로 한국 석탑 중 최고 수준이다.

상)이 있었는데, 현재는 전각을 복원해 그 안에 모셔 놓았다. 오랜 세월을 보내며 마멸되어 형체만 남아 있지만, 지대석에 꽃머리 장식이 새겨진 안상이 있는 것으로 보아 11세기 불상으로 짐작된다.

## 백제 금동대향로가 발견된 부여 나성

부소산성이 왕궁의 방위를 위한 것이라면 부여 나성(사적 제58호, 외성으로서 성 밖에 겹으로 쌓은 성)은 청산성, 청마산성과 함께 수도인 사비의 외곽 방어선을 담당한 토성이다. 나성은 성왕(재위 523~554) 때 웅진에서 사비로 천도하기 위해 쌓기 시작한 것으로 보이며, 완성된 시기는 7세기 초인 무왕 때로 추정된다. 동아시아에서 새롭게 출현한 외곽 성의 가장 이른 사례 중 하나이다. 또한 나성은 곧 사비 도성이라고 볼 수 있어 그 안에는 왕궁과 관아, 민가, 사찰 등이 있었을 것으로 추정된다.

나성은 크게 동쪽, 남쪽, 서쪽 나성으로 나눌 수 있다. 이 성벽을 연결하면 약 6.6킬로미터에 이르는 거대한 규모이다. 안타깝게도 그 대부분의 유적들이 파괴되었지만, 부여읍 외곽을 두르는 토성이 군데군데 남아 있다. 현재 성벽은 청산성 동쪽 약 200미터와 석목리에서 동문다리, 필서봉에서 염창리까지 흔적이 남아 있다.

나성의 동쪽에는 논산으로 왕래하는 동문지와 공주로 통하는 동북문지가 있다. 동문지 부근의 나성 단면을 조사한 결과 하부 13

미터, 상부 4미터, 높이 5.2미터이고 황토 진흙으로 쌓여 있었다. 이곳에서 서쪽 약 300미터 지점에 1978년 상수도 사업으로 나성의 단면이 드러났다. 그 하부는 13미터, 상부 2미터, 높이 5.2미터의 토성이었으며, 진흙으로 다져서 만든 판축(판자와 판자 사이에 흙을 넣고 공이로 다지는 일)의 흔적을 찾을 수 있었다. 높이 121미터의 가장 높은 필서봉에는 횃불을 올린 봉수터와 건물터가 남아 있다.

능산리 고분군과 나성터 중간의 발굴 현장에서 백제 금동대향로(국보 제287호)가 발견되었다. 백제 금동대향로는 백제의 뛰어난 조형성을 엿볼 수 있으며, 당시의 종교와 공예 기술, 미술 문화를 종합적으로 파악할 수 있는 걸작품이라고 할 수 있다.

이 향로는 밀랍법으로 제작했을 것으로 추정된다. 향로의 구성 성분은 주석 14.3퍼센트, 납 0.07퍼센트, 구리 81.5퍼센트로 당시 청동기에는 납이 들어 있는 것이 특징인데 이 향로에는 거의 들어 있지 않다. 최주 박사는 납 함량을 줄여야 수은 도금법으로 금을 쉽게 입힐 수 있기 때문에 납을 사용하지 않았다고 설명했다. 당시에 백제 장인은 '금동 아말감법'을 사용했다. 이 방법은 구리로 된 본체에 수은과 금을 섞은 도금액(아말감)을 칠한 후 가열해 금만 남기는 기술을 말한다. 금이 수은에 잘 녹고 수은은 100도 이상에서 모두 날아가 버리는 성질을 활용한 기술이다.

## 백제 무왕이 지은 절 미륵사가 있던 곳, 익산 미륵사지

전북 익산 미륵산(용화산) 남쪽에 우리나라에서 가장 큰 사찰터인 미륵사지(사적 제150호)가 있다. 미륵사는 신라의 최대 사찰인 황룡사보다 2배 더 컸다. 미륵사는 백제 무왕(재위 600~641) 때 창건됐으며 고려 때까지도 융성했으나 조선 중기 이후 폐찰된 것으로 추정된다.

동서로 172미터, 남북으로 148미터에 이르는 미륵사터에는 미륵사지 석탑(국보 제11호), 1993년에 복원된 동석탑, 당간지주 2기, 목탑터, 금당터 세 곳, 회랑과 강당, 승방의 자취, 그리고 남문과 중문의 흔적이 남아 있다. 또 석등 지붕돌, 연꽃잎이 새겨진 석등 받침, 그리고 원래의 용도를 알기 어려운 여러 가지 석물 부재들을 곳곳에서 볼 수 있다.

미륵사지 석탑은 일반 석탑에서 볼 수 없는 독특한 형태를 하고 있다. 기단부는 목탑과 같이 낮고 작은 편이다. 초층 탑신은 각 면이 3칸인데, 중앙 1칸에는 사방에 문을 마련해 내부로 통하게 했고 사람이 드나들 수 있는 공간이 있다. 그 내부 중앙의 교차되는 중심에 사각 기둥을 세워 탑을 지탱하게 했는데, 이 기둥은 목조 건물에서나 볼 수 있는 양식이다. 옥개석은 얇고 넓으며 옥개석 끝부분에서 옥개 받침까지 사이가 넓다. 특히 초석 위에 기둥을 세운 이중 기단과 배흘림기둥도 목조 건물의 기둥을 닮았다. 옥개석 추녀 끝이 살짝 올라간 반전도 목조 건물의 지붕을 연상시킨다. 이런 특동아시아 최대 규모의 사찰터인 미륵사지에 있는 당간지주와 동석탑, 그리고 미륵사지 복원 모형도. 미륵사는 신라 최대 사찰인 황룡사보다 2배 더 컸다.

징 때문에 미륵사지 석탑은 우리나라의 첫 석탑으로 평가받는다.

이 석탑은 6층만 남아 있어 석탑의 층수가 7층이었다는 설과 9층이었다는 설로 의견이 분분했다. 그러나 발굴 조사 때 석탑의 노반석(탑의 상륜부를 받치는 돌)이 발견되어 9층탑으로 밝혀졌으며, 탑의 높이는 24미터로 아파트 10층 높이에 해당한다.

미륵사를 건설한 사람은 백제 무왕이다. 미륵사 건설에 대해서는 무왕이 어렸을 때 신라의 선화공주를 아내로 맞기 위해 지었다는 〈서동요〉의 배경 설화로 유명하다. 무왕이 즉위할 무렵 백제는 전성기에 차지했던 많은 영토를 잃은 상태였다. 고구려에 이어 신라에게 한강 유역을 빼앗기고 가야 지역마저 신라가 차지해 백제의 입지는 매우 위태로웠다. 무왕은 이렇듯 절박한 상황에서 강력한 왕권을 구축해 나라를 다시 일으키고자 미륵사를 건설한 것이다.

그 뒤 17~18세기 이전에 1층 둘레에 석축을 보강했고, 석탑의 상당 부분이 무너지자 1915년 일제가 150톤의 콘크리트를 발라 고정시켰다. 그러나 탑의 원형이 워낙 심하게 변형되고 천재지변 등으로 훼손이 계속되자, 1997년 해체해 보수하기로 결론짓고 2001년부터 본격적인 공사에 들어갔다. 그리고 드디어 2019년 4월 30

미륵사 터에 있는 백제 무왕 때의 화강암 석탑인 미륵사지 석탑으로 우리나라 석탑 중 가장 크고 오래되었다(목탑 복원 모형 사진).

일, 총 18년에 걸친 복원이 완료되었다.

복원 작업에 참여했던 학자들은 백제인들의 석재 가공 기술에 감탄했다. 백제인들은 마치 목재 건물을 짓는 것처럼 기둥과 평면석을 따로따로 만들어 시공했다. 더구나 석재에 정밀한 홈을 파고 다른 석재를 연결해 세월이 흘러도 틈이 벌어지지 않게 했다. 처마 부분에는 목조 건물에서 하듯 지붕마루와 기와 무늬 등을 세밀하게 표현했다.

## 백제 왕궁터였던 익산 왕궁리 유적

다음으로 볼 곳은 익산 왕궁리 유적(사적 408호)이다. 미륵산에서 남쪽으로 이어지던 산자락이 끝나는 얕은 구릉의 능선 위로 왕궁리 오층석탑(국보 제289호)이 보인다. 사찰 유적인 왕궁리 오층석탑은 익산의 미륵사지 석탑을 본떠 만든 백제계 석탑으로 높이는 9미터이며, 기단 면석에 두 탱주를 갖췄다. 1층 몸돌은 우주를 돋을새김한 기둥 모양의 돌로 네 모서리를 세우고 탱주를 새긴 네 장의 중간 면석을 짜 맞춰 만들었다. 그 주변의 구릉 지대가 예로부터 마한 또는 백제의 궁궐터였다고 전해지는 왕궁평으로 '왕검이', '왕금성'으로도 불렸다. 이곳의 지명인 왕궁리도 궁궐이 있던 곳이라는 데서 유래했다.

이곳은 유적지 내에서 왕궁 건물터와 금당 등의 사찰 건물터가 상당수 함께 발견되었다는 점이 특이하다. 발굴 조사 결과 백제 무왕 때 왕궁으로 건설했는데, 통일신라 초기에 사찰로 바뀌어 왕궁 유적과 사찰 유적이 혼재해 나타나는 것으로 밝혀졌다.

왕궁터에서 발견된 가장 큰 건물은 전면 7칸, 측면 4칸으로 왕궁의 남북 중심축에 있다. 규모나 건축 기법, 위치 등을 볼 때 대규모 연회나 집회를 열었던 장소로 추정된다. 이 건물터에는 대형 기둥을 받치기 위한 독특한 건축 기법이 사용되었다. '토심土心'이라는 구조로 커다란 구덩이를 파고 그 속에 점토로 단단히 다진 후 기둥을 세우는 기법이다. 부여 관북리에서도 이와 규모와 건축 기법이 비슷한 건물 유지가 발견되었다. 백제 왕궁터에 위치한 '왕궁리 유적 전시관'에서는 왕궁터에서 발견된 중국 청자편, 명문 기와 등 3,000여 점의 유물을 전시하고 있으니 함께 관람하기를 권한다.

왕궁리 유적 인근에는 무왕릉으로 알려진 쌍릉(사적 제87호)과 고려시대 문화재인 고도리 석불입상(보물 제46호)이 있다. 익산 쌍릉은 약 200미터 거리를 두고 두 기의 능이 있는데, 동쪽 능은 대왕릉, 서쪽 능은 소왕릉이라 부른다. 부여 능산리 고분과 같은 형식인 굴식 돌방무덤으로 대왕릉이 다소 큰 편이다. 쌍릉은 발굴 조사 이전에 도굴되어 유물은 거의 발견되지 않았으나 대왕릉에서 부식된 목관과 관장식, 토기편 등이 수습되었다. 쌍릉은 석실 구조, 호화로운 목관 장식 등을 감안하면 무왕릉으로 추정된다.

2015년에는 왕궁리 유적에서 백제시대 수라간으로 추정되는 건물터가 발견됐다. 삼국시대 왕궁 부엌이 확인된 것은 이곳이 최

왕궁리 오층석탑은 익산의 미륵사지 석탑을 본떠 만든 백제계 석탑이다.

초이다. 부엌터 내 타원형 구덩이에서는 철제 솥 2점과 숫돌 3점, 어깨 넓은 항아리 2점, 목이 짧은 병 2점 등 백제 토기들이 발견되었다.

철제 솥은 무게 10킬로그램으로 바닥에 원형 돌기가 있고, 어깨에 넓은 턱이 있으며 아가리는 안쪽으로 살짝 휘어진 형태이다. 아래 돌기 부분은 삼국시대의 다른 철제 솥과 유사하지만 몸통은 통일신라 이후의 철제 솥과 비슷해 고대 백제계 철제 솥의 변화 양상을 알 수 있다. 삼국시대 부엌에 관한 자료는 고구려 고분 벽화 '안악 3호분'에 그려진 부엌 그림이 유일하다. 일부 학자들은 부엌보다는 제사 유적일 가능성이 있다고 말한다.

고인돌이 세계유산으로 등재된 것은 전 세계에서 우리나라가 유일하다
우리나라는 '고인돌의 나라'로 불러도 좋을 만큼
많은 고인돌이 전국에 산재해 있다

# 고인돌 중 유일한 세계유산, 고창·화순·강화 고인돌 유적

우리나라에서 유네스코 세계유산으로 등재된 곳은 15곳이다. 이 중에서 가장 답사하기 힘든 곳이 어디냐고 묻는다면 필자는 주저하지 않고 세계유산 제977호로 등재된 '고창·화순·강화의 고인돌'이라고 답할 것이다. 필자가 이와 같이 곧바로 대답할 수 있는 데는 충분한 이유가 있다. 고인돌은 고창에 447기, 화순에 596기(고인돌 287기, 추정 고인돌 309기), 강화에 160여 기가 있는데, 이곳을 모두 답사한다는 것은 쉽지 않기 때문이다.

고인돌이 세계유산으로 등재된 것은 전 세계에서 우리나라가 유일하다. 우리나라는 다양한 형식의 고인돌이 한 지역에 분포해 있으며, 밀집도 또한 높다. 또한 이 유적들을 통해 우리나라 고인돌의 기원과 성격뿐만 아니라 동북아시아 고인돌의 변천사도 살펴볼 수가 있다.

## 고인돌이 전국에 산재한 고인돌의 나라

우리나라는 '고인돌의 나라'로 불러도 좋을 만큼 많은 고인돌이 전국에 산재해 있다. 황해도 은율과 평양 등 북한에 1만 4,000기 정도가 있고, 강화도와 전남 화순, 전북 고창 등지를 중심으로 남한에 2만 4,000기 정도가 있다고 알려져 있다. 하지만 수몰 지구를 발굴하면서 바깥으로 옮겨 놓은 고인돌 등을 모두 계산하면 남북한 합쳐서 5만 기 이상으로 추정된다. 특히 전남 지역에서는 2,200여 곳에서 무려 2만여 기가 발견되어 세계적으로 단일 면적당 고인돌의 밀집도가 가장 높다는 연구 결과도 있다. 이른바 '고인돌 문화 지대' 또는 '동북아 고대 무덤의 야외 박물관'이라고 불러도 될 만큼 풍부한 자료가 산재해 있는 것이다. 전 세계에 산재한 고인돌은 약 8만 기로 추정된다. 거석 유물이 많다고 알려진 아일랜드의 경우 고인돌이 1,500기에 지나지 않는 것을 보면 5만 기가 얼마나 많은 숫자인지 알 수 있다.

고인돌은 한자로 '지석묘支石墓'라고 하는데 지석은 지탱하는 돌, 즉 괸돌이라는 뜻이다. 따라서 고인돌은 뚜껑돌을 지탱하는 돌이 있는 무덤이라는 뜻으로 어원상 '고임돌'이 '고인돌'로 변한 것이다. 영어로는 'Table Stone'이라고 하며, 켈트어로는 탁자란 뜻의 'Dol'과 돌이란 뜻의 'Men'을 합해서 '돌멘Dolmen'이라고 부른다.

고인돌이 다른 무덤과 구별되는 가장 큰 특징은 무덤에 뚜껑돌을 덮고 그 밑에 매장부를 두고 뚜껑돌을 받치는 고임돌을 매장 주체부 위에 둔다는 점이다. 고인돌은 북방식과 남방식으로 나눌 수 있다. 북방식은 주로 우리나라 북부에 분포하고 탁자 모양을 하고 있는데 강화, 인천, 수원, 이천 등에 분포한다. 북방식 고인돌은 얇게 잘 다듬은 판돌로 상자 모양의 벽체를 쌓고, 그 위에 넓은 뚜껑돌을 덮어 하나의 거대한 조형물이나 제단 같은 형태를 띠고 있다.

남방식은 큰 굄돌로 괸 바둑판식(지하에 판석이나 깬돌 등을 이용해 돌방을 만들고 그 위에 낮은 받침돌로 뚜껑돌을 올려놓은 것)과 개석식(받침돌 없이 뚜껑이 직접 지하 돌방을 덮고 있는 것)으로 다시 나눌 수 있다. 이들은 한강 이남에 주로 분포하며 대부분 땅 밑에 판돌을 맞춰

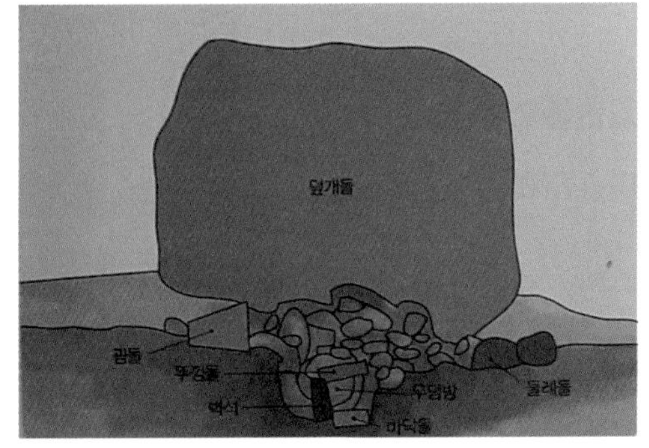


고인돌 구조도. 고인돌의 가장 큰 특징은 무덤에 뚜껑돌을 덮고 그 밑에 매장부를 두고 뚜껑돌을 받치는 고임돌을 매장 주체부 위에 둔다는 점이다.

넣어 만들거나 깬돌이나 냇돌 등을 쌓아 돌널을 만들고 그 안에 시신을 묻었다. 물론 남부에서 북방식 고인돌이 발견되거나 북부에서 남방식 고인돌이 발견되기도 하지만 이는 특별한 예에 속한다.

학자들은 고인돌의 무게가 클수록 고인돌의 개수가 줄어든다는 점에 주목한다. 이는 작은 마을 단위로 독립된 정치 공동체가 생긴 후 시간이 지나면서 하나의 큰 정치 단위로 통합되어 갔음을 보여 준다. 이른바 마을마다 우두머리(씨족장)를 위한 고인돌을 만들다가 여러 마을을 통합한 더 큰 정치 단위가 출현하면서, 그 우두머리(부족장)를 위해 훨씬 더 큰 규모의 고인돌을 만든 것이다.

북한 학자들은 한때 고인돌을 군사령관의 무덤으로 해석했는데, 현재는 고인돌의 주인을 족장으로 보고 있다. 고인돌의 축조 과정을 감안할 때 엄청난 노동력과 경제적 통제 수단을 갖춘 세력자가 지배한 사회, 즉 강력한 정치 권력을 가진 지배자가 존재하는 준국가 단계의 사회였다는 것이다. 물론 군사령관이나 원시 족장은 용어상의 차이에 지나지 않는다는 지적도 있다.

## 고인돌의 가장 큰 미스터리는 크기이다

고인돌의 가장 큰 미스터리는 바로 그 크기이다. 우리나라에 있는 거대한 고인돌의 경우 300톤에서 400톤이나 된다. 이를 어떻게 운반해 설치했는지를 많은 사람이 궁금해한다. 이 문제는 과거부터 전 세계의 학자들이 집중적으로 연구했다. 커다란 돌을 운반할 때는 그 무게에 따라 동원되는 인력이 달라진다. 콜스와 모헨 등 고고학자들의 실험에 따르면, 1톤의 무게를 둥근 나무 위에 올려놓고 150미터 옮길 때 대략 10명 정도의 장정이 필요하다고 한다. 한 다큐멘터리에서도 약 6.8톤의 고인돌 뚜껑돌을 만들어 옮기는 데 70명 정도가 필요하다고 했다. 바로 여기에서 미스터리가 시작된다.

화순의 핑매바위 고인돌을 300톤으로 추정할 때 장정 3,000명이 필요했을 것이다. 그런데 한 연구자는 핑매바위 고인돌이 위치한 장소를 볼 때 채석장에서 3,000명의 인원이 거대한 돌을 끌어올 수 있는 공간이 부족하다고 지적했다. 이 문제는 한국뿐만 아니라 고인돌이 발견되는 여러 나라에서 계속 고민거리로 남아 있었다. 그런데 고고학자 줄리언 리처즈**Julian Richards** 박사는 대형 고인돌의 운반 과정을 재현한 실험에서 톤당 10명이 아니라 3~4명 정도로도 운반이 가능하다고 주장했다.

이를 인정하더라도 언양 서부리 고인돌의 경우, 400톤으로 추정하면 당대에 1,200~1,600명의 장정을 동원해야 한다. 그러나 고인돌이 축조될 당시 주거 여건을 감안하면 당대에 그 인원을 동원한다는 것은 불가능한 일이다. 통상적으로 인정되는 청동기시대의 한 부락 거주 인원을 100~150명으로 계산한다면 장정 수는 20명에서 30여 명 정도이다. 그렇다면 고인돌을 만들기 위해 적어도 40~60개 마을의 인원이 동원되어야 한다.

필자는 고인돌 운반의 문제점을 직접 계산해 보았다. 보통 사람이 땅에서 짐을 끌 수 있는 견인력은 자기 몸무게에 비례한다. 따라서 60킬로그램인 사람의 경우 견인력은 600뉴턴이다. 그럼 대형 고인돌 부재를 운반하는 데 몇 명이 필요한지를 대략 계산할 수 있다. 50톤 규모의 고인돌 부재를 통나무 고임목을 깔아 운반했다고 가정하면 판돌의 무게는 약 3×106뉴턴이 된다. 이에 기초하면 대형 고인돌 부재를 운반하는 데 몇 명 필요한지를 계산할 수 있다.

통나무 고임목의 직경을 20센티미터라고 가정하면, 굴림계수는 0.05가 되므로 240여 명이 필요하다. 그러나 밧줄로 전면에서만 끄는 것이 아니라 좌우에서 15~30도 벌려 나눠 끈다면 cos15~cos30도가 되므로 적어도 10퍼센트 정도는 줄일 수 있다. 따라서 예비계수를 30퍼센트 정도 고려하면 300여 명으로 충분하다. 100톤의 경우 이에 비례해 100명 정도면 충분하며, 200톤의 경우 200명으로 충분하다는 계산이 된다. 일반적으로 그동안 1톤당 10명이 필요할 것이라고 설명했지만, 그것의 10분의 1로도 충분히 견인할 수 있다는 뜻이다. 이 정도의 인원이라면 화순, 고창, 울산 등지의 거대 고인돌을 옮기는 데 필요한 장정 동원이 불가능한 일은 아니었을 것이다.

여하튼 우리나라의 고인돌은 채석장에서 돌을 캐 필요한 장소에 설치한 것이므로, 고인돌을 축조한 사람은 큰 규모의 노동력을 동원할 수 있는 지도자급이라는 데는 반론의 여지가 없다. 바로 이것이 고인돌이 있던 시기를 청동기로 간주하는 이유이기도 하다.

청동기의 특징이라고 할 수 있는 산업의 분화와 사회 체계의 변화를 엿볼 수 있기 때문이다.

## 고인돌의 연대로 국가 성립 시기를 추정

역사학적으로 볼 때 청동기시대에 들어서야 비로소 국가라는 틀이 마련되었다. 청동기시대에는 청동의 사용과 바퀴의 발명으로 기동력이 생겨났다. 특히 국가 체제를 유지하는 데 꼭 필요한 '문자'를 발명했다. 물론 청동기가 고대 국가의 절대적인 필요조건은 아니다. 중남미의 경우 석기만 갖고도 고대 국가를 건설했고 바퀴도 사용하지 않았다. 세계 4대 문명지인 이집트에서도 도끼, 단검, 나이프, 침 등의 고대 청동 제품이 발견되었다. 이는 이집트의 토착 제품이 아니라 북방의 교역품일 가능성이 높다고 한다. 인도 문명도 청동기의 직접적인 영향을 받아 왕조가 성립됐거나 번성한 것이 아니다. 마야와 잉카 또한 청동기가 없었는데도 제국을 건설한 것을 볼 때, 청동기가 나타나야만 고대 국가를 이룰 수 있었던 것은 아니다.

그러나 청동기를 만들기 위해서는 매우 복잡한 사회 질서가 필요했기 때문에 고고학자들은 청동기를 중요하게 생각했다. 청동기시대는 바로 오늘날 우리가 살고 있는 복잡한 사회의 원형이 등장한 시대라는 특이성이 있다. 청동기를 비롯한 금속기는 원광석을 녹이고 필요에 따라 다른 금속을 섞어 넣은 다음 쇳물을 틀에 부어 만든다. 이때 불을 잘 다뤄야 한다. 이는 토기의 제작과 유사한 측면이 있어 토기 제작 기술이 발전한 것이라고도 볼 수 있다.

청동 제작 기술은 불을 다루다 우연히 발견되었을 것으로 추정하지만, 청동의 원료는 쉽게 구할 수 없었다. 즉, 청동기는 토기보다 훨씬 전문적인 지식과 복잡한 공정을 필요로 한다. 이는 원료 획득에서 제작에 이르기까지의 공정을 뒷받침할 수 있도록 사회적으로 조직화가 이뤄져야 하는 시대에 들어섰다는 것을 의미한다. 바로 이런 이유 때문에 청동기시대가 국가의 발생 내지 계급 사회의 등장과 밀접한 관계가 있다고 본다. 그리고 고인돌을 바로 청동기시대의 대표 유적으로 인정하는 것이다. 다시 말해 고인돌의 연대가 올라갈수록 바로 그 시기부터 국가가 성립됐을 것이라고 추정할 수 있다는 것이다. 그러므로 학자들이 고인돌의 연대를 측정

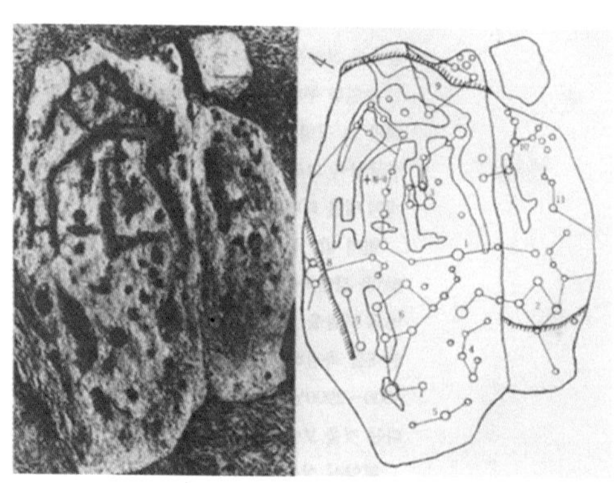

북한 증산군 룡덕리 고인돌 별자리이다. 고인돌의 뚜껑돌 겉면에 있는 80여 개의 구멍이 별자리를 나타낸다.

하는 데 심혈을 기울이는 것은 당연하다.

우리나라에서 발견되는 고인돌의 연대도 매우 높다. 경기도 양평 양수리 두물머리의 고인돌에서 채취된 탄소는 연대 측정으로 보면 3,900±200B.P.(MASCA 계산법으로는 4,140 ~ 4,240B.P.)이다. 전남 화순군 춘양면 대신리 고인돌도 건조 연대가 매우 빠르다. 이 고인돌에서는 시신이 안치된 무덤방이 확인되었다. 이곳에서 석기와 붉은간토기, 민무늬토기편 등이 발견되었는데, 대신리 27호 고인돌에서 나온 목탄의 방사성 탄소연대는 기원전 2500±80년(중심 연대 555년, 보정 연대 720 ~ 390년)으로 측정되었다.

고인돌은 우리나라 역사에 큰 획을 긋기도 했다. 한국 역사의 정론이라 볼 수 있는 국사편찬위원회의 2002년도 고등학교《국사》교과서를 펼쳐 보면, 우리나라에 언제 국가가 성립됐는가에 관해 다음과 같이 서술하고 있다.

◇

청동기 문화의 발전과 함께 족장이 지배하는 사회가 출현했다. 이들 중에서 강한 족장은 주변의 여러 족장 사회를 통합하면서 점차 권력을 강화해 갔다. 족장 사회에서 가장 먼저 국가로 발전한 것은 고조선이었다.《삼국유사》에 따르면 고조선은 단군왕검이 건국했다고 한다(기원전 2333년). 단군왕검은 당시 지배자의 칭호였다.

이 글을 읽으면 단군이 신화적 존재인지, 역사적 실존 인물인

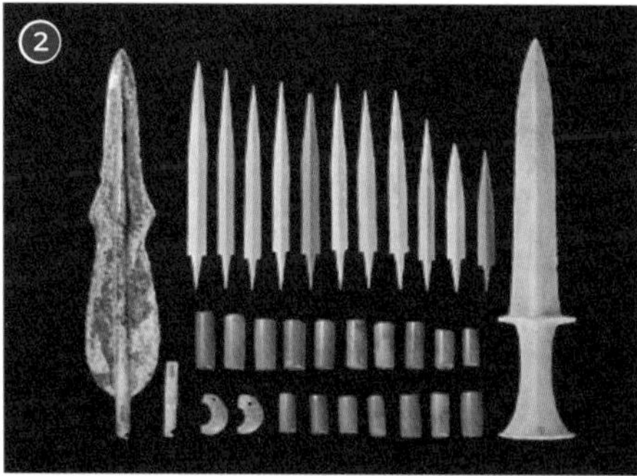

❶ 충북 제천 황석리 고인돌 내인골이다.

❷ 고인돌 부장품인 비파형 청동검으로 우리나라에서는 대표적으로 부여 송국리 석관묘에서 발견됐다.

★ 국립광주박물관 소장

지 다소 혼란스럽다. 앞의 글에서 문제가 되는 부분은 '고조선은 단군왕검이 건국했다고 한다'는 부분이다. 한마디로 고조선의 건국 사실을 자신 있게 명시하지 못하고 남의 입을 빌려 표현한 것과 다르지 않다.

그런데 2007년 3월에 발간된 교육인적자원부의 《국사》 교과서에서는 한반도의 청동기 보급 시기를 기존에 알려졌던 것보다 최대 1000년까지 앞당기고, 고조선 건국도 공식 역사로 편입했다.

'《삼국유사》에 따르면 고조선은 단군왕검이 건국했다고 한다(기원전 2333년)'라는 부분을 '《삼국유사》와 《동국통감》의 기록에 따르면 단군왕검이 고조선을 건국했다'라고 바꾼 것이다. 더불어 2002년 교과서에서는 청동기시대를 다음과 같이 적고 있다.

◇

신석기시대를 이어 한반도에서는 기원전 10세기경에, 만주 지역에서는 이보다 앞서는 기원전 15 ~ 13세기경에 청동기시대가 전개되었다. 청동기시대에는 생산 경제가 그전보다 발달하고, 청동기 제작과 관련된 전문 장인이 출현했으며, 사유 재산 제도와 계급이 나타나게 되었다. 이에 따라 사회 전반에 걸쳐 큰 변화가 일어나게 되었다.

이 내용도 2007년 교과서에는 다음과 같이 변경되었다.

◇

신석기시대 말인 기원전 2000년경에 중국의 요령(랴오닝), 러시아의 아무르강과 연해주 지역에서 들어온 덧띠새김무늬 토기 문화가 앞선 빗살무늬 토기 문화와 약 500년간 공존하다가 점차 청동기시대로 넘어간다. 이때가 기원전 2000년경에서 기원전 1500년경으로, 한반도 청동기시대가 본격화된다. 고인돌도 이 무렵 나타나 한반도의 토착 사회를 이루게 된다. 청동기시대에는 생산 경제가 그전보다 발달하고, 청동기 제작과 관련된 전문 장인이 출현했으며, 사유 재산 제도와 계급이 나타나게 되었다. 이에 따라 사회 전반에 걸쳐 큰 변화가 일어나게 되었다.

그동안 단군 고조선이 신화냐 실화냐 하는 논란이 있었는데, 교과서에서 고조선이 실화라고 확실하게 바뀐 가장 큰 요인이 바로 고인돌의 연대이다. 우리나라 고인돌의 연대가 단군 시대를 넘어서므로 기원전 2333년 단군 고조선 성립에 문제가 없다는 뜻이다.

고인돌 답사의 첫걸음으로 강화도 고인돌 유적으로 향한다. 사실 800여 기의 고인돌을 일일이 답사할 필요는 없다. 유네스코 세계유산을 답사하는 큰 목적은 우리의 것을 더욱 심도 있게 이해하려는 것이기 때문이다. 특히 다른 유네스코 세계유산은 지정된 대상 하나하나가 정확한 명세가 있지만, 한국의 고인돌 800여 기는 큰 틀에서 집단 지정 유적이라 볼 수 있다. 그러므로 큰 고인돌 유적을 중심으로 답사해도 뜻깊은 일이 될 것이다.

## 강화 고인돌 유적

강화도는 한반도 중앙의 서쪽 끝에 위치하고 있다. 지리적으로는 서울을 기점으로 서북쪽의 북한과 접하고 3개의 큰 물길, 즉 한강, 예성강, 임진강 등이 합류해 바다로 흘러드는 경기만의 하구에 위치한 도서 지역이다.

섬은 뭍과는 자연환경과 생활 여건이 달라 여러 어려움이 있는데도 강화에는 160여 기에 이르는 고인돌이 분포하고 있다. 강화의 탁자식 고인돌은 황해도, 평안도 지방과 만주, 요동반도 일대와 연결되어 동북아시아 무덤 문화에서 중요한 한 축을 차지하고 있다. 유네스코 세계유산 등재 당시 강화 고인돌에 대한 평가는 다음과 같다.

◇

고려산을 중심으로 반경 4킬로미터 내에 100여 기가 집중되어 하나의 특수한 지역을 이루고 있다는 사실은 고대 국가의 형성 과정에서 중요한 시기로 강화도의 실체를 규명하는 데 매우 중요한 고고학적 자료이다. 뿐만 아니라 청동기 문화에 대한 당시 사람들의 정신상, 사회상, 묘제상 등을 알 수 있는 귀중한 자료로서 선사 문명의 독특성을 볼 수 있는 귀중한 문화유산이다.

등재 당시에는 보호 구역 내에 고인돌이 총 67기가 확인되었다. 그러나 그동안 이곳에서 추가로 발견된 5기와 고인돌이 아닌 것으로 확인된 강화 고인돌 공원 내 2기를 제외한 70기의 고인돌이 세계유산에 등재되었다.

강화도에서 가장 먼저 살펴볼 고인돌은 강화 부근리 지석묘(사적 제137호)이다. 우표는 물론 교과서에서도 볼 수 있는 가장 친근한 고인돌이자 우리나라 북방식 고인돌의 상징적인 유적이라고 할 수 있다. 남한에서 발견된 북방식 고인돌 중에서 가장 큰 규모로 알려진 강화 부근리 지석묘는 강화 고인돌 공원 내에 위치해 있다. 비교적 이른 시기인 1964년에 사적으로 지정될 만큼 중요성을 인정받았으며 입구에 고구려 연개소문의 유허비가 있다.

강화 부근리 지석묘는 두꺼운 판석 받침이 동북-서남향을 장축으로 나란하게 세워져 '二' 자 평면을 이루고 있으며, 그 위에 부정타원형의 덮개돌이 있는데 20도 정도 남쪽으로 기울어진 상태이다.

양쪽 막음돌이 없는 상태에서의 무덤 방 크기는 452×100센티미터이며, 덮개돌을 포함한 전체 높이는 2.454미터이다. 받침돌의 크기는 길이 450센티미터와 464센티미터, 두께 60센티미터와 80센티미터, 높이 140센티미터이며 기울기는 70도, 장축 방향이 동북 69도이다.

고인돌의 석재는 부위마다 다른데 덮개돌은 미그마타이트질

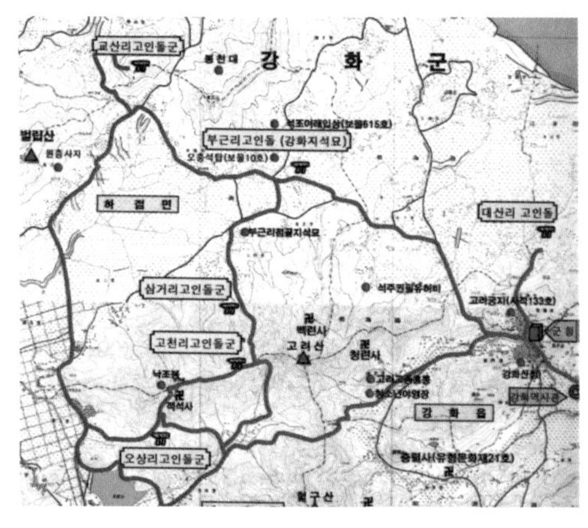


강화에는 160여 개에 이르는 고인돌이 분포하고 있다.

강화도 지역의 고인돌. 우표나 교과서 등에서 볼 수 있는 가장 친근한 고인돌이다.

편마암, 좌측 받침돌은 운모 편암, 우측 받침돌은 화강암질 편마암이다. 남한에서 가장 큰 북방식 고인돌인 만큼 덮개돌의 무게는 53톤, 좌측 받침돌의 무게는 13톤, 우측 받침돌의 무게는 약 9톤, 총하중은 75톤에 달한다(근래 109톤으로 정정).

이 고인돌은 거대한 덮개돌이 웅장한 모습을 띠고 있고 주위에서 쉽게 관망할 수 있는 위치에 있다. 이것으로 보아 무덤으로서의 기능보다는 축조 집단을 상징하는 기념물이나 제단의 기능을 갖고 있었을 것으로 추정하기도 한다.

다음으로 살펴볼 것은 강화 고천리 고인돌군이다. 이 고인돌은 고천4리 마을 뒤편에 있는 고려산(해발 436미터) 정상에서 적석사 낙조봉으로 이어지는 능선 서쪽 정상부에 위치하며 현재까지 확인된 고인돌 중에서 가장 높은 곳에 있다. 이곳에는 20기의 고인돌이 있으며 인근에 채석의 흔적도 보인다. 고려산은 사면 경사가 다소 가파른데 고려산 북쪽으로 삼거리 고인돌군, 남서쪽 하단에는 오상리 고인돌군이 자리한다. 고려산 서쪽 낙조봉 아래에 있는 오상리 지역에는 전형적인 탁자식 고인돌 12기가 모여 있어 부근리 고인돌을 축소한 듯한 모습이다.

마지막으로 강화도에서 가장 북쪽인 예성강 건너편에서 불과 2.3킬로미터 떨어진 곳에 있는 양사면 교산리 고인돌군으로 향한다. 교산리에는 모두 28기의 고인돌이 분포하는 것으로 알려져 있다. 이 중 서남쪽 별립산과 동쪽 봉천산이 만나 형성된 구릉의 능선에 있는 13기가 세계유산으로 지정되었다.

강화도 고인돌의 특징은 강이나 하천 주변의 평지나 구릉지에 주로 고인돌이 밀집해 있는 다른 지역과는 달리, 산 정상의 능선을 따라 북방식 고인돌이 분포한다는 점이다. 당시 강화에 살던 부족들은 비교적 높은 구릉지에 올라 고인돌을 만들었다. 이는 바로 그곳이 하늘로 올라가는 입구라고 생각했기 때문이라는 설이 있다. 특히 강화도 고인돌은 삼랑성, 참성단과 더불어 단군과 고조선의 역사를 짐작케 하는 중요한 유적으로 평가된다.

## 세계의 거석 문화 지역 중 가장 아름다운 곳, 고창 고인돌 유적

고창 고인돌은 기원전 5~4세기경에 조성된 것으로 추정되며, 고창읍 죽림리와 도산리, 아산면 상갑리와 봉덕리 일대에 자리 잡고 있다. 그중 고창 죽림리 지석묘군은 고창읍 죽림리와 상갑리에 걸쳐 있는 고인돌군이다. 이 지역은 1994년 12월 사적 제391호로 지정되었으며, 인근의 도산리 고인돌과 함께 사적 보호 구역은 636필지 101만 1,220제곱미터(약 30만 5,900평)에 이른다. 세계유산으로 지정된 유적지의 규모는 중심지가 8.28헥타르이고 완충 지대가 8.07헥타르이다. 이러한 분포는 단위 면적으로 보아 우리나라뿐만 아니라 세계적으로도 가장 조밀한 분포 지대에 속한다.

고인돌군은 3개소, 즉 1지구와 2지구, 그리고 도산 지구소로 분류된다. 1지구는 아산면 상갑리와 봉덕리, 2지구는 고창읍 죽림리, 도산 지구는 고창읍 도산리에 속한다. 세계유산으로 지정된 것은 모두 447기로 도산리에 5기를 제외하면 모두 죽림리, 예전의 매산마을을 중심으로 분포하고 있다.

고창 고인돌의 특징은 탁자식, 바둑판식, 개석식 같은 다양한 형태의 고인돌이 혼재한다는 점이다. 대부분 받침돌을 괸 남방식 고인돌인데 고창에서만 볼 수 있는 지상석곽식(여러 개의 받침돌을 지상 위에서 짜 맞춘 형태)이 45기나 있다. 고창 고인돌 유적은 한 지역에 여러 형태의 고인돌이 발견되어 동북아 거석 문화의 중심으로 평가된다. 고인돌의 발생과 전개, 성격 등을 파악하는 데 중요한 자료가 되고 있다. 또한 채석장은 보이지만 부장품은 발견되지 않는 것도 하나의 특징이다.

답사를 하기에 앞서 고창고인돌박물관을 방문해 기초 정보를 알아 두는 것이 좋다. 이곳에서는 죽림리, 상갑리, 봉덕리 고인돌군 전체는 물론 도산리 고인돌군도 볼 수 있어 우리나라 고인돌 유적의 위용을 느낄 수 있다.

고창군에서는 탐방객을 위해 고인돌 탐방길을 안내하고 있다. 죽림리 고인돌이 1~3코스, 채석장이 4코스, 상갑리와 봉덕리 고인돌이 5코스, 도산리 고인돌이 6코스이다. 우선 1~3코스로 나뉜 죽림리 고인돌군은 군집해 있는 고창 고인돌의 백미라 할 수 있다. 세계유산으로 지정되기 전, 이곳을 방문한 장 피에르 모엥J. P. Mohen 루브르 박물관장은 '세계에서 발견된 거석 문화 지역 중 가장 아름다운 곳'이라고 격찬하기도 했다. 죽림리는 다른 지역에 비해 주변에 채석장이 많고 북쪽으로는 성틀봉, 중봉의 능선이 동서로 길게 뻗어 북풍을 막아 주는 천혜의 자연환경을 갖추고 있어 많은 고인돌을 축조할 수 있었다.

고창 죽림리 지석묘군은 세계적으로도 가장 조밀한 고인돌 분포지이다.

1코스에는 붕괴된 고인돌을 복원한 것이 있으며, 2433호 고인돌을 발굴한 다음 주변을 발굴 조사하다가 원형점토대토기가 나와 학계의 관심을 받기도 했다.

2코스에는 41기의 고인돌이 있는데 그중 2428호가 매우 독특하다. 이 고인돌은 다소 드문 변형 탁자식으로 덮개돌은 크기가 가로 370센티미터, 세로 228센티미터, 두께 82센티미터이며 거북 등 모양을 하고 있다. 무덤방은 가로 180센티미터, 세로 85센티미터, 두께 70센티미터의 크기로 동쪽에는 마감돌이 보인다. 2406호는 경외감이 느껴진다. 이 고인돌은 가로 622센티미터, 세로 542센티미터, 두께 250센티미터의 덮개돌과 93~115센티미터에 이르는 대형 받침돌을 가진 바둑판식 고인돌로, 무게가 약 120~150톤인 거대한 고인돌이다. 인근의 수많은 고인돌들과 다소 떨어져 있는 것으로 보아 제단이나 묘표(무덤 앞에 세우는 돌) 고인돌로 추정된다.

3코스는 고창 고인돌 유적의 중심이라고 할 수 있다. 이곳에는 66기의 고인돌이 있으며 대체로 동서로 열을 짓고 있다. 4미터 이상 되는 덮개돌을 갖춘 고인돌이 6기가 자리하고 있어 눈에 확연히 들어온다.

4코스는 성틀봉 채석장이다. 강화나 화순에도 고인돌 채석장이 있지만, 고창은 채석장 전체를 탐방 코스로 개발해 놓은 덕분에 쉽게 찾을 수 있다. 이 채석장은 고인돌 군집 지역의 뒷산인 성틀봉과 중봉의 7~8부 능선을 중심으로 분포하고 있는데 무려 23곳에서 채석장의 흔적이 발견됐다. 채석장의 박물관이라고도 할 수 있다. 아마도 채석장에서 덮개돌이 될 만한 돌을 채석하여 산 밑으로 굴려서, 그 돌이 경사가 완만한 곳에 멈추면 고인돌을 조성하는 지역까지 옮겼을 것이다.

이제 5코스로 발을 옮긴다. 상갑리와 봉덕리 고인돌군은 중앙에서 좌측인 예전의 석치마을에서부터 시작된다. 이곳은 바둑판식 고인돌 135기, 지상석곽식 고인돌 25기, 형태가 불분명한 60기 등 고인돌이 가장 많이 밀집된 지역이다. 이곳의 군집 고인돌들은 대부분 열을 지어 있다.

마지막 6코스는 고인돌군에서 다소 떨어진 곳에 있는 도산리 고인돌군이다. 도산리 고인돌군은 고창고인돌박물관 옆쪽의 표지판을 따라가면 나오는 지동마을에 위치한다. 탁자식 고인돌 1기, 바둑판식 고인돌 2기, 개석식 고인돌 2기가 있다.

도산리 고인돌군에서 꼭 봐야 하는 고인돌이 있다. 고창에서 유일하게 이름을 가진 고인돌인 '망북단(망곡단)'이다. 일반적으로 한강 이남에서는 북방식 고인돌이 발견되지 않는다고 알려졌는데 이 고인돌은 북방식 고인돌이라는 점도 주목할 만하다. 병자호란 때 이 마을 출신 선비가 의병을 일으켜 나가려고 하는데 임금의 '삼전도 굴욕' 소식이 들려왔다고 한다. 이에 선비가 이 고인돌 위에 올라가 북쪽을 향해 울며 절을 했다는 데서 이름이 유래했다고 한다. 망북단은 보존 상태가 좋아 우표에도 나올 정도로 한국 고인돌의 간판스타로 대접받고 있다.

## 산기슭을 따라 모여 있는 화순 고인돌 유적

화순 고인돌군은 대부분 산기슭을 따라 모여 있으며 문화재 보호 구역은 250만 4,800제곱미터이다. 화순 고인돌 유적은 효산리와 대신리 일대 계곡을 따라 596기의 고인돌이 군집해 있다. 대신 지구와 효산 지구의 고인돌은 다소 차이점이 있다. 대신 지구는 좁은 계곡의 산등성이에 고인돌이 빼곡하게 차 있는 반면, 효산 지구는 널찍한 산등성이에 크고 작은 고인돌이 열을 지어 늘어서 있는 것처럼 보인다.

화순 고인돌 중 가장 많이 알려진 곳은 감태바위 채석장이 있는 곳이다. 바위 모양이 마치 갓을 쓴 사람의 모습을 닮아 '감태바위'라는 이름이 붙었다고 한다. 이곳의 고인돌군과 채석장은 화순 고인돌군 중 가장 아름다운 풍광을 자랑한다. 이곳에는 탁자식, 바둑판식, 개석식 등 다양한 형태의 고인돌이 군집해 있으며, 거대한 채석장을 한곳에서 볼 수 있어 고인돌의 산 교육장이라 불리기도 한다.

채석장 바로 위에서는 통일신라시대 토기와 분청사기, 상평통보 등이 출토되었다. 아래 부분에서는 삼각무늬와 점열무늬가 있는 토기들이 출토되었는데, 약 3000년 전의 전기 청동기시대 유물로 추정된다. 화순 고인돌이 기원전 10세기 이전부터 축조되었으며 이후에도 계속 사람들이 이곳에서 거주했음을 말해 준다.

대신리에 있는 핑매바위 고인돌(사적 제410호)도 꼭 들러 보기

❶ 바위의 모양이 마치 갓을 쓴 사람의 모습을 닮아 '감태바위'라는 이름이 붙었다.

❷ 감태바위 채석장 고인돌군은 화순 고인돌군 중 가장 아름다운 풍광을 자랑한다.

를 추천한다. 덮개돌 하나의 폭이 7미터, 높이가 4미터로 세계에서 가장 큰 규모이다. 핑매바위에 얽힌 이야기도 재미있다. 마고할미가 가까운 운주사에서 천불천탑을 쌓는다는 소식을 듣고 치마폭에 돌을 담아 옮기다가 도중에 닭 우는 소리를 듣고 탑을 다 쌓은 줄 알고 돌을 쏟아 버렸다고 한다. 그중 가장 큰 돌이 핑매바위가 되었다는 이야기이다.

채석장과 핑매바위 고인돌을 살펴본 다음에는 모산마을에서 시작되는 효산 지구 1구역으로 향한다. 이곳에는 7개 군집에 고인돌 158기가 분포되어 있다. 그중 가장 큰 고인돌은 도A5호로 가로 400센티미터, 세로 330센티미터, 두께 70센티미터의 평면 장타원형의 덮개돌을 가지고 있는데, 하부 구조는 모두 땅에 밀착되거나 묻힌 상태로 있다. 논둑 고인돌 중 도B2호는 장방형의 받침돌이 받쳐진 바둑판식 고인돌로 고인돌 남쪽에서 두드림무늬(타날문) 토기와 경질 토기편이 발견되었다. 이것은 그 당시 사람들이 거주하면서 영농 생활을 했음을 말해 준다.

효산리에 있는 일명 '괴바위' 또는 '고양이바위'로 불리는 고인돌은 가로 530센티미터, 세로 360센티미터, 두께 300센티미터인 장방형의 초대형 덮개돌을 가진 바둑판식 고인돌이다. 주변 고인돌과 비교할 때 규모가 크고 잘 다듬어져 있으며, 약간 높은 대지 위에 조성된 것으로 보아 제단의 기능을 했을 것으로 추정된다.

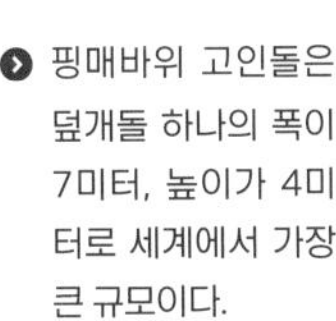

핑매바위 고인돌은 덮개돌 하나의 폭이 7미터, 높이가 4미터로 세계에서 가장 큰 규모이다.

효산 지구 2구역은 52기의 고인돌이 군집해 있으며 관청바위 고인돌을 중심으로 대형 고인돌이 많이 있다. 산 위에는 관청바위 채석장이 있다. '관청바위'라는 이름은 보성고을 사또가 이곳에서 쉬면서 관청 일을 보았다고 하여 붙여졌다고 한다.

화순 고인돌의 마무리는 효산리 산 79번지 일원으로 22기의 고인돌이 있다. 이곳은 달바위 고인돌이 유명한데, 사람들이 옛길을 통해 보검재를 지나갈 때 능선에 있는 고인돌이 보름달처럼 보여 '달바위 고인돌'이란 이름이 붙여졌다고 한다.

화순 고인돌에서 2킬로미터 떨어진 곳에 국보 제143호인 청동기 일괄 유물이 출토된 화순 대곡리 적석 목관묘 유적이 있다. 이 유적은 이 지역에서 제사와 정치를 관장하던 지배자의 무덤으로 추정하는데, 고인돌 사회 이후에도 이 지역을 현지인들이 중요하게 생각했을 것으로 보인다.

화순 고인돌군은 대부분 산기슭을 따라 모여 있다.

3장

# 신라 천 년의 역사가 잠든 경주역사유적지구

2000년에는 경주시의 여러 지역이
'경주역사유적지구'로 세계유산에 등재되었다
불국사와 석굴암은 세계유산 속의 세계유산이라고 볼 수 있다

# 세계유산 속의 세계유산, 불국사와 석굴암

경주에는 매우 특별한 점이 있다. 1995년에는 불국사와 석굴암이, 2000년에는 경주시의 여러 지역이 '경주역사유적지구'로 세계유산에 등재되었다. 불국사와 석굴암은 세계유산 속의 세계유산이라고 볼 수 있다.

불국사와 석굴암은 신라 경덕왕 10년(751)에 창건하기 시작해 혜공왕 10년(774)에 완성되었다. 이 두 유산은 창건 당시부터 마치 짝꿍처럼 함께했다. 불국사는 현재 대한 불교 조계종 제11교구 본사이며 석굴암은 불국사의 부속 암자이다.

불국사와 석굴암은 경주를 대표하는 유적인 만큼 한국 사람이라면 한 번쯤 가 보았을 것이다. 특히 수학여행지로 사랑받는 곳이라 주로 학생 때 답사를 많이 가는데, 많은 학생이 친구들과 놀러 온 기분에 젖어 불국사와 석굴암이 주는 감동을 제대로 느끼지 못하는 것 같아 안타깝다. 불국사와 석굴암에 대한 정보를 미리 숙지하고 답사를 간다면, 그 감동을 온전히 느낄 수 있을 것이다.

## 화엄 사상에 입각한 불국 세계를 표현한 사찰, 불국사

불국사는 이름에서부터 존재감이 드러난다. 이름 그대로 화엄 사상에 입각한 불국 세계를 표현한 사찰이다. 통일신라 때 학자 최치원은 불국사가 '화엄불국사'였다고 기록했는데, 한때 '화엄법류사'라고도 불렸다. 김대성은 불국사와 석굴암의 창건과 관련이 깊다. 《삼국사기》에는 '김대성이 석굴암은 전생의 부모를 위해, 불국사는 현세의 부모를 위해서 창건했다'고 기록하고 있다.

◇

대성이 장성해 토함산에서 곰을 잡았는데 그날 밤 꿈에 귀신으로 변한 곰에게 혼이 난 후에 곰을 위해 장수사를 지었다. 이로 인해 본성이 감동하는 바가 있어 자비스러운 바람이 더욱 두터워졌다. 이에 현생의 부모를 위해 불국사를 짓고, 전생의 부모를 위해 석불사(석굴암)를 창건해 신림과 표훈 두 스님으로 하여금 각기 주지하게 했다.

불국사는 석굴암이 먼저 준공된 이후에 건설이 더욱 활발하게 진행되었다. 그런데도 불국사의 석축을 쌓는 데 많은 시간이 소요되었는데, 총 공사 기간이 30년은 넘지 않았을 것으로 추정한다.

불국사를 전면에서 바라볼 때 장대하고 독특한 석조 구조는 창건 당시인 8세기 유물이다. 그 위 목조 건물들은 임진왜란 전까지 9차례의 중창과 중수를 거쳤으며, 1970~1973년에 대대적인 복원 공사가 이루어졌다. 극락전 뒤쪽에 법화전 터로 알려진 터가 남아 있는 것을 보면 창건 당시와 현재의 불국사 규모는 차이가 있을 것으로 짐작된다.

불국사는 김대성이 현세의 부모를 위해서 창건했다는 이야기가 전해진다.

## 이 땅이 곧 불국토, 절대 진리의 세계인 불국토

불국사와 석굴암을 이해하려면 '이 땅이 곧 불국토'라고 믿었던 신라의 독특한 불교관을 이해해야 한다. 또한 당시의 시대정신과 사회·경제적인 배경을 파악하면 석굴암과 불국사를 깊이 이해할 수 있다. 불국사와 석굴암이 세워지기 전 고대 사회에서는 사람이 죽은 다음 영혼이 사후 세계에서 현세의 삶을 계속 이어서 살아간다는 계세繼世 사상이 널리 퍼져 있었다. 죽은 사람을 위해 시종들을 순장하는 것도 현세에 누린 영화를 계속 누리기 위한 것이었다.

그러나 불교는 윤회 사상을 기초로 하고 있었다. 윤회 사상은 현생의 업에 따라 내세의 운명이 결정된다는 사상이며 윤회는 계속 이어진다고 말한다. 이 사상은 모든 인간을 동등하게 본 것과 내세에는 신분이 변할 수 있다는 가능성을 이야기했다는 데서 진보했다고 볼 수 있다. 이는 현세가 힘들어도 버티게 해 주는 사상이기도 했지만, 사회를 합리화시키는 사상이기도 했다.

자신의 상황에 불만을 갖지 말고 덕을 쌓으며 열심히 살면 결국 내세에서 복을 받으니 집권자들에게 대항할 필요가 없다는 것이다. 즉, 대다수의 피지배자인 백성들이 받는 고통은 전생의 업보로 인한 것이니 참아야 한다는 것이다. 불국사와 석굴암이 만들어졌던 경덕왕 때는 신라 왕권의 전성기이자 붕괴기로 신분 질서가 이완되어 가던 시기였다. 그러한 시대적 배경이 있었기에 이런 사상이 나왔다는 걸 알면 더욱 이해하기 쉽다.

신라는 삼국 가운데 불교를 가장 늦게 받아들였다. 불교가 도입되는 초기에 다소의 저항과 반발이 있었기 때문이다. 불교에서 이야기하는 윤회 사상이 옳다고 해도 실제로 그걸 어떻게 확인할 수 있느냐가 관건이었다. 바로 이때 대범한 아이디어가 나왔다. 불교가 원래 외래 종교가 아니라 우리의 고유의 신앙과 밀접한 관련이 있다는 것이다. 즉, 본래부터 불국佛國이었기 때문에 신라는 불교와 인연을 맺게 됐다는 것이다. 이렇게 성립된 불국토 사상은 불교가 우리의 종교라는 주장으로까지 발전했다.

그러므로 신라인들에게 신라 땅이 본래 불국토였다는 신념을 불어넣으면서 자부심을 가지고 불교에 귀의하도록 유도했다. 또한 국명도 불교 성지의 이름을 써서 '실라벌實羅伐'이라 표기했는데, 후에 '서라벌'로 불렸다. 불국사는 신라인이 그린 불국, 이상적인 피안의 세계를 구현한 것이라고 할 수 있다.

## 불국사는 서로 다른 이름을 가진 세 주인공이 있는 곳

불국사는 장대하고 독특한 석조 구조 위에 목조 건축으로 이루어져 있다. 불국사가 다소 복잡하게 보이는 것은 매우 중요한 종교적 상징을 공간 구조에 녹였기 때문이다.

불국사는 크게 세 구역으로 나뉜다. 대웅전을 중심으로 무설전, 자하문, 청운교, 백운교, 범영루, 좌경루, 석가탑과 다보탑 등이 있는 넓은 구역이 있다. 그 옆에 극락전을 중심으로 칠보교, 연화교, 안양문 등이 있는 비교적 좁은 구역이 있다. 또한 무설전 뒤로 비로전과 관음전이 있는데, 앞의 두 구역과 달리 거대한 석조 구조물이 없어 구조적으로 차이를 보인다.

세 구역 중 넓은 구역은 《법화경》에 근거한 석가모니불의 사바세계('괴로움이 많은 인간 세계'라는 뜻으로 1,072평가량 됨), 좁은 구역은 《무량수경》에 근거한 아미타불의 극락세계(473평), 부설전 뒤는 《화엄경》에 근거한 비로자나 부처님의 연화장세계이다. 결국 불국사는 서로 다른 이름을 가진 세 주인공이 있는 곳이라고도 할 수 있다.

불국사라는 공간을 이해하려면 '정토'라는 개념을 알아야 한다. 정토는 부처나 보살이 사는, 번뇌의 굴레를 벗어난 아주 깨끗한 세상을 말한다. 이 개념을 건축에 접목한 정토 건축은 불국토를 상징하는 건축 양식으로 대체로 2층의 누각 형태를 띤다. 현존하는 가장 오래된 정토 건축물은 1052년에 지어진 일본 평등원으로 알려져 있었는데, 불국사는 그보다 훨씬 앞선 8세기 중엽에 계획된 것이다.

석가가 상주하는 절대 진리의 세계인 불국토는 아미타 정토보다 훨씬 넓다. 범영루, 청운교, 백운교 등 전면의 건물들이 앞쪽으로 돌출된 것은 아미타 정토보다 석가 정토를 의도적으로 강조했기 때문이다. 불국사의 전면을 보면 석가 정토의 대웅전이 아미타 정토의 극락전보다 한 층 높은 위치에 있다. 즉, 아미타 정토를 단층, 석가 정토를 중층으로 보이게 의도적으로 건축한 것인데, 이 또한 석가 정토를 강조한 것이다. 특히 석가 정토의 장대석, 아치석, 기둥석, 난간석 등은 석조이지만 다듬새는 목조 건축물을 번안해 다듬어졌고 맞춤새도 목조처럼 짜 맞추었다. 석재를 다듬어 목재 건축을 짓듯 짜 맞춘 건축은 유래를 찾기 힘들다.

## 불국사의 석축은 다른 곳에서는 볼 수 없는 그랭이 공법으로

불국사 경내에 들어서면 먼저 대석단과 마주한다. 대석단은 크게 위와 아래로 나뉘어 있는데, 이는

대웅전은 청운교와 백운교를 통하지 않고는 오를 수 없다.

두 세계가 서로 다르다는 것을 의미한다. 곧 석단 위는 부처의 전유 공간인 불국토이고, 석단 아래는 범부의 세계이다. 석단은 불국 세계의 높이를 상징함과 동시에 그 세계의 굳셈을 나타낸다. 대웅전은 석단에 마련된 청운교와 백운교를 통하지 않고는 오를 수 없으며, 극락전 역시 석단에 위치한 연화교와 칠보교를 지나야 한다. 청운교와 백운교(국보 제23호), 연화교와 칠보교(국보 제22호) 두 쌍의 층층다리가 국보로 지정되었다. 이러한 예는 세계에서도 그 유래가 흔치 않아 불국사가 예사롭지 않은 건물임을 알 수 있다.

본격적으로 불국사를 둘러보기 전에 석축도 눈여겨보기 바란다. 단아한 모습의 석축은 1층 기단에는 큰 돌, 2층 기단에는 작은 냇돌을 쌓았으며, 그 사이에 인공적으로 반듯하게 다듬은 돌로 기둥을 세워 지루하지 않게 변화를 주었다. 이처럼 크고 작은 돌을 함께 섞은 것은 같은 돌이라도 다양성을 추구한 것이라고 볼 수 있다. 또한 석축 중간에 다리(연화교, 칠보교, 청운교, 백운교)를 내고, 하늘로 날아오를 듯한 처마가 돋보이는 범영루와 좌경루를 세워서 변화를 주었다. 불국 세계의 위엄을 상징하는 이 석축으로 불국과 범부의 세계가 구분되지만 네 다리가 두 세계를 이어 준다.

불국사의 석축은 다른 곳에서는 볼 수 없는 특이한 공법으로 만들어졌다. 고구려에서 많이 사용한 그랭이 공법으로, 이 공법은 동북아시아에서 주로 우리나라 건축물에서만 보인다. 그랭이 공법은 간단하게 말하면 기준 돌의 형태에 맞추어 돌을 다듬어 쌓는 공법이다.

이 공법을 가장 쉽게 확인할 수 있는 곳은 백운교 좌우의 거대한 바위로 쌓은 부분이다. 여기서는 천연 바위를 그대로 둔 채 장대석과 접합시켜 수평을 이루도록 했다. 원래 자연석과 자연석을 접합하는 작업은 간단한 일이 아니다. 바위는 보통 울퉁불퉁하고 이가 벌어져 있어 고르게 쌓으려면 자연석을 가공해야 한다. 그런데 그랭이 공법은 바위를 있는 그대로 둔 채 바위의 형태에 따라 다듬어 가면서 맞추는 것이다. 불국사는 매우 중요한 상징을 담은 곳이

불국사는 매우 중요한 상징을 담은 곳이기 때문에 그랭이 공법이라는 어려운 공법을 사용한 것으로 보인다.

기 때문에 석축에 이처럼 어려운 공법을 사용한 것으로 보인다.

불국사의 세 구역인 석가 정토, 아미타 정토, 연화장세계는 다른 사찰에서는 볼 수 없으므로 중요 부분을 나눠 이야기해 보겠다.

## 가장 넓고 중요한 석가 정토

《법화경》에 따르면 석가모니가 법화경을 설한 영취산을 그가 상주하는 정토로 삼는다. 석가 정토는 아미타 정토보다 훨씬 넓고 측면에서 볼 때도 석가 정토의 석소 구조가 아미타 정토의 것보다 3미터나 돌출되어 있다. 그만큼 불국사는 석가 정토 구역을 강조한 건축물이다.

석가 정토 구역으로는 먼저 청운교와 백운교를 들 수 있다. 불국토는 청운교와 백운교로 올라가는데, 지상과 천상을 연결하는 다리의 중간 부분에 아치형 터널이 있어 밑에 물이 흐르는 다리임을 상징적으로 표현했다. 백운교를 옆에서 보면 직각삼각형 모양이다. 백운교의 높이와 폭과 계단의 길이를 간단한 비로 나타내면 약 3 : 4 : 5가 된다. 피타고라스의 정리에 따르면, 직각삼각형에서 직각을 낀 두 변을 a와 b, 빗변을 c라 할 때 $a^2+b^2=c^2$이다. 백운교의 비 3 : 4 : 5에서도 $3^2+4^2=5^2$인 관계가 성립한다. 즉, 여기에는 인간이 알고 있는 가장 이상적이고 아름다운 비율이라고 알려진 황금 비율이 쓰인 것이다.

청운교와 백운교를 오르면 자하문이 나온다. 자하문이란 '붉

❶ 불국사 대웅전으로 들어서는 중문인 자하문과 청운교, 백운교로 계단을 올라서면 자하문이 나온다.

❷ 지상과 천상을 연결하는 다리의 중간 부분에 아치형 터널이 있다.

은 '안개가 서린 문'이라는 뜻으로 부처의 몸에서 나온다는 자금색 광채를 말한다. 자하문을 들어서면 대웅전이 보인다. 이는 자하문을 통과해 세속의 무지와 속박을 떠나 부처의 세계로 들어감을 의미한다.

자하문에는 대단한 건축 기법이 숨어 있다. 돌기둥에 중방을 들이듯 결구한 부분을 자세히 보면 기둥머리에 네모난 돌이 약간 나와 있다. 이 돌이 바로 '동틀돌돌못'로 안으로 깊숙이 박혀 있는데,

석굴암의 궁륭 천장, 남산신성과 안압지의 석축, 감은사의 축대도 이런 구조로 되어 있다.

동틀돌은 머리 안쪽으로 홈을 판 후 그 홈에 상하의 돌기둥이 걸리고 또 좌우의 중방처럼 생긴 수장재도 끼워진다. 그 턱에 걸리게 결구되면서 앞으로 밀려나지 않는다. 즉, 토압 때문에 석재대를 형성한 석재들이 밀려나기 쉬운데 동틀돌을 사용하면 이런 위험을 막을 수 있다. 천 년이 훨씬 넘는 석굴암과 불국사가 오늘에 이를 수 있었던 것은 선조들이 이처럼 과학적인 시공법을 사용한 덕분이다.

자하문 좌우에 복원된 회랑의 구조는 궁중의 것과 유사하다. 대웅전 영역에는 모두 회랑이 설치되어 있다. 회랑을 만든 이유는 부처에 대한 존경을 표하기 위해서이다. 대웅전 정문으로 바로 출입하는 것은 불경을 의미한다. 따라서 정문으로 출입하지 말고 이

대웅전을 출입할 때는 부처에 대한 존경을 표하는 뜻에서 회랑을 따라 움직여야 한다.

불국사의 전면을 보면 대웅전이 극락전보다 한 층 높은 위치에 있다.

회랑을 따라 이동하도록 한다.

대웅전(보물 제1744호) 경내에 들어서면 석가탑(국보 제21호)과 다보탑(국보 제20호)이 보인다. 두 탑은 서로 다른 모습을 하고 있으나 조화롭게 어우러져 경내를 장엄한 불국토로 만든다. 석가탑과 다보탑은 불교의 이상이 이곳에서 실현된다는 상징성을 갖는다.

불국사가 갖고 있는 예술의 정수로 석가탑과 다보탑을 꼽는 학자들도 있다. 다보탑은 특수형 탑, 석가탑은 우리나라 일반형 석탑을 대표한다고 할 수 있는데 높이도 10.4미터로 같다. 두 탑을 같은 위치에 세운 이유는《법화경》의 내용을 눈으로 직접 볼 수 있게 탑으로 구현하고자 한 것이다.《법화경》에 따르면 현세의 부처인 석가여래가 설법을 할 때 과거의 부처인 다보여래가 나타나 석가여래의 설법이 옳음을 증명했다고 한다. 이런 이유로 석가여래를 상징하는 석가탑과 다보여래를 상징하는 다보탑을 함께 건축한 것이다.

다보탑은 우주의 근본 형상처럼 네모나고 둥글고 뾰족한 모양이 모두 들어가 있다. 방형은 땅, 원형은 하늘, 삼각에서 발달한 팔각은 인산을 상징한다. 학자들은 다보탑에 우주와 인간이 바르게 걸어야 할 길이 모두 갖추어져 있다고 설명한다.

다보탑은 불국사가 창건된 통일신라 경덕왕 10년(751)에 건립된 것으로 추측된다. 사각, 팔각, 원을 한 탑에서 짜임새 있게 구성했고, 각 부분의 길이, 너비, 두께를 일정하게 통일시킨 것이 돋보인다. 다보탑의 독득한 섬이 하나 더 있다. 일반적으로 석재를 이용한 건축은 쌓아 올리는 방식이 대부분인데 다보탑은 목재 건축을 하듯 짜 맞추는 방법을 사용했다. 이는 동양에서는 유일하다.

1920년 다보탑을 실측한 요네다 교수는 이 탑이 기하학적으로 정확하게 8 : 4 : 2 : 1의 등비급수 비율로 세밀하게 구성되었다

다보탑은 우주의 근본 형상처럼 네모나고, 둥글고, 뾰족한 모양이 모두 들어가 있다.

고 발표했다. 한마디로 다보탑은 신라인의 독창적인 공학 기술과 예술성을 가미한 8세기 통일신라 미술의 정수를 보여 주고 있다.

다보탑과 대조되는 것이 석가탑이다. '불국사 삼층석탑'이라고도 부르는 석가탑의 원래 이름은 '석가여래상주설법탑'이다. 석가여래가 이 탑 속에 머물면서 영원히 설법하는 탑이라는 뜻이다. 다보탑은 다보여래가 탑 속에 머물면서 영원히 석가여래의 설법을 증명하는 탑이라는 뜻이므로 이 탑들은 둘이면서 하나라고 할 수 있다. 석가탑은 석가가 보리수 아래에서 크게 깨닫고 항마촉지했을 때의 모습을 표현한 것이다. 석가탑 아래 삐죽삐죽 튀어나온 바위는 보리수 아래 석가가 앉았던 암좌이며, 8개의 둥근 연화석은 팔부금강신장들이 부처를 모시고 둘러앉았던 자리를 의미한다.

석가탑은 2층 기단 위에 3층의 탑신을 세우고 그 위에 상륜부를 조성한 일반형 석탑이다. 기단부나 탑신부에 아무런 조각이 없어 간결하고 장중한 느낌을 준다. 다보탑보다 석가탑의 아름다움을 더 높이 사는 사람도 많다. 이 탑도 받침돌을 울퉁불퉁한 바위에 따라 다듬고 수평을 맞춘 그랭이 공법이 사용되어 자연미가 돋보인다. 석가탑은 감은사지 삼층석탑(국보 제112호)과 고선사지 삼층석탑(국보 제38호)의 양식을 이어받은 8세기 통일신라시대의 작품이다.

석가탑은 창건 당시의 원형대로 잘 보존되어 왔으나 1966년 9월, 도굴꾼들이 사리함을 훔치려고 탑을 훼손하는 사건이 발생했다. 정부는 훼손된 탑을 복원하기 위해 탑신부를 해체해 수리를 시

석가탑은 석가가 보리수 아래에서 크게 깨닫고 항마촉지했을 때의 모습을 표현한 것이다.

작했다. 그때 2층 지붕돌 중앙에 있는 방형 사리공 안에서 사리를 비롯한 사리 용기와 각종 장엄구('불국사 삼층석탑 사리장엄구'란 이름으로 국보 제126호로 지정) 등이 발견됐다.

이 중에서 가장 중요하게 평가되는 것은 목판 인쇄물인 《무구정광대다라니경》이다. 이 경문에는 당나라 측천무후 때 공문서에 사용되었던 글자 중 네 글자가 10여 차례 등장하고 있어 세계 최초의 목판 인쇄물로 밝혀졌다. 따라서 이 다라니경은 석가탑 건립 이전에 만들어서 불국사 창건 당시에 봉안된 것으로 보이며, 현재 국립경주박물관에서 보관하고 있다. 《무구정광대다라니경》이 우리나라가 금속 활자뿐만 아니라 목판 인쇄에서도 세계 최초임을 보여 준 것이다.

석가탑은 매우 정교한 시각 교정을 가하도록 건축된 것으로도 유명하다. 기단 기둥을 보면 중심 기둥에 비해 모서리 기둥이 약간씩 높다. 중심 기둥과 모서리 기둥의 높이가 같으면 양쪽 끝이 중심보다 낮게 보이는 착시 현상이 나타나는데, 이를 방지하기 위해 모서리 기둥을 높게 한 것이다. 또한 기단과 탑신의 너비는 아래쪽이 넓고 위로 갈수록 좁다. 이는 착시 현상으로 건물의 윗부분이 넓어 보이는 것을 교정하기 위한 것이다.

대웅전 뒤에는 무설전이 있다. 무설전은 강당에 해당하는 건물로 1972년에 복원됐다. 무설전은 경론을 강술하는 장소이므로 건물 안에는 불상을 봉안하지 않았으며, 단지 강당으로서의 기능에만 충실하게 지었다. 무설전 뒤쪽의 가파른 계단을 오르면 피라미드식 지붕을 얹은 관음전이 있다. 관음전에는 관세음보살을 모시고 있다. 이 가파른 계단을 '낙가교'라 하는데, 이곳에 오르면 회랑이 어떻게 무설전과 대웅전을 두르고 있는지 잘 볼 수 있다.

### 속세의 고통에서 벗어나 다시 태어날 수 있다는 행복의 땅, 아미타 정토

아미타 정토는 극락전을 중심으로 펼쳐진다. 아미타 신앙은 8세기에 융성했으며, 모든 중생이 나무아미타불을 단 한 번만 염불해도 속세의 고통에서 벗어나 다시 태어날 수 있다는 행복의 땅, 즉 극락세계가 바로 아미타 정토이다.

불교에서 말하는 행복의 땅, 아미타 정토를 상징한다는 불국사 극락전이다.

《무량수경》에 따르면 아미타 정토는 서방 정토에서 가장 훌륭하고 장엄한 세계로 무수한 불국토의 중심에 있다고 한다.

아미타 정토는 석가 정토보다 면적도 좁고 건물도 낮으며 장식도 수수하다. 규모나 구조 면에서 아미타 정토는 석가 정토의 부속물로 설계됐기 때문이다. 아미타 신앙은 신라시대 때 크게 유행했지만 어디까지나 화엄 사상 안에서 전개되었다. 화엄 사상에 따르면 아미타 정토는 가장 낮은 단계의 중생을 위한 것이고, 연화장 세계는 가장 높은 단계의 중생이 도달할 수 있는 경지이다.

극락전으로 가기 위해서는 칠보교와 연화교를 지나야 한다. 칠보교와 연화교는 청운교와 백운교와 모습이 비슷하지만 경사가 완만하며 규모가 다소 작다. 다리 밑에는 약간 완만한 곡선을 이룬 홍예(문의 윗부분을 무지개 모양으로 만든 문)가 만들어져 있으며, 오르는 계단 하나하나에는 활짝 핀 연꽃이 조각되어 있다. 이 다리는 창

칠보교와 연화교는 청운교와 백운교와 모습이 비슷하지만 경사가 완만하며 규모가 다소 작다.

건 당시에 많은 사람들이 오르내리며 극락왕생을 기원했는데, 헌강왕비가 비구니가 되어 왕이 극락왕생하기를 기원했다는 전설이 전해 내려온다.

계단을 모두 오르면 극락전으로 들어가는 문인 안양문이 나온다. '안양'은 극락정토의 다른 이름으로, 이 문을 지나면 극락정토에 이른다는 의미를 갖고 있다. 안양문을 지나면 석등과 극락전이 나온다. 극락전은 아미타불이 있는 서방의 극락정토를 상징하는 곳으로 금동아미타여래좌상(국보 제27호)이 봉안되어 있다. 금동아미타여래좌상은 높이 1.66미터, 머리 높이 48센티미터, 무릎 너비 1.25미터로 8세기 중엽의 작품이다. 풍만하고 탄력 있는 살결 위에 간결하게 흐르는 옷 주름을 표현했으며, 전체적으로 인자하고 침착한 모습이다.

금동아미타여래좌상은 결가부좌(왼발을 오른쪽 넓적다리 위에 놓고 오른발을 왼쪽 넓적다리 위에 놓고 앉는 것)를 하고 있으며, 오른손은 무릎 위에 놓고 가슴 높이로 올린 왼손은 손바닥을 보이고 있다. 이는 극락에 사는 이치를 설법하고 있는 자세인데, 비로전의 비로자나불과 양식이 같은 것으로 보아 건립 시기와 만든 사람이 동일함을 알 수 있다. 이 불상은 경주 불국사 금동비로자나불좌상, 경주 백률사 금동약사여래입상과 함께 남북국시대 신라 3대 금동 불상으로 불린다.

불국사의 내력을 적은 《불국사고금창기》에는 극락전이 6칸 건물로 전후 26칸의 행랑이 있다고 적혀 있지만 임진왜란 때 소실되어 영조 26년(1750)에 보수했다. 다만, 기단과 초석, 계단 등은 신라시대 것으로 추정된다.

극락전의 특이한 점은 현판 뒤 처마 밑에 돼지가 조각되어 있다는 것이다. 돼지는 제물과 의식의 풍족함을 상징하며 복을 가져다주므로 불국사에서는 이를 복돼지라 안내하고 있다. 극락정토의 복돼지는 그 부귀를 잘 다스려야 한다는 의미로 극락전에 조각한 것으로 보인다. 극락전에서 대웅전으로 올라가는 길에 3단으로 된 16개의 계단이 있는데 모두 합해 48계단이다. 이것은 아미타불의 48원願을 상징한다고 한다.

## 만물이 조화로운 관계 속에서 하나가 되는 해탈의 경지 연화장세계

연화장세계는 해탈의 경지로 이곳은 만물이 조화로운 관계 속에서 하나가 되는 이상적인 세계이다. 관음전, 비로전, 나한전이 여기에 속한다. 가장 높은 곳에는 관음전이 있으며, 가장 낮은 곳에는 나한전이 있다. 이는 관음 신앙으로 이해해야 한다. 관음 신앙은 아미타 신앙과 더불어 민중과 가장 가까웠던 신앙이다. 비로전보다 높은 곳에 관음전이 있는 것은 보타락가산을 나타낸 것이다. 옛날에는 산 모양으로 되어 있었는데 지금은 계단식으로 되어 있어 산 모양이 자연스럽지 않다. 이 계단을 낙가교라 부른다. '낙가교'란 보타락가산으로 오르는 계단이라는 뜻이다. 관음전으로 들어서는 문은 '해안문'이라 하며 남해를 건너왔다는 뜻이다.

관음전의 기단은 비로전과 함께 삼국시대의 것으로 전해지며 1969년 발굴 당시 주초는 정면 3칸, 측면 3칸의 정방형에 가까운 형태였다. 《불국사고금창기》에는 '조선시대만 해도 이 건물 주변에 동서 행랑, 해안문, 낙면서가교, 광명대 등 여러 건물이 일곽을 이루고 있었다'는 기록이 있다. 현재의 건물은 1970년대에 건설했는데 다포식 사모지붕으로 3칸의 길이를 달리하는 변화를 주었다.

석가여래의 사바세계와 아미타불의 극락세계는 비로자나불이 주석하고 있는 법계가 있지 않으면 존립할 수 없으므로 연화장세계의 불국에 비로전을 건축했다. 기단은 지대석, 면석, 갑석으로

비로전의 주인은 비로자나불이다.

조립한 통일신라시대의 전형적인 화강암 기단이며, 앞쪽 중앙에 삼단의 층계가 있고 좌우에 삼각형 소맷돌을 설치했다. 소맷돌은 받침돌과 위에 놓이는 두 돌로 조성되어 있는데, 이런 소맷돌은 황룡사나 감은사에서도 볼 수 있지만 불국사의 다른 전각에서는 사용하지 않았다.

비로전의 주인은 비로자나불이다. 화엄 사상에 따르면 비로자나불은 '빛을 발하여 어둠을 쫓는다'는 뜻으로 모든 부처의 본체, 곧 진리의 몸인 법신불이다. 단순히 많은 이름으로 불리는 여러 부처 중의 한 분이 아니라, 그 모든 부처의 근본이요 중심으로 간주되는 부처이다. 비로자나불이 주존일 경우 그를 봉안하는 전각을 '대적광전'이라 부른다.

불단에 모셔진 금동비로자나불좌상(국보 제26호)은 높이 1.8미터, 머리 높이 55센티미터, 폭은 1.36미터이다. 이 불상은 바로 앉아서 앞을 바라보고 있는 모습이며 오른손 두 번째 손가락을 세워서 왼손으로 잡고 있는데, 이러한 수인을 '지권인'이라 한다. 오른손은 부처의 세계를, 왼손은 중생들의 세계를 표시하는 것으로, 중생과 부처가 둘이 아니며 어리석음과 깨달음이 둘이 아니라는 심오한 뜻을 나타낸다.

비로전 좌측에는 나한전이 자리 잡고 있다. '나한'이란 부처의 제자들 중 소승의 계위인 아라한과에 오른 성자들을 일컫는 말이다. 즉, 나한전은 부처가 살아 있을 때 수행하던 16명의 제자를 모신 곳으로 중앙에 석가, 양쪽에 제화갈라보살과 미륵보살이 있다. 나한전 주변에는 아름다운 소탑지小塔誌가 조성되어 있다. 소탑지는 참배객들이 소망을 기원하면서 돌을 하나둘 쌓아 만든 돌탑이다. 우리나라는 예로부터 돌로 작은 탑을 만들어 자신의 소원을 기원하는 풍습이 있는데, 《법화경》에 '어린아이가 장난으로 모래탑을 쌓더라도 한량없는 복락을 받아 부처가 된다'라는 구절이 나온다.

불국사의 건축 양식을 보면 그 당시까지 일반적이었던 탑 중심형 사찰에서 탑의 비중이 약화되고 금당의 비중이 상대적으로 강조된 것을 볼 수 있다. 황룡사처럼 평지에 세운 탑 중심형 사찰은 탑을 기준으로 삼아 사찰의 전체 영역을 조직화하지만 불국사에서는 상대적으로 탑과 금당이 병립되어 있다. 이런 탑과 금당의 병립형 사찰은 탑에서 금당으로 신앙의 중심이 옮겨 가는 것으로 추정할 수 있으며, 바깥에서 들어온 사찰 배치 형식을 신라의 형식으로 재해석한 것으로 볼 수 있다.

## 신라 사람들의 지혜와 재능이 잘 녹아 있는 석굴암

석굴암은 원래 '석불사'라는 이름의 독립된 절이었으나 임진왜란 이후 불국사에 예속되었고, 1910년경부터 일본인들이 석불암 대신 석굴암으로 불렀다. 석굴암은 5세기 중엽에 건설된 중국의 윈강 석굴, 7세기 초 고구려 승려 담징이 일본에 건너가 호류사에 남긴 불화와 더불어 동양 3대 문화

❶ 석굴암은 다른 나라의 어느 석굴과도 비교할 수 없는 특징을 갖고 있다.

❷ 석굴암은 화강석을 다듬어 석굴을 만들고 그 위에 흙을 덮은 인공 석굴이다.

★ 신라역사과학관 모형

석굴암 천장을 보면 시공이 매우 탁월함을 알 수 있다.

재의 하나로 꼽힌다.

석굴암이 세계적으로 그 우수성을 인정받는 것은 신라 사람들의 지혜와 재능이 잘 녹아 있는 종합적인 건축물이기 때문이다. 석굴암은 다른 나라의 어느 석굴과도 비교할 수 없는 특징을 갖고 있다. 우선 석굴암은 화강석을 다듬어 석굴을 만들고 그 위에 흙을 덮은 인공 석굴로, 자연석을 뚫어 굴을 만든 고대 인도나 중국의 석굴과는 큰 차이가 있다. 중국과 인도의 석굴은 건축물이라기보다는 조각에 가깝지만 신라의 석굴암은 명백히 건축물인 것이다.

열대 지방인 인도에서는 기원전 100년경부터 암벽을 파고 들어가 예배와 수련을 행할 수 있는 공간을 만들기 시작했다. 이는 서늘한 곳에 부처를 모시는 것으로도 해석되었는데, 이 풍습이 간다라 미술과 융합되어 고유의 석굴 미술을 이루게 된다. 이러한 양식은 2001년 탈레반이 폭파한 아프가니스탄의 바미안 석불, 우즈베키스탄의 테르메스 석굴, 중국 신장의 키질과 쿰투라 석굴, 투르판의 베제클릭 석굴, 돈황과 윈강 석굴 사원 등으로 이어진다.

인도와 중국에는 조직이 무른 퇴적암인 사암이나 석회암의 거대한 암벽 지형이 많다. 따라서 암벽을 뚫어 규모가 큰 석굴을 만드는 데 어려움이 없다. 하지만 우리나라는 전 지역이 매우 단단한 화강암 지대로 이루어져 있다. 특히 경주에는 큰 바위산도 없어 신라의 예술가들은 새로운 방법을 창안할 수밖에 없었다. 즉, 산을 파 굴을 만들고 조각된 돌들을 조립한 후 흙을 덮어 석굴 사원처럼 보이도록 한 것이다.

인공으로 구축된 석암에 예술적으로 조각된 불상들이 배치된 곳은 전 세계에서 석굴암이 유일하다. 1909년경 소네 아라스케 통감의 지시로 석굴암을 탐사한 일본의 미술사학자 세키노 타다시는 "석굴암은 동양에서 견줄 만한 것이 없는 최고의 걸작품"이라고 극찬했다.

## 윤회 12단계인 12지 연기를 나타내는 법당

석굴암은 윤회의 12단계인 12지 연기를 나타내는 법당으로 꾸며져 있다. 연기란 우주 만물은 어떤

독자적인 힘으로만 생겨나는 것이 아니라 반드시 인因과 연緣의 결합을 필요로 한다는 뜻으로, 석가가 부다가야의 마하보디 사원에서 정각한 진리의 내용이다. 불교의 기본 사상인 연기설은 무명無明, 행行, 식識, 명색名色, 육입六入 또는 육처六處, 촉觸, 수受, 애愛, 취取, 유有, 생生, 노사老死의 순서로 되어 있다. 석굴 법당에는 각 연기를 상징하는 연기 보살들이 배치되어 있다.

석굴 평면은 원형부 중앙 뒤쪽에 대좌가 있고, 그 위에 본존불좌상이 가부좌를 하고 앉아 있다. 벽 전체는 약 89센티미터 높이의 하단부가 요석腰石으로 둘려 있으며, 그 위로 폭 약 1.19미터, 높이 2.67미터인 판석 29개가 놓여 주벽 중간 부분을 이루고 있다.

원래 석굴암에는 다음과 같이 본존불을 포함해 총 40구의 불상이 있었다. 하지만 맨 앞에 있는 좌우 첫 번째 감실 두 곳에 있던 불상은 일제강점기 때 일본인들이 반출해 갔다. 따라서 현재 석굴암에 안치되어 있는 불상은 총 38구이다.

◇

**본존불(1구), 인왕상(2구), 천부상(2구), 나한상(10구),**
**팔부신장(8구), 사천왕상(4구), 보살상(3구), 감실 좌상(10구)**

불상은 엄격한 좌우 대칭을 이루며 배치되어 있다. 전실에서 주실로 들어가는 입구(비도 앞부분) 좌우에 각 1구의 금강역사 입상이 정면을 보고 있는데, 이들은 수문신장으로서 인왕이라고도 불린다. 비도는 석굴의 주실에 이르는 통로로, 비도 좌우 벽에 사천왕을 각 2구씩 대립시켜 세웠다. 이들 사천왕은 모두 무복을 입고 있는데 세 조상은 긴 칼을 들고 있으나 한 조상은 보탑을 들고 있다.

본존불은 조각상 가운데 가장 핵심으로 석굴 자체가 본존불을 봉안하기 위해 만들어진 것이다. 본존불은 높이 3.4미터, 대좌까지 합치면 5미터나 되며, 신체의 비례가 알맞고 부드러우며 세련된 솜씨로 조각되어 있다. 광배(미술 작품에서 인물의 성스러움을 드러내기 위해 머리나 등 뒤에 광명을 표현한 원광)는 따로 만들어서 후벽 가운데에 있는 십일면관음보살입상 바로 위 천장 밑에 설치했다. 전실 중앙에서 바라볼 때 가장 이상적인 위치에서 광배의 역할을 하도록 설치된 것으로 보인다. 본존불은 연화문이 새겨진 대좌 위에 결가부좌하고 있으며, 손 모양은 항마촉지인으로 왼손은 선정인을 하고 오른손은 무릎에 걸친 채 검지로 땅을 가리키고 있다.

석굴암 본존불은 조각상 가운데 가장 핵심이다.

★ 경주시청 소장

특히 본존불 이마 한가운데에 백호(성인의 32가지 상호 중 하나)를 박았는데, 이것을 다면체로 깎아 햇빛을 반사해 후면에 있는 십일면관음보살입상의 이마에 비추게 했다는 설은 학자들의 주목을 끌었다.

맨 앞에 있는 좌우 첫 번째 감실 두 곳에 놓인 불상(일본인이 반출한 것)도 본존불처럼 이마에 백호 구슬이 있다. 이 구슬은 동트는 새벽의 빛이 석굴암 입구와 그 위에 달린 광창을 통해 본존불 이마의 백호에 와 닿고 반사되어, 두 보살상의 백호로 다시 한 번 굴절되어 나와 십일면관음보살입상의 이마에 비친다는 것이다. 새벽에 석굴암 내부의 조명 효과를 극적으로 보여 준다. 일본인들이 반출한 감실 내의 두 보살상과 본존불 이마의 백호가 다시 원위치에 선다면 이런 효과를 재현할 수 있을 것으로 보인다. 현재 한국과학기술연구원KIST에서 이를 위한 기초 연구를 계획 중이다.

본존의 성격에 대해서는 여러 가지 학설이 있지만 가장 유력한 설은 본존불이 아미타여래라는 것이다. 아미타불은 경전에 따르면 '무한한 목숨'을 의미하는 아미타바Amitabba, 즉 '무량수無量壽'와 '무한한 빛'을 의미하는 아미타유스Amitayus, 즉 '무량광無量光'이라는 두 가지 이름을 가지고 있다. 이는 중생을 구하는 데 시간적, 공간적으로 무한함을 의미한다. 우리나라에서는 주로 '무량수'라는 이름을 사용한다.

## 1만분의 1의 오차로 만들어 낸 석굴암

석굴암은 설계뿐만 아니라 시공 면에서도 우수성을 보여 준다. 김형자 교수는 석굴암이 10분의 1 비율로 건축되었다고 설명했다. 이 비율은 기원전 25년 고대 로마의 사상가이자 건축가인 비트루비우스가 주창한 '균제 비례symmetry'와 맞아떨어진다. 그는 '건축미는 건물 각 부의 치수 관계가 올바른 균제 비례를 이룰 때 얻어진다'고 했다.

균제 비례는 인체의 아름다움과 안정감을 극대화하는 비율이다. 석굴암 본존불도 이런 균제 비례가 적용되어 빼어난 예술성을 보여 주고 있다. 석굴암 본존불은 얼굴 : 가슴 : 어깨 : 무릎의 비율이 1 : 2 : 3 : 4로 본존불상 자체를 1로 봤을 때 10분의 1인 균제 비례가 적용되었다. 신라인들이 비트루비우스가 주장한 균제 비례를 알고 있었을 리는 만무하지만, 그들은 이미 안정감과 아름다움의 비율을 터득하고 있었던 것이다. 또한 석굴암 전체의 구조를 기하학적으로 분석해 보면 모든 공간이 가로 : 세로 또는 세로 : 가로의 비율이 1 : 2인 직사각형으로 이뤄져 있다.

남천우 교수는 석굴암을 짓기 위해 신라인들은 원주율 값을 적어도 소수점 일곱째 자리 이상까지 알고 sin9도 함수를 계산하는 기하학적 지식을 갖추고 있었다고 발표했다. 더욱 놀라운 점은 석굴암 건축의 오차가 고작 1만분의 1이라는 것이다. 1만분의 1이란 10미터를 만들 때 겨우 1밀리미터밖에 틀리지 않는다는 의미이다.

오늘날 정밀한 기계로 석조 건물을 지을 때 전문가들은 300분의 1, 즉 30센티미터를 만들 때 1밀리미터 이내의 오차로 만들어 내는 것을 목표로 한다. 그것도 조각하기 가장 어렵다는 화강암으로 겨우 1만분의 1의 오차로 만들어 낸 석굴암은 경이로움 그 자체이다.

석굴암은 네모꼴의 전실과 둥근 후실로 이뤄졌는데, 이는 '하늘은 둥글고 땅은 네모나다'라는 천원지방 사상을 반영한 것으로 보인다. 특히 돔형으로 돌을 쌓아 올려 만든 후실의 천장을 보면 당시의 발달된 건축 기술을 알 수 있다.

반경 29.7센티미터의 궁륭형 천장은 화강석을 둥근 띠 모양으로 묶어 5개 층으로 되어 있다. 아래쪽에서부터 위로 올라가면서 점차 띠의 폭이 줄어들며 정점에 연꽃 문양으로 된 125개의 돌을

석굴암은 네모꼴의 전실과 둥근 후실로 이뤄졌다.

올려놓았다. 아랫부분의 2개 층을 제외하고는 띠를 묶을 때 돌들이 아래로 떨어지는 것을 막기 위해 연접부에 쐐기들을 수평으로 박았는데, 이를 '멍에돌'이라고 한다. 멍에돌은 운두가 약간 높고 폭이 좁은 단면의 장대석으로 다듬는데 그 길이가 상당히 길다. 때문에 설치하면 머리 부분만 천장 벽면 밖으로 나오고 나머지는 적심에 넣어 고정시키게 된다.

멍에돌 머리 부분엔 잘록하게 판 홈이 있고 홈에 천장 판석을 끼운다. 멍에돌을 삽입해 반대 방향 모멘트를 일으켜 조립식으로 구형 방막을 건설했다. 또한 세로 면에서는 각 부재들의 이음줄이 궁륭의 원심에 집중되어 있다. 반면, 궁륭 표면에서는 정확하게 자오선을 따라 모양을 만든 것은 신라 석공들이 높은 구조 역학적 지식을 갖고 석굴암을 축조했음을 보여 준다.

이는 돌 부재가 중심축 방향으로는 주로 압축력만 작용하게

석굴암에서 바라본 동해, 석굴암이 세계유산으로 선정될 당시 심사위원들이 석굴암을 직접 보고 나서 극찬했다.

하고, 위로 올라갈수록 부재의 무게를 줄이게 하는 합리적인 구조 방식이다. 불국사 청운교, 백운교 좌우의 석벽 구조에서도 멍에돌 공법이 사용되었다. 천장 덮개돌은 손잡이 없는 찻잔을 거꾸로 엎어 놓은 형상으로 연화문 지름 2.47미터, 높이 1미터, 바깥쪽 지름 3미터이며 무게는 자그마치 20톤이나 된다. 기중기로 들어 올려도 만만치 않은 무게의 덮개돌이지만, 정확하게 반구형 돔으로 시공했기 때문에 역학적 균형을 이뤄 튼튼하고 안정적인 것이다.

한마디로 아랫돌이 먼저 무너지지 않는 한 위의 돌은 떨어지지 않는 천장 구조이다. 본존불이 이 돔 천장 밑 주실에 위치하고 있는 이유이다. 만약 천장을 구성하는 면석이 중력의 영향으로 아래로 떨어진다 해도 쐐기돌 머리 부분의 홈이 위아래 돌들을 잡아주어 본존불을 향해서 떨어지는 것을 막고 주실의 바깥쪽으로 떨어지게 한다. 쐐기돌은 돔 구조의 최하부로 전달하는 힘을 감소시키는 한편, 본존불을 보호하는 장치이기도 하다.

석굴암이 세계유산으로 선정될 당시 심사위원들이 석굴암을 직접 보고 나서 극찬한 것은 결코 과장이 아니다. 석굴암이야말로 질과 양을 따지는 현대 사회에서 양보다는 질로 승부를 걸어 세계인을 놀라게 한 것이다.

경주역사유적지구는 기원전 57년부터 서기 935년까지
천 년의 왕조를 이어 온 신라의 수도로,
불교 발전에 중요한 역할을 했던 유적과 기념물들을 많이 보유하고 있다

# 천 년 왕조를 이어 온 신라의 수도, 경주역사유적지구

경주역사유적지구는 기원전 57년부터 서기 935년까지 천 년의 왕조를 이어 온 신라의 수도로, 불교 발전에 중요한 역할을 했던 유적과 기념물들을 많이 보유하고 있다. 경주와 같은 예는 세계적으로도 흔치 않다. 우선 천 년의 역사를 자랑하는 나라는 세계사 전체에서도 로마 제국과 신라밖에 없다. 그런데 로마는 천 년 넘게 유지되기는 했지만 동서로 분리되어 서로마는 476년에, 동로마는 1453년에 멸망했다. 이것만 봐도 천 년 동안 신라의 수도였던 경주의 위대함이 느껴진다.

경주는 방대한 지역에 다양한 유적이 있다는 점도 주목할 만하지만, 긴 시대의 유적이 존재한다는 특징도 있다. 가령 남산에는 신라 전성기의 유적은 물론 신라 말기 유적도 있다. 천 년에 걸친 역사가 고스란히 세계유산으로 녹아 있는 것이다.

불교 유적이 대부분이나 왕릉뿐만 아니라 왕성과 산성, 첨성대와 포석정 같은 과학 유산도 있다. 이렇게 넓고 방대하다 보니 5개 지역으로 나뉘어 세계유산에 등재되었다. 신라 천 년 왕조의 궁궐터인 월성 지구, 신라 불교 미술의 보고인 남산 지구, 신라 초기 왕들의 능이 모여 있는 대릉원 지구, 신라 불교를 대표하는 황룡사 지구, 고대 신라의 방위 시설이라 볼 수 있는 명활산성 지구이다.

경주를 제대로 보려면 한 달도 부족하다는 말이 있다. 필자 역시 유산이 풍부한 경주를 짧은 시간에 답사하는 것은 추천하지 않는다. 시간을 넉넉하게 잡고 '한 번에 너무 많은 곳을 돌아보려는 욕심'을 버리길 바란다. 더불어 가까운 거리는 되도록 걸어 다닌다

경주역사유적지구는 불교 발전에 중요한 역할을 했던 유적과 기념물들을 많이 보유하고 있다.

면 경주의 역사와 정취를 더 깊이 느낄 수 있을 것이다.

## '세계의 신라'를 입증한 대릉원 지구

외국인들이 경주를 답사할 때 가장 인상적이라고 꼽는 것은 경주 시내 곳곳에 있는 동산만 한 무덤들이다. 그것도 경주 중심에 있어 마음껏 걸어 다닐 수 있다며 신기하게 생각한다. 산 자와 죽은 자가 함께 있는 도시는 많지만, 경주와 같이 평지에 무덤이 있는 곳은 세계적으로 흔치 않다. 우리나라만 봐도 부여의 백제 고분군이나 경북 고령의 대가야 고분군 등이 있지만, 모두 산에 자리하고 있다. 하지만 경주의 고분군은 평지에 있다. 과연 '세계의 신라'라는 찬탄이 나올 만하다.

대릉원 지구의 고분들은 경주 시내의 서남부 반월성의 북쪽부터 노서동에 이르는 동서 약 1킬로미터, 남북 약 1.5킬로미터 지역에 밀집되어 있다. '대릉'이란 이름은 《삼국사기》의 '미추왕이 죽고 대릉에서 장사 지냈다'는 구절에서 따온 것이다. 사실 이 지구에 등록된 고분은 경주 전체의 고분에 비해 그렇게 많은 숫자는 아니다. 대릉원 지구에는 경주 미추왕릉(사적 제175호), 경주황남리고분군(사적 제40호), 동부사적지대(사적 제161호), 경주 오릉(사적 제172호), 경주 재매정(사적 제246호) 등이 있다.

신라의 왕릉은 지금까지 약 56기가 남아 있는데, 이 중 왕의 이름이 확인된 능은 38기이다. 이 중에서도 세계유산으로 지정된 것은 고분이 거대해진 시기 이후의 것들로, 대체로 왕의 호칭이 이사금에서 마립간으로 바뀔 무렵과 일치한다. 왕의 호칭이 가장 연장자를 뜻하는 이사금에서 흉노의 왕들을 의미하는 마립간으로 바뀌었다는 것은 북방 기마 민족의 후손이 왕위를 인계받았음을 뜻한다.

신라의 고분 형태는 다양한데 적석 목곽분은 신라에서만 찾아볼 수 있다. 적석 목곽분이란 땅을 파고 그 안에 통나무집을 만들어 시체와 부장품을 안치하고, 위에 돌로 둘레를 쌓고 흙으로 커다란 봉분을 만드는 것을 말한다. 원래 북방 초원 지역에서는 유력자가 죽으면 그가 생전에 살던 통나무집을 돌과 흙으로 그대로 덮어 버린다. 그래서 초원 지역의 적석 목곽분을 파 보면 난방 시설의 흔적이나 창문도 발견된다.

대릉원 조감도이다. '대릉'이란 이름은 《삼국사기》의 '미추왕이 죽고 대릉에서 장사 지냈다'는 구절에서 따온 것이다.

* 제주특별자치도 세계자연유산총괄단 제공

적석 목곽분은 주로 경주 분지를 중심으로 생겼으며 4~6세기의 봉분에서만 찾아볼 수 있다. 신라 김씨들이 북방 기마 민족의 옛 전통을 따랐기에 특정 시기의 봉분에서만 나타나는 것으로 보인다. 경주 외에 창령, 삼척, 경산 등지에서도 조금씩 발견된다.

적석 목곽분은 세월이 지나면 목곽 부분이 썩어 주저앉기 때문에 적석 중앙 부분이 함몰되어 낙타 등처럼 된다. 황남대총이 대표적으로 봉토는 거의 대부분 원형인데, 적석 시설과 그것을 둘러싼 봉토 또한 대규모이다. 무덤 구조의 특성상 도굴이 어려워 부장품이 매장 당시 그대로 출토되는 것으로도 유명하다.

경주 시내에 있는 거대한 고분군 지역은 본래 대릉원과 연결된 넓은 무덤 구역으로, 도로를 제외하면 동일한 구역이라 해도 과언이 아니다. 노동리 고분군에는 4기의 고분이 남아 있다. 이 중 봉황대, 금령총, 식리총 등 3기는 발굴, 조사되었고 1기는 아직 발굴되지 않았다. 봉황대는 밑둘레 250미터, 직경 82미터, 높이 22미터로, 서봉황대와 함께 경주에 있는 신라 고분 중 황남대총 다음으로 규모가 크다. 봉황대는 고분 위에 커다란 느티나무들이 자라고 있어 마치 무덤이 아니라 동산처럼 보인다.

봉황대에는 재미난 이야기가 깃들어 있다. 풍수지리에 관심을 갖고 있던 왕건이 도선에게 신라를 빨리 망하게 하는 비법을 들었다. 경주 땅이 풍수지리상 매우 좋은 배 모양이니 그것을 이용해 망하게 하면 된다는 것이었다. 왕건은 풍수가들을 시켜 신라에 다음과 같은 소문이 돌게 했다. '경주는 봉황 모양의 땅인데 지금 봉황이 날아가려 하니 봉황의 알을 만들어 놓아 날아갈 마음을 먹지 못하게 해야 신라가 망하지 않는다.' 이 이야기를 들은 신라 조정에서는 커다란 봉황의 알을 만들어 경주 가운데에 놓았다. 이는 배에 무거운 흙덩어리를 실어 배가 빨리 가라앉는 형국이었다. 신라가 멸망한 뒤 봉황의 알이 바로 봉황대라는 소문이 퍼졌다.

노서리 고분군에는 표형분(2개의 봉분이 표주박처럼 서로 붙어 있는 무덤) 1기를 포함해 14기의 고분이 있다. 이 중에 금관총은 1921년 집을 증축하던 중 우연히 발견된 곳으로, 원래 분구의 직경은 약 46미터, 높이 12미터로 추정되는 큰 고분이다. 금관총이라는 이름은 국보 제87호인 금관이 처음 발견되어 붙은 것이다. 그 외에 금제 허리띠 장식 등 금제품이 무려 7.5킬로그램에 달하며, 수만 개의 구슬과 토기류 등의 유물이 나와 '동양의 투탕카멘 묘'라고도 불렸다.

서봉총은 표주박 모양의 고분으로 1926년에 발굴되었다. 마침 신혼여행차 일본을 방문 중이던 스웨덴의 황태자이자 고고학자였던 구스타프 아돌프가 참관한 것을 기념해, 스웨덴瑞典의 '서瑞' 자와 금관에 있는 봉황 장식의 '봉鳳' 자를 따서 '서봉총'이라 했다. 서봉총 금관의 제일 윗부분에는 나무에 다소곳이 앉은 3마리의 새가 있다. 출토된 유물을 볼 때 서봉총의 주인은 여자일 것으로 짐작된다.

호우총은 1946년 5월, 우리가 최초로 직접 발굴한 신라 왕족의 무덤이다. 지름 16미터, 높이 5미터로 같이 붙어 있는 은령총과 표형분을 이루고 있다. 금동제의 관, 신발, 금제의 허리띠 장식 등이 출토되었는데, 광개토대왕 때 고구려에서 만든 명문이 있는 호

❯ 금관총에서는 금관, 금제 허리띠 장식, 토기류 등 다양한 유물이 출토되었다.

* 문화재청 소장

우(일종의 그릇)가 발견되어 '호우총'으로 불린다. 호우 밑바닥에 써 있는 '을묘년'이란 간지는 항아리의 제작 연대가 415년임을 알려준다. 그리고 명문의 뜻으로 보아 광개토대왕의 제사를 지내기 위해 만든 고구려 물건으로 추정된다.

## 신라의 중심부였던 경주 동부 사적 지대, 황남대총과 천마총

경주 동부 사적 지대(사적 제161호) 일대는 신라의 중심부였다. 그렇기 때문에 월성, 안압지(동궁과 월지), 첨성대, 계림 등의 주요 사적이 많을 뿐만 아니라, 내물왕릉을 비롯한 수십 기의 고신라 고분이 완전한 형태로 밀집되어 있다. 경주에서도 신라의 옛 모습을 가장 잘 간직하고 있는 곳으로, 근래에 많은 발굴이 이루어지고 있어 앞으로 더 많은 정보를 제공할 것으로 기대된다.

경주 대릉원에서 가장 큰 황남대총(제98호분)은 적석 목곽분의 대표적인 무덤으로 형태상 표형분이다. 황남대총은 부부묘로 남분(남자)을 먼저 축조하고 나서 북분(여자)을 잇대어 만들었다. 무덤의 큰 규모답게 무려 7만여 점의 유물, 순금제 금관, 비단벌레 장식의 안장틀과 발걸이, 말띠드리개, 유리병 등은 물론 순장자들도 출토되어 놀라움을 금치 못했다.

황남대총과 함께 반드시 방문해야 할 곳은 천마총이다. 천마총은 무덤 내부로 들어가 모습을 볼 수 있다. 사실 황남대총을 발굴하기 위한 경험을 축적한다는 생각으로 시험 발굴에 착수했다가 뜻밖의 소득을 얻었다. 찬란한 신라 금관은 물론 무려 1만 점이 넘는 금제의 호화로운 유물, 허리띠와 장식, 목에 걸었던 경식, 〈천마도〉 같은 엄청난 양의 유물이 출토되었던 것이다.

경주 대릉원에서 가장 큰 황남대총은 부부묘로 남분을 축조하고 나서 북분을 잇대어 만들었다.

★ 문화재청 소장

그중 〈천마도〉(국보 제207호)는 처음 발굴될 때는 2장이 겹쳐 있었다. 한 장은 심하게 훼손되었으나 나머지 한 장은 비교적 상태가 좋았다. 〈천마도〉는 '장니障泥'라고도 불리는 말다래의 뒷면에 그려진 그림으로, 말다래는 말안장에서 늘어뜨려 진흙이 사람에게 튀는 것을 막는 장식이다.

〈천마도〉는 벽화를 제외하면 삼국시대를 통틀어 가장 오래된 그림이며 신라 회화 작품으로는 유일하다. 이 그림은 흰말이 말갈기와 꼬리털을 날카롭게 세우고 하늘을 달리는 모습을 하고 있다. 고구려 고분 벽화와 비교해 볼 때 날카로운 묘사력이나 힘찬 생동감은 떨어지지만, 이 그림이 공예품의 장식화임을 감안하면 매우 뛰어난 실력의 공예가가 그린 것으로 추정된다. 그림은 화려하지는 않지만 붉은색, 흰색, 검은색을 이용해 단아한 느낌을 주는데, 색깔을 내는 칠감의 원료는 흰색은 호분(돌가루), 검은색은 먹, 붉은

〈천마도〉는 '장니'라고도 불리는 말다래의 뒷면에 그려진 그림이다.

★ 국립경주박물관 소장

색은 주사와 광명단이라는 일종의 납화합물이다.

천마총 출토품 중 대나무로 만든 말다래에서 새로운 〈천마도〉 1점이 추가로 확인되었다. 이 말다래는 얇은 대나무살을 엮어 바탕판을 만들고, 그 위에 마직 천을 덧댄 뒤 천마 문양이 담긴 금동판 10개를 조합해 금동못으로 붙여 장식했다. 이리하여 천마총에서 확인된 〈천마도〉는 국보 제207호로 지정된 2점 외에 새로 확인된 1점까지 더해 총 3점이다. 천마총에서 발굴된 금관도 유명한데, 금관은 순금 97.5퍼센트에 나머지 성분은 은이었다. 거의 순금으로 만들어졌음을 알 수 있다.

대릉원에는 왕릉급으로 보이는 고분만 20여 기에 달한다. 그러나 모두가 최고 지배자의 무덤은 아닌 것으로 보인다. 적석 목곽분이 만들어질 당시의 마립간은 내물왕, 실성왕, 눌지왕, 자비왕, 소지왕, 지증왕 등에 지나지 않았기 때문이다. 학자들은 이곳의 대형 무덤은 마립간 시대의 정치 사회적 특성상 갈문왕이나 신라 6부 중 특히 영향력이 있었던 대표적 귀족들의 무덤도 있을 것이라 추정한다.

## 산 전체가 문화재인 야외 박물관, 남산 지구

'좋은 소식을 먼저 들을래, 나쁜 소식을 먼저 들을래'라는 질문의 답을 고르기가 쉽지 않은데, 경주

역사유적지구를 답사할 때도 비슷한 딜레마에 빠진다. 조금 힘든 지역을 먼저 답사하느냐, 다소 쉬운 일정부터 시작하느냐 고민되기 때문이다.

경주역사유적지구는 평탄한 대지에 있어서 접근하기가 비교적 수월하다. 하지만 남산 지구는 야외 박물관이라 불릴 정도로 산 전체가 불교 문화재로 뒤덮여 있는 곳으로, 남산 전체가 사적 제311호로 지정되어 있다. 남산은 동서 길이 13킬로미터, 남북 길이 8킬로미터로 40여 개의 계곡이 있는 468미터의 금오산과 494미터의 고위산을 합쳐 부르는 이름이다. 산은 그리 높지 않지만 수십 개의 작은 골짜기 사이로 난 길과 수많은 기암들이 어우러져 있다.

'남산을 보지 않고 경주를 봤다고 말할 수 없다'는 남산 지구에는 지금까지 발견된 유물만 672점이 있다. 불탑 96기, 불상 118기, 석등 22기, 사찰터 147곳, 왕릉 13기, 고분 37기 등이 대표적이다. 이 중 국보와 보물 13점, 사적 13개소, 중요민속자료 1점, 문화재자료 3점, 지방유형문화재 11점, 지방기념물 2점이 있어 마치 거대한 유물이 살아 숨 쉬는 것 같다.

불교가 들어오기 전 신라인은 남산을 신령이 사는 신성한 장소로 숭배했는데, 불교가 들어오자 남산의 바위가 석가모니의 진신(부처의 진실한 몸)이라는 믿음이 생기기 시작했다. 이는 민속 신앙과 불교가 융화되기 시작한 것으로, 남산에 마애불이 많은 것도 그 때문으로 추정된다. 유네스코가 지정한 남산 지구의 세계유산 37점은 다음과 같다.

◇

남산 칠불암 마애불상군(국보 제312호)

경주 배리 삼존석불입상(보물 제63호)

경주 남산리 삼층석탑(보물 제124호)

경주 남산 미륵곡 석조여래좌상(보물 제136호)

경주 남산 용장사곡 삼층석탑(보물 제186호)

경주 남산 용장사곡 석불좌상(보물 제187호)

경주 남산 불곡 석조여래좌상(보물 제198호)

경주 남산 신선암 마애보살반가상(보물 제199호)

남산 탑곡 마애불상군(보물 제201호)

경주 삼릉계 석조여래좌상(보물 제666호)

남간사지 당간지주(보물 제909호)

용장사지 마애여래좌상(보물 제913호)

천룡사지 삼층석탑(보물 제1188호)

남산 삼릉계곡 마애관음보살상(지방유형문화재 제19호)

남산 삼릉계곡 선각 육존불(지방유형문화재 제21호)

경주남산 입곡석불두(지방유형문화재 제94호)

남산 침식곡 석불좌상(지방유형문화재 제112호)

남산 열암곡 석불좌상(지방유형문화재 제113호)

남산 약수계곡 마애입불상(지방유형문화재 제114호)

남산 삼릉계곡 마애 석가여래좌상(지방유형문화재 제158호)

남산 삼릉계곡 선각 여래좌상(지방유형문화재 제159호)

보리사 마애석불(지방유형문화재 제193호)

경주 배리 윤을곡 마애불좌상(지방유형문화재 제195호)

백운대 마애석불입상(지방유형문화재 제206호)

경주 남산동 석조감실(지방문화재자료 제6호)

남간사지 석정(지방문화재자료 제13호)

경주 포석정지(사적 제1호)

경주 남산신성(사적 제22호)

서출지(사적 제138호)

신라 일성왕릉(사적 제173호)

신라 정강왕릉(사적 제186호)

신라 헌강왕릉(사적 제187호)

신라 내물왕릉(사적 제188호)

배리 삼릉(사적 제219호)

지마왕릉(사적 제221호)

경애왕릉(사적 제222호)

경주 나정(사적 제245호)

남산 지구는 답사가 워낙 만만치 않아 보통 3구역으로 나누어 답사를 하곤 한다. 제1구역은 서남산1과 서남산2, 제2구역은 남남산, 제3구역은 동남산1과 동남산2 지역이다. 서남산1 구역은 남산의 서쪽으로 평상복 차림으로도 충분히 답사할 수 있다. 반면에 서남산2 구역은 서남산의 중앙 부분으로 산악 등정에 도전해야 한다.

제2구역은 세계유산이 몇 곳 되지 않지만 서로 떨어져 있어서 답사지를 찾는 것이 쉽지 않다. 동남산 구역도 평탄한 곳이라 평상복 차림으로 답사할 수 있지만 그래도 편한 신발을 신기를 바란다. 아무리 평탄하다고 해도 산길은 산길이기 때문이다. 남산 지구는 정확한 정보로 체계적인 일정을 세우면 4일간 약 70퍼센트 정도는 돌아볼 수 있다.

남산 남서쪽 비탈에서 만나는 첫 답사지는 박혁거세가 알로 태어난 곳인 나정이다. 박씨족은 유이민으로서 천신족 관념을 포용하고 있다. 하늘에서 나정 주위에 이상한 기운이 내려와 혁거세를 탄생시켰고 그 징후로써 말이 나타났다. 이곳에는 박혁거세

❶ 신선암 마애보살반가상은 절벽의 바위 면을 얕게 파서 새겼다.

❷ 천룡사지 삼층석탑은 원래 무너져 있었으나 철저한 고증을 거쳐 복원했다.

❶ 배리 삼릉은 통일신라시대 왕릉의 규모와 비슷하며 특별한 석조물이 없다.

❷ 《삼국유사》에 내물왕의 장자가 첨성대 서남쪽에 있다는 기록이 있는데, 현재 내물왕릉의 위치와 같다.

★ 신라역사과학관 모형

를 기리는 유허비를 비롯해 신궁터로 추정되는 팔각 건물지, 우물지, 담장지, 부속 건물지, 배수로 등이 잘 남아 있지만 현재는 공터이다. 인근에 남간사지 석정, 일성왕릉, 남간사지 당간지주, 창림사지, 경주 배리 윤을곡 마애불좌상이 있으므로 이들도 함께 둘러보면 좋다.

❶ 남간사지 석정은 신라 우물의 모습을 잘 보여주는 중요한 자료이다.

❷ 남간사지 당간지주의 십자형 간구는 다른 당간지주에서는 볼 수 없는 것이다.

❸ 일성왕릉은 약간 경사진 지형을 이용해 만들었다.

❹ 배리 윤을곡 마애불좌상은 9세기 전반 통일신라의 불상 양식 연구에 있어 매우 중요한 유적이다.

## 한국의 포석정은 중국, 일본과 달리 술잔이 사람 앞에서 맴돌게 설계되었다

창림사지에서 서쪽으로 방향을 틀면 곧바로 경주 포석정지, 지마왕릉, 배리 삼존석불입상, 경애왕릉이 연이어 나타난다. 이 유적들은 도로변에 있어 비교적 수월하게 답사가 가능하다. 포석정은 남산의 서쪽에 있는 석구로 사적 제1호로 지정된 곳이다. 《삼국유사》〈처용랑 망해사〉에 포석정과 관련한 기록이 나온다. 헌강왕이 포석정에 행차했을 때, 남산 신이 나타나 춤을 추는 모습을 왕이 보고 따라 추었다는 기록이다. 그 춤을 '어무산신무' 또는 '어무상심무'라고 한다. 이 기록으로 보아 포석정은 통일신라시대 헌강왕 이전에 건립된 것으로 추정된다.

포석정은 신라 패망의 현장으로 더 잘 알려진 비운의 장소이기도 하다. 경애왕은 왕위에 오른 지 3년째 되던 해 11월 비빈과 종척들을 데리고 포석정에서 연회를 열었는데, 갑자기 후백제 견훤의 군사들로부터 습격을 당한다. 경애왕은 호위병도 없이 병풍을 손수 가리고 광대들에게 군사를 막게 하고 이궁으로 달아났지만 곧바로 견훤에게 잡혀 왕비와 부하들 앞에서 자결한다. 이후 효종 이찬의 아들 부傅가 왕위에 올라 신라 최후의 경순왕이 된다. 하지만 그도 왕위에 오른 지 몇 년 안 되어 견훤에게 항복함으로써 신라는 패망한다.

신라의 최후를 목격한 포석정은 물 위에 술잔을 띄워 술을 마시며 시를 읊고 노래를 부르면서 즐길 수 있도록 인공적으로 만든

수로이다. 이러한 시회는 중국 동진 때 절강성의 작은 도시 소흥에서 명필 왕희지가 시작한 것이다. 왕희지는 난정에서 가까운 문인 41명을 초대해 시회를 즐겼다. 명대에 편찬된 《난정수회도》는 그 당시의 풍경을 생생하게 보여 준다. 연꽃 속에 술잔을 넣어 물 위에 띄워 놓고 유상곡수를 즐기는데, 시를 짓지 못한 사람은 벌칙으로 술 3잔을 마셔야 했다고 한다.

한국의 포석정은 중국, 일본과는 달리 술잔이 사람 앞에서 맴돌게 설계되었다. 잔이 흘러가다가 어느 자리에서 맴도는 것은 유체역학적으로 와류(회돌이) 현상이 생기도록 설계했기 때문이다. 회돌이 현상이란 주 흐름에 반하는 회전 현상을 말한다. 포석정의 수로에서 물이 흘러 나가는 데 1~2분밖에 걸리지 않는다. 이토록 짧은 시간에 시를 한 수 짓기에는 부족해서 회돌이 현상이 일어나도록 만든 것이다.

또한 포석정은 물이 흘러가는 경로가 다양해서 서로 다른 위치에서 잔을 놓으면 잔이 같은 경로로 흘러가지 않는다. 게다가 경사가 급격히 변하는 지점이나 구부러진 지점에서는 수로 폭을 확장하거나 내부 바닥 면의 굴곡을 세심하게 설계해 잔이 뒤집히지 않도록 했다.

이와 같이 고차원적으로 설계된 포석정은 단순히 풍류를 즐기기 위한 오락 시설이라기보다는 신탁이 행해지는 종교적인 장소였을 것이라는 설명도 있다. 신라시대에 왕들이 놀이를 즐기거나 사신을 접대하던 연회 장소는 따로 있었다. 바로 안압지와 임해전이 포석정은 물이 흘러가는 경로가 다양해서 서로 다른 위치에서 잔을 놓으면 잔이 같은 경로로 흘러가지 않는다.

다. 이런 장소를 두고 굳이 규모도 작은 포석정에서 연회를 열 필요는 없었을 것이다.

앞서 경애왕이 견훤에게 살해된 날짜는 음력 11월, 양력으로는 12월이다. 추운 겨울날 술을 마시기 위해 왕비와 문무백관을 대동하고 포석정을 방문했다는 것은 어딘지 석연치 않다. 경애왕은 추운 날씨인데도 쓰러져 가는 신라의 부흥을 위해 제사를 지내거나 기도를 드리러 포석정에 간 것은 아니었을까.

용장마을을 지나 용장골로 올라가면 '세계에서 가장 높은 탑'을 볼 수 있다. 바로 용장사곡 삼층석탑이다. 등산로 안내판에는 '아득한 구름 위 하늘나라 부처님 세계에 우뚝 솟은 세계에서 가장 높은 탑'이라고 적혀 있다. 실제로 탑은 4.5미터 정도에 지나지 않는다. 그런데도 이런 표현이 나오게 된 것은 설잠교 바로 아래에 있는 돌다리에서 바라보면 산 전체가 탑의 기단처럼 보이기 때문이

서출지는 '글이 나온 연못'이라는 뜻이다.

다. 남산 전체를 기단으로 삼고 해발 약 400미터 지점에 자리를 잡았다면 용장사곡 삼층석탑은 높이가 404.5미터에 이른다. 학자들은 불교에서 말하는 세계의 중심인 수미산을 상징하는 것으로도 추정한다. 용장사는 김시습이 《금오신화》를 쓴 곳으로 유명하다.

남산의 동쪽을 의미하는 동남산은 통일전을 기준으로 좌측과 우측으로 나뉘는데, 좌측에는 서출지, 남산리 삼층석탑, 염불사터(사적 제311호), 칠불암 마애불상군, 신선암 마애보살반가상 등이 기다리고 있다. 서출지는 통일전 바로 옆에 있다. 서출지는 이름 그대로 '글이 나온 연못'이다. 서출지에 얽힌 이야기는 이렇다.

소지왕 10년(488) 왕이 궁 밖으로 거동하니 쥐가 나타나 '까마귀가 가는 곳을 따라가라'고 했다. 왕이 그 말대로 따라가 이 연못에 이르자 연못 속에서 한 노인이 봉투를 주었고 그곳에는 '거문고 갑을 쏘시오'라고 쓰여 있었다. 왕이 그 말대로 궁으로 돌아와 활로

❶ 남산리 삼층석탑은 형식이 다른 쌍탑이 동서에 있다.

❷ 칠불암 마애불상군은 '바위에 일곱 불상이 새겨져 있다'는 뜻이다.

거문고 갑을 쏘니 그 속에 숨어 있던 궁녀와 승려가 화살을 맞고 죽었다. 그 뒤로 이 못을 서출지라 하고 정월 보름에 까마귀에게 찰밥을 주는 '오기일烏忌日'이라는 풍속이 생겼다고 한다. 지금도 경주에서는 정월 보름날 아이들이 감나무 밑에 찰밥을 묻는 '까마귀밥 주기'를 하고 있다.

흔히 '남산에 문화재가 많은 것이 아니라 남산 자체가 문화재'라고 한다. 칠불암 마애불상군은 남산의 유일한 국보(국보 제312호)

로 '남산의 꽃'이라고도 한다. 그러니 답사할 시간이 많지 않은 사람이라 할지라도 칠불암 마애불상군은 반드시 방문할 것을 권한다. 삼존불이 새겨진 바위의 측면에 돌 홈이 나 있는데, 이것으로 보아 원래 지붕을 갖춘 전실이 있었던 것으로 추정하기도 한다.

남산에서 가장 규모가 큰 사찰인 보리사에는 미륵곡 석조여래좌상, 보리사 마애석불이 있다. 미륵곡 석조여래좌상은 보리사의 대웅전 옆에 있다. 보리사 마애석불은 높이 2.44미터, 전체 높이

❶ 미륵곡 석조여래좌상은 남산의 유적 중 원형을 가장 완벽하게 보존하고 있다고 평가된다.

❷ 보리사 마애석불. '경주 남산에 있는 석불 가운데 가장 완전한 것'이라고 안내판에 적혀 있다.

부처 바위에는 황룡사 구층목탑의 원형으로 보이는 작품이 새겨져 있다.

4.36미터에 이르는 대작이다. 안내판에는 '경주 남산에 있는 석불 가운데 가장 완전한 것'이라고 적혀 있는데 경주에서 가장 아름다운 불상으로 꼽힌다.

남천 옆의 대웅전을 갖춘 소박한 옥룡암(불무사)으로 들어가면 곧바로 높이 10미터, 둘레 30미터의 커다란 부처 바위에 탑곡마애불상군이 나타난다. 부처 바위가 주목받는 이유는 북쪽 면에 한국 학자들이 그토록 고대하던 작품을 볼 수 있기 때문이다. 바로 선덕여왕이 세운 황룡사 구층목탑의 원형으로 보이는 탑과 7층의 목탑이 새겨져 있는 것이다. 학자들은 이 벽화를 황룡사 구층목탑의 원형으로 추정하고 현재 복원 예정인 황룡사탑은 이 벽화를 기본으로 한다.

남산에 있는 수많은 유산은 어느 한 곳도 소홀히 할 수 없을 만큼 모두 소중하다. 따라서 각자의 일정에 맞게 하나씩 찾아본다면 신라인의 넋이 깃든 남산의 의미가 새롭게 다가올 것이다.

## 비담의 난이라는 역사가 얽힌 명활산성 지구

신라 초기부터 외세의 잦은 침략을 받은 서라벌은 나라를 지키기 위해 주위 산에 성곽을 쌓았다. 그러나 도성 전체를 하나의 성벽으로 둘러싸기보다는 동서남북의 높은 산 정상에 산성을 축조했다. 동쪽의 명활산성, 서쪽의 서형산성과 부산성, 남쪽의 남산신성과 고허성, 북쪽의 북형산성이 그것이다. 경주 산성 중에서 세계유산으로 지정된 것은 남산 지구에 포함된 남산신성을 제외하고는 명활산성(사적 제47호) 하나뿐이다. 명활산성이 등재된 것은 다듬지 않은 돌을 사용한 신라 초기의 산성을 대표하기 때문이다.

명활산성은 남쪽의 환등산을 둘러싸고 테뫼식 토성을 먼저 쌓았다가 나중에 북쪽에 골짜기를 둘러싼 포곡식 석성을 쌓았다. 테뫼식이란 산 정상을 중심으로 산의 7~8부 능선을 따라 수평으로 한 바퀴 둘러싸는 것을 말하며, 마치 머리띠를 두른 것 같다 하여 '테뫼식'이라고 한다. 멀리서 보면 시루에 흰 띠를 두른 것처럼 보이기도 해 '시루성'이라고도 한다. 대체로 규모가 작고 축성 연대가 오래된 산성은 대부분 여기에 해당하는데 단기 전투에 대비한 성곽이라 할 수 있다. 포곡식은 성곽 안에 하나 또는 여러 개의 계곡을 감싸고 쌓은 것으로 규모가 테뫼식보다 크다. 기본적으로 성곽 내에 수원지가 있고 활동 공간이 넓으며 외부에 대한 노출도 테뫼식보다 훨씬 적다. 일반적으로 시대가 지나면서 성을 테뫼식에서 점차 포곡식으로 축조하거나 성곽의 규모를 확대하는데 명활산성이 이 경우에 해당한다.

명활산성의 정확한 축성 연대는 알려지지 않았지만, 실성왕(이사금) 4년(405) 왜군이 이 성을 공격하다 철수했다는《삼국사기》의 기록으로 보아 그 이전임을 알 수 있다. 이 시기는 북으로는 고구려, 동으로는 왜적의 침입을 자주 받았던 때로 명활산성은 남산성, 선도산성, 북형산성과 함께 동해로 쳐들어오는 왜구에 대항하기 위해 건설했던 것으로 추정된다.

자비왕(마립간) 16년(473) 7월에 산성을 개수하고 소지왕(마립간) 10년(488)에 거처를 옮겨 가기까지 13년 동안 궁성으로 사용했

명활산성은 다듬지 않은 돌을 사용한 신라 초기의 대표적인 산성이다.

다. 당시 백제의 개로왕이 아차성에서 광개토대왕에게 살해되고 그의 아들 문주왕이 웅진으로 천도했다. 그런데다 죽령과 동해안을 고구려가 위협하던 상황을 고려하면, 자비왕은 고구려의 남진에 대비해 명활산성으로 옮긴 것으로 보인다.

선덕여왕(647) 때 상대등 비담이 쿠데타를 일으킨 곳도 바로 명활산성이다. 비담의 쿠데타와 진압 과정은 비교적 잘 알려져 있다. 상대등이었던 비담은 '여왕이 존재하는 한 나라가 옳게 다스려질 리가 만무하다'는 이유를 내세워 명활산성을 근거지로 반란을 일으켰다. 정부군인 김유신 장군의 부대가 반월성에 본진을 두고 10여 일간 공방전을 벌였으나 승부가 나지 않았다. 그러던 어느 날 밤, 큰 별이 월성에 떨어졌다. 이것을 본 비담의 무리가 여왕이 패망할 징조라며 천지를 진동하듯 외쳤다. 그러자 김유신 장군은 허수아비를 만들어 연에 매달아 띄워 올렸는데 마치 불덩이가 하늘로 올라가는 것 같았다.

이튿날 김유신 장군이 사람을 시켜 '월성에 떨어졌던 별이 어젯밤에 도로 하늘로 올라갔다'라며 선전하자 적군이 동요를 일으켰다. 또한 김유신 장군은 백마를 잡아서 별이 떨어졌던 곳에서 제사를 지내며 악이 선을 이기고 신하가 왕을 이기는 괴변이 없기를 기도했다. 김유신 장군은 군사들을 독려해 명활산성에 주둔한 반란군을 총공격해 마침내 승리를 거뒀다.

## 호국의 염원이 깃든 신라 최대의 사찰터, 황룡사 지구

황룡사 지구는 국립경주박물관, 안압지와 엎어지면 코 닿을 거리에 있다. 공터만 남아 있는 황룡사지(사적 제6호)와 분황사 모전석탑(국보 제30호)만 여기에 포함된다.

황룡사와 분황사는 흥륜사와 함께 신라 초기의 대표적인 사찰로 꼽힌다. 특히 황룡사는 신라에서 가장 큰 사찰로 대지가 약 2만여 평, 동서가 288미터, 남북이 281미터에 이른다. 《삼국유사》에 따르면 황룡사가 있던 곳은 진흥왕 14년(553)에 원래 궁궐을 지으려고 했던 곳이다. 그런데 우물 속에서 황룡이 나오는 바람에 신라 변방 아홉 나라의 항복을 받아 낼 수 있다는 믿음으로 궁궐 짓는 것을 포기하고 황룡사를 지었다고 한다. 《삼국유사》에도 9층탑을 세우면 아홉 나라가 복종한다는 내용이 적혀 있다. 그런데 흥미로운

신라에서 가장 큰 사찰인 황룡사가 있던 곳은 원래 궁궐을 지으려고 했던 곳이다.

것은 일본, 중화, 오월, 탁라, 응유, 말갈, 단국, 여적, 예맥이 신라에 복종했다고 한다. 이 아홉 나라에 백제와 고구려는 빠져 있다. 이는 신라가 백제와 고구려를 이질적인 국가로 보지 않고 당연히 합쳐져야 할 대상으로 여기고 있었음을 의미한다는 의견도 있다.

황룡사터는 1976년부터 1983년까지 8년에 걸쳐 발굴되었다. 발굴 결과, 가람 규모와 배치의 변화가 세 번 있었음이 밝혀졌다. 창건 당시의 1차 가람은 중문과 남 회랑, 동서 회랑을 놓아 백제의 1탑 1금당 형식이었다.

황룡사 하면 645년에 완성된 높이 80미터의 구층목탑을 빼놓을 수 없다. 그동안 한국의 고고학자들은 1300년 전에 건설된 황룡사 구층목탑을 복원해, 그 위용을 다시 보여 줄 수 있기를 간절히 바랐다. 목탑을 복원한다면 전 세계 건축가들은 물론 관광객도 순례하는 일품 유적지로 이름을 알릴 수 있기 때문이다. 다행히 탑골의 부처 바위(보물 제201호)에서 구층목탑의 암각화 모습을 발견해 복원이 가능해졌다. 정부는 2035년까지 황룡사 구층목탑을 복원할 예정이다.

황룡사 지구에 있는 분황사는 '석가모니 이전 세상에 서라벌에 있던 7군데 사찰터의 하나'로 꼽던 중요한 사찰이다. 황룡사와 담장을 같이하고 있는 분황사는 '향기로운 왕'이란 뜻으로 선덕여왕 3년(634)에 세워졌는데, 당시에는 신라가 백제의 침공으로 어려움을 겪고 있었다. 따라서 분황사는 부처의 힘을 빌려 국가의 어려움과 여왕 통치의 허약성을 극복하려는 호국적 염원을 담아 지은

분황사는 부처의 힘을 빌려 국가의 어려움과 여왕 통치의 허약성을 극복하려는 호국적 염원을 담아 지은 것이다.

것이다.

분황사에는 경덕왕 14년(755)에 구리 36만 6,000근으로 주조한 약사상과 솔거가 그린 〈관음보살상〉 벽화가 있었다고 전해진다. 황룡사에 모셔진 장육존상이 4만 7,000근이었다니 얼마나 큰 불상이었는지 짐작할 수 있다. 또한 사찰의 전각 벽에 있었던 천수대비 벽화는 매우 영험이 있어 눈먼 여자아이가 노래를 지어 빌었더니 눈을 뜨게 되었다는 이야기도 전해진다. 당대에는 신라의 거찰 중 하나였으나 현재는 분황사 모전석탑, 화쟁국사비부(경상북도 유형문화재 제97호), 석정(경상북도 문화재자료 제9호) 등이 남아 있다.

분황사탑은 전탑 양식을 채택했으나 재료는 벽돌이 아니고 석재이다. 전탑은 흙을 구워 정사각형이나 직사각형의 납작한 벽돌 모양으로 만든 전으로 쌓아 올린 탑을 말한다. 이 탑은 장대석으로 구축한 단층의 기단을 갖추고 있으며, 그 중앙에는 탑신부를 받치기 위한 널찍한 1단의 화강암 판석 굄대가 있다. 탑은 흑갈색의 안산암을 소형의 장방형 벽돌같이 절단해 쌓아 올린 것이다.

## 경주의 간판스타 첨성대를 품은 월성 지구

월성 지구에 있는 유산 중에는 경주 첨성대(국보 제31호), 경주 계림(사적 제19호), 경주 월성(사적 제16호), 경주 동궁과 월지(안압지. 사적 제18호) 등이 세계유산으로 등재되었다.

첨성대는 경주의 간판스타 중 하나이다. 첨성대가 남다른 이유는 접착제를 사용하지 않고 무거운 돌(돌 1개의 무게는 평균 357킬로그램)을 쌓은 중력식 구조물이기 때문이다. 높이는 9.108미터, 밑

과학적으로 만들어진 첨성대는 춘하추동의 측정에 있어 중요한 역할을 했다.

★ 문화재청 소장

지름 4.93미터, 윗지름 2.85미터이며, 전체 무게는 264톤이다. 특히 첨성대 중앙에 위치한 창문이 정남향으로 춘분과 추분에 태양이 남중할 때 광선이 첨성대 밑바닥까지 완전히 비친다는 점이 큰 특징이다. 하지와 동지에는 아랫부분에서 완전히 광선이 사라지므로, 춘하추동의 측정(춘분점, 추분점, 하지점, 동지점)에서 중요한 역할을 했다. 이를 통해 첨성대가 매우 과학적으로 만들어졌다는 사실을 알 수 있다.

학자들은 첨성대의 설계자가 내부 정자석의 배치, 원주부 하부에 채운 흙, 창구의 위치 등을 주도면밀하게 고려해 안정성과 기능적 곡선미를 세심하게 살렸다고 설명한다. 특히 11단 아래에 채워져 있는 흙은 변형에 저항할 수 있는 내력을 만들어 축조 시에 무너지는 위험을 감소시켰고, 완공 후에는 침하나 지진으로 인한 진동 등에 대비해 첨성대의 원형을 보존하는 데 기여했다.

월성 지구에 있는 계림은 나정과 더불어 신라인에게 매우 중요한 장소였다. 계림은 신라 김씨 왕조의 시조인 김알지의 탄생 설화가 있는 숲이다. 지금은 물푸레나무, 홰나무, 휘추리나무, 단풍나무 등의 고목이 울창하다. 김알지(가야의 김수로 포함)는 중국과 혈투를 벌이던 흉노 휴저왕의 장남이었던 김일제의 후손으로, 신라 56왕 중 38명의 왕이 김일제의 후손이다.

김알지의 탄생 설화는 이렇다. 탈해왕 9년(65) 어느 날 밤, 왕은 숲에서 닭 울음소리를 들었다. 날이 밝자 왕은 호공에게 숲으로 가 보라고 했다. 숲에는 금색 궤짝 하나가 나뭇가지에 걸려 있었고 그 밑에서 흰 닭이 울고 있었다. 이 이야기를 들은 왕은 궤짝을 가져오라고 했고, 그 궤짝 안에는 범상치 않은 아이가 한 명 있었다. 왕은 그 아이를 거두어 이름을 '알지'라고 짓고, 금궤에서 태어났다고 하여 성을 '김'이라 했다.

탈해왕(석씨)은 김알지를 태자에 책봉하지만 김알지는 왕위에 오르는 것을 사양한다. 이는 아마도 김알지를 정점으로 하는 이주 세력이 아직 완전한 지배 세력으로 성장하지 못했기 때문이었을 것이다. 262년에 미추왕이 즉위하면서 김씨가 왕이 되었는데 그는 김알지의 6세손이었다.

경주 월성은 위에서 바라본 모습이 반달 같다고 해서 '반월성'이라고도 부르며, 국왕이 거처하는 곳이라는 뜻으로 '재성在城'이라고도 불렀다. 석탈해는 이곳을 왕성으로 정했는데 파사왕 때에서야 왕성의 면모를 갖추기 시작했다. 파사왕은 석벽을 쌓아 월성이

계림은 김알지의 탄생 설화가 있는 숲이다.

안압지는 '기러기와 오리가 노니는 연못'이라는 뜻으로 통일 신라의 위용을 과시하기 위해서 축조한 것이다.

★ 문화재청 소장

성으로써의 구실을 하도록 한 후 파사왕 22년(101)에 그곳으로 옮겼다. 월성이 궁성이 되면서 점차 궁궐 영역을 확장해 전성기에는 귀정문, 인화문, 현덕문, 무평문을 비롯해 월상루, 명학루, 망덕루 등의 누각이 있었고 성안에는 건물들이 조밀하게 들어서 있었다고 한다. 현재 월성은 대대적으로 발굴 작업을 벌이고 있으므로 조만간 그 실체가 드러날 것이다.

문무왕 14년(674)에 지어진 안압지는 '기러기와 오리가 노니는 연못'이라는 뜻으로, 신라가 통일 과정에서 많은 영토를 넓혀 부를 축적하자 위용을 과시하기 위해서 축조한 것이다. 못은 동서 약 190미터, 남북 약 190미터의 장방형 평면이며, 세 섬을 포함한 호안 석축의 길이는 1,285미터이다. 석축을 보면 불국사의 석축, 불국사의 천장, 남산신성의 석축 등에서 보이는 동틀돌이 나타나 안압지의 비중을 알 수 있다. 못의 깊이는 약 1.8미터 정도이며 바닥에는 강회와 바다 조약돌을 깔았다. 못 속에 있는 세 섬은 크기가 서로 다르다. 학자에 따라 발해만 동쪽에 있다는 삼신도(방장도, 봉래도, 영주도)를 의미한다는 주장도 있다.

경주역사유적지구에서 안압지 건너편에 있는 국립경주박물관은 반드시 방문해야 할 곳이다. 이 박물관은 비록 세계유산은 아니지만 에밀레종, 황금보검, 신라의 미소, 문무대왕비, 이차돈순교비 등 소중한 유산이 많이 있다. 고대 한국사의 상당 부분을 포함하고 있는 박물관임을 생각하면 무엇보다도 먼저 방문해야 할 장소이기도 하다.

4장

# 한국 정신문화의 산실 산사와 서원

해인사 장경판전은 과학적으로 설계되어
대장경판을 750년이나 온전히 보존할 수 있었다

# 《팔만대장경》을 품고 있는 해인사 장경판전

해인사에는 2개의 유네스코 세계유산이 있다. '해인사 대장경판 및 제諸 경판'은 세계기록유산이고, 이를 보관하는 해인사 장경판전(국보 제52호)은 유네스코 세계유산이다. '해인사 대장경판 및 제 경판'은 1251년에 완성되어 지금까지 남아 있는 목판이 8만 1,258장이며 전체 무게가 무려 280톤이다. 경판의 한 장 두께는 4센티미터, 8만 1,258장을 전부 쌓으면 그 높이는 3,200미터로 백두산(2,744미터)보다 높다. 경판을 한 줄로 연결하면 60킬로미터가 넘는데, 이는 광화문광장에서 수원화성까지 왕복해야 하는 거리이다. 그리고 팔만대장경을 그대로 목판 인쇄해 묶으면 웬만한 아파트는 가득 채

해인사에는 2개의 유네스코 세계유산이 있다.

울 정도로 분량이 방대하다.

해인사 장경판전은 '해인사 대장경판 및 제 경판'을 보관하는 건물이다. 이 건물이 세계적인 유산으로서의 가치를 인정받은 것이다. 그러나 이 둘을 분리할 수는 없다. '해인사 대장경판 및 제 경판'을 보관하기 위해서는 장경판전이 필요하고, 장경판전은 '해인사 대장경판 및 제 경판'이 있어야 진정한 가치가 생기기 때문이다.

## 세계 유일의 완벽한 불교 목판 인쇄물 '해인사 대장경판 및 제 경판'

'해인사 대장경판 및 제 경판'은 불교 경전 일체를 한자로 새긴 것으로, 세계에서 유일하면서 가장 완벽한 불교 문헌 목판 인쇄물이다. 사실 '대장경'이라는 명칭은 아무 데나 붙일 수 있는 것이 아니다. '해인사 대장경판 및 제 경판'의 가치가 인정되었기 때문에 세계기록유산으로 지정될 수 있었다.

석가가 중생들에게 직접 설파한 설법과 교화 내용은 생전에 문자로 기록되지 못했다. 석가가 열반에 들고 나서야 제자들은 석가의 말을 기록으로 남겨야 할 필요성을 느꼈다. 그래서 그들은 패다라(옛날 인도에서 불경을 새기던 나뭇잎)에 송곳이나 칼끝으로 글자를 새기고 먹물을 먹여 패엽경을 편찬했다. 패엽경은 '내가 들은 바는 이와 같다'며 가르침의 내용을 결집한 것을 말한다. 구체적으로는 왕사서의 칠엽굴에서 가섭迦葉을 상좌로 500명의 비구에게 석가가 직접 설법한 '경', 불제자로서 지켜야 할 생활 규범을 밝힌 '율', 경과 율을 해설한 '논'이 포함된다. 한마디로 '대장경'이란 이름은 경, 율, 논이 모두 갖추어졌을 때만 비로소 붙일 수 있다.

처음엔 석가의 말을 기록하기 위해 다라수 외에도 나뭇잎, 대나무 등 여러 가지 재료를 사용했는데 덥고 습한 아열대 지방의 기후 때문에 오랫동안 보존할 수 없었다. 기록을 보존하려고 다시 만드는 일을 반복하면서 내용이 조금씩 달라지고, 석가가 열반에 들고 나서 생긴 여러 종파들이 제각기 다른 대장경을 기록으로 남겼다. 그중 대표적인 것이 '3개의 광주리'란 뜻의 '삼장경(일체경)'이다.

삼장三藏이란 단어는 6세기 중국 양나라의 승려 승우가 편찬한 《출삼장기집》에서 처음으로 나타난다. 그러나 10세기 중기 이후 '삼장'은 동남아시아의 상좌부 전통의 불교 전적을, '대장경'은 동아시아 불교 전적을 나타내게 되었다. 대장경이 모든 불교 전적을 의

대장경판은 수천만 개의 글자가 오탈자 없이 모두 고르고 정밀하다는 점에서 보존 가치가 크다.

* 문화재청 소장

미하는 말로 쓰이기 시작한 것은 당나라 이후로 보인다.

제 경판은 고려대장경판이 소장된 수다라장과 법보전 이외에 사간전에 보관돼 있다. 사간전에는 5,000점에 가까운 목판이 소장돼 있다. 이 가운데 54종 2,835장이 고시대에 새긴 경판들이며 이 중 28종 2,725장이 고려각판이다.

고려각판을 '사간판'이라고도 하는데 개인이 만든 경판을 말한다. 능력 있는 개인들이 부처에게 가족과 자신의 복을 빌며 경판을 만들어 사찰에 시주한 것이다. 사간판이 보관되기 시작한 것은 신라 말기부터이며 본격적으로 사간판이 보관된 시기는 고려 중기부터이다. 이들 각판은 종교, 문화, 예술적인 가치에서 팔만대장경 못지않은 가치를 갖고 있어 국보 제206호로 지정되었다. 나머지 목판 중에는 조선시대 암행어사로 유명한 박문수의 아버지와 삼촌의 글을 묶은 문집이 포함돼 있다.

## 부처의 힘으로 적을 물리치고자 만든 대장경

원래 대장경을 목판으로 처음 만든 것은 중국 송나라 때였다. 송 태조는 재위 4년(972) 대장경 판각을 명령했으나 완성을 보지 못한 채 사망했고, 태종 8년(983)에서야 완성됐다. 이를 《북송칙판대장경(촉판대장경)》이라 하는데 총 13만 장에 달했다. 그러나 안타깝게도 휘종(1125) 때 금나라의 침입으로 모두 사라졌다. 《고려사》에는 성종 10년(991)에 한언공이 송 태조의 대장경 2,500권을 수입했다는 기록이 있으며, 현종 13년(1022)에도 송나라에 갔던 한조가 538권을 더 가져왔다고 한다.

고려시대에 처음으로 제작된 것은 《초조대장경》이다. 이 대장경의 조성 연대에 대해서는 여러 가지 견해가 있으나 현종 2년(1011)부터 선종 4년(1087)까지 76년에 걸쳐 판각되었다는 것이 일반적인 견해이다. 《초조대장경》은 동양에서 《촉판대장경》과 《거란대장경》에 이어 세 번째로 완성됐다. 총 1,076종 5,048권으로, 팔공산 부인사에 봉안되었으나 고려 고종 19년(1232) 몽골의 침입으로 대부분이 불타 버렸고 일부만이 일본과 한국에 남아 있다.

고려에서 대장경을 만들기 시작한 이유는 전쟁과 관련이 있다. 거란이 쳐들어오자 왕이 남쪽으로 피난 가면서 불법의 가피력(부처나 보살이 중생에게 자비를 베푸는 힘)으로 적군을 퇴치하고자 대장경을 만들기 시작한 것이다.

거란에 이어 몽골군이 침략하자 고려는 곧바로 부처의 힘으로 몽골군을 물리치겠다는 생각을 한다. 우선 강화에 대장도감(대장경을 새기기 위해 설치했던 임시 관아) 본사를 두고 영남 진주에 분사를 설치해 대장경 발간을 위한 체제를 갖추었다. 《초조대장경》을 바탕으로 고종 23년(1236)에 만들기 시작해 고종 38년(1251)에 완성한 것이 바로 《팔만대장경》이다. 인간의 번뇌가 많은 것을 '8만 4천 번뇌', 석가모니가 고통에서 해탈해 부처가 되는 길을 대중에게 설법한 것을 '8만 4천 법문'이라고 한다. 이 내용을 실었다고 하여 '팔만대장경'이라고 부른다.

《팔만대장경》은 13세기와 14세기에 각각 판각된 정판과 보판으로 구성되어 있다. 즉, 《대장목록》에 실려 있는 8만여 개의 장경목판과 보유장경판으로 불리는 15종의 경판을 《팔만대장경》이라고 한다. 여기에는 1,511종 6,802권의 불전이 8만 1,258장의 판목(121장은 중복됨)에 새겨져 있다.

《팔만대장경》의 글자 수는 총 5,238만 2,960자이며 보통 《대장목록》에 수록되어 있는 장경목판을 '정장'이라고도 한다. 정장의 구성은 총 1,497종 6,558권으로, 여기에 포함된 불교 전적들은 10권 단위로 분류되어 있다. 이 불전들은 목판의 양쪽에 새겨졌으며 목판의 면수는 총 16만 2,516면이다.

이것들은 원래 강화도 선원사에 보관되었으나 조선 태조 7년(1398)에 서울의 지천사를 거쳐 해인사로 이관되었다. 일본도 원래 대장경을 조판하려고 여러 번 시도했으나 50여 년이 지나도 성공하지 못하자 포기하고 말았다. 당시 일본의 문화 수준과 기술로는 도저히 불가능했던 것이다. 그래도 대장경에 대한 미련을 버리지 않았다. 조선 조정에서 억불 정책이 계속되자, 불교가 성행했던 일본에서는 고려 말부터 왜구를 막아 주고 붙잡혀 간 조선인을 풀어 주겠다면서 대장경을 달라고 간청했다. 세종 대에는 일본 국사가 와서 대장경판을 하사하지 않으면 목숨을 끊겠다며 집단으로 단식하다가 6일 만에 그만둔 웃지 못할 일까지 있었다.

세종 5년(1422) 12월 25일, 《조선왕조실록》을 보면 일본 사신이 대장경판을 요구하자 세종은 대장경판은 조선에 오직 1본밖에 없으므로 요청에 응하기 어렵고, 다만 밀교대장경판, 주화엄경판, 한자대장경을 보내 주겠다고 했다. 그런데도 일본 사신이 대장경판을 달라고 했다. 세종은 다시 한자판은 조종조로부터 전해지는 것이 1본이므로 주지 못한다고 강조하고, 만약 여러 벌 있다면 주지 않을 이유가 없을 것이라며 정중히 거절했다.

《팔만대장경》은 8만 4천 번뇌와 8만 4천 법문의 내용을 담고 있다.

대장경 보관을 위해 만든 일본 천녀교는 현재 오키나와에서 가장 아름다운 명소가 되었다.

세종이 이토록 단호하게 거절한 데는 이유가 있었다. 세종은 일본이 계속 대장경판을 요구하자 대신들에게 말했다. "대장경판은 무용지물인데, 일본에서 간절히 청구하니 아예 주는 것이 어떤가?" 대신들은 경판은 비록 아낄 물건이 아니나 일본이 달라는 대로 들어주는 것은 먼 앞날을 내다보지 못하는 일이라고 반대해 결국 일본으로 반출되는 것을 막았다.

기록을 보면 일본은 1389년부터 1509년 사이에 83회나 대장경판을 달라고 요구했다. 조선은 이들의 끈질긴 요구에 골머리를 앓았다. 이러한 우여곡절을 거쳐 대장경 63부가 일본에 전해졌고, 《대정신수대장경》을 편찬하는 등 불교문화가 크게 발전했다.

15세기 말 조선에서 대장경을 증여받은 일본은 1502년 슈리성 밖의 원감지라는 연못에 건물을 짓고 고려대장경을 보관했다. 그러나 1609년에 화재로 전소되었다고 한다. 현재 이곳에는 대장경을 보관하기 위해 만들었던 천녀교가 있는데, 오키나와에서 가장 아름다운 명소가 되었다.

### 16년 동안 이어진 고려 최대의 국책 프로젝트

대장경판은 고려 고종 24(1237)부터 35년(1248)까지 12년 동안 판각했는데, 준비 기간을 합치면 완성까지 16년이 걸렸다. 팔만대장경을 만들기 위해 들어간 인력과 자재를 들으면 모두 놀랄 것이다. 우선 경판을 만들려면 목재가 필요하다. 굵기가 약 40센티미터이고 길이가 1~2미터짜리 통나무 한 개당 대략 6장의 목판을 만들 수 있다. 8만여 장의 경판을 만들려면 통나무가 1만 5,000그루 이상이 필요하다. 벌채한 나무를 4명이 이틀에 한 번 각판장까지 운반한다고 가정하면, 이때 동원된 연인원은 8만~12만 명으로 추정된다.

다음은 목판에 붙일 필사본을 만들어야 하는데, 하루에 한 명이 1,000자 정도를 쓸 수 있으므로 5,000만 자를 전부 쓰려면 연인원 5만 명이 필요하다. 필사할 때 쓰는 한지의 양은 16만 장, 파지 등을 고려하면 50만 장 정도가 필요했을 것으로 추정된다. 원료인 닥나무의 채취에서 한지를 완성하기까지 하루에 한 명이 50장 정도를 만들 수 있으므로 여기에도 연인원 1만 명쯤이 동원된다.

가장 오래 시간이 걸리는 것은 판각이다. 하루에 새길 수 있는 글자는 30~40자로, 5,000만 자를 새기는 데 필요한 인원은 적어도 125만 명이다. 판각에는 공덕을 쌓기 위해 자진해서 참여한 승려들이 주축이 되었지만, 그 외에도 불심이 두터운 문인 가운데서 필력이 뛰어난 인사들을 선발해 참여하게 했을 것으로 추정된다.

고려를 침공한 몽골군은 매우 잔학했다. 항복하지 않고 끝까지 항전하다 함락당한 지역의 주민들은 남녀를 불문하고 모조리 죽였고, 어린아이들만 노예로 끌고 갔다. 항복한 지역의 주민들 역시 비참한 운명으로 몰렸다. 고려군과 싸울 때 맨 앞에 세우고 뒤에서 창칼로 위협해 고려인들끼리 서로 싸우게 하기 일쑤였다.

고종 41년 한 해만 해도 몽골군에 포로가 된 사람이 20여 만 명이었고 죽은 사람은 그보다 몇 갑절이 많았다. 그런데 이러한 공포는 고려인들에게 살아남기 위해서라도 몽골군과 끈질기게 싸워야 한다는 신념을 심어 주었다. 또 한편으로는 힘들고 어려운 처지

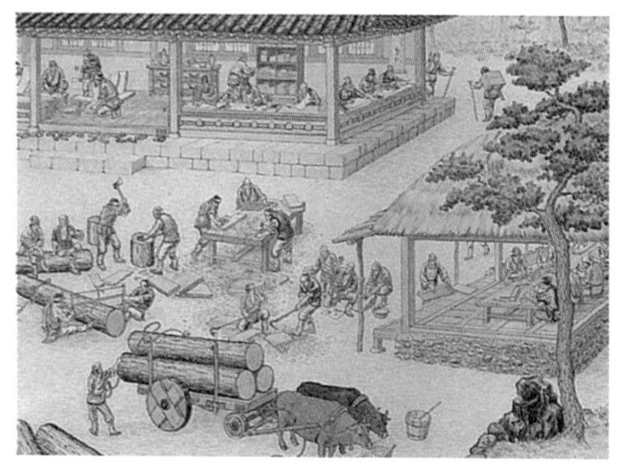

대장경판을 만들기 위해서는 많은 자재와 인력이 필요했다.

임에도 대장경판 조판 사업에 전 국민이 힘을 모으게 해 주었다.

## 《팔만대장경》을 750년 이상 보존하게 한 과학적인 설계

《팔만대장경》이 위대한 유산으로 남을 수 있었던 것은 각판 자체가 우수하기도 했지만 이것들을 보관한 판전이 남다르기 때문이기도 했다. 아무리 잘 만든 작품이라도 보관 환경이 좋지 않으면 쉽게 훼손된다. 특히 목재로 만든 것은 습기에도 민감해서 보관 환경이 매우 중요하다. 뛰어난 보존 실력을 갖추지 못했다면 목재로 만든 《팔만대장경》이 거의 750년 이상 보존되지 못했을 것이다.

해인사가 들어선 가야산의 명칭은 석가의 주요 설법처 중 하나인 부다가야에서 유래했다고 한다. 가야는 범어로 '소'를 뜻하는데, '우두산 서쪽에 불법이 일어날 곳'이라는 경전 속 이야기에 합당한 곳이 바로 해인사라는 것이다. 이를 두고 최치원은 '땅의 이름이 있는 곳이 서로 들어맞아야 하늘의 말씀도 찾을 수 있다'고 했다. 《팔만대장경》을 해인사에 봉안하게 된 것도 이러한 상황과 관련이 있을 것이다. 《팔만대장경》이 보관되어 있는 장경판전은 법보전과 수다라전, 동사간고, 서사간고의 네 건물로 구성되어 있으며, 이 안에 국보 제206호인 고려각판 2,275매도 보관되어 있다.

《팔만대장경》을 보기 위해 해인사를 방문한 사람들 중 장경판전을 보고 실망하는 사람도 있다. 유네스코 세계유산인 장경판전이 웅장하고 화려할 것이라 기대했는데, 수수한 건물이 맞아주니 실망하는 것이다. 거기다 나무 격자창살 사이로 쌓여 있는 경판을 구경하는 데 채 15분도 걸리지 않으니 싱겁다는 느낌을 받는 것이 결코 무리는 아니다. 그러나 꾸밈없는 이 공간이 과학적으로 설계되어 대장경판을 750년이나 아무런 피해 없이 보관할 수 있었다.

장경판전은 조선 초기에 개수한 그대로 보존되어 있다. 학자들은 건물의 배치와 좌향, 판가의 구조, 경판의 배열 등이 목판을 보관하는 데 최저의 조건을 만들었다고 설명한다. 경판고는 유난히 습기가 많은 가야산에서 적절한 습도를 유지했다는 점에서 국내외적으로 높게 평가받는다.

한 조사에 따르면 해인사 주변의 연중 습도는 인근 지역에 비해 6~10퍼센트가량 높다고 한다. 즉, 경판이 썩기 쉬운 조건이라는 뜻이다. 그런데도 경판이 온전히 보존된 이유는 해발 645미터에 있는 판고가 3개의 계곡이 만나는 지점으로부터 1킬로미터쯤 북쪽에 위치하고, 바람이 항상 불어 자연적인 습도 조절이 이뤄지기 때문이다. 또 경판각의 시설 자체에서 습도를 조절하고 있다. 현재 경판은 5단으로 된 판가 각 단에 빼곡히 세워져 있다. 이 때문에 밑에서부터 맨 위까지 경판 사이의 틈을 통해 바람이 지나면서 골고루 습도를 조절해 주는 것이다.

장경판전은 수다라장과 법보전 모두를 뜻하는데, 이들은 각각 도리통 15칸과 보통 2칸(건평 165평)으로 모두 합해 30칸이며 기둥은 108개이다. 이는 108 번뇌를 상징함과 동시에 번뇌의 집 속에 진리인 부처의 말을 넣어 둠으로써 번뇌 속에 깨달음이 있음을 보여 주는 것이다. 수다라장은 정면 15칸 중 가운데 칸에 문을 만들고 앞면에는 상하 인방과 문의 양쪽에 세운 기둥에 곡선으로 된 판재를 고정시켰다. 그 안으로 경판장으로 들어가는 출입문이 있고 경판을 판가에 보관하고 있다. 건물 뒷면에는 문을 달지 않아 통풍이 잘 되도록 만들었다. 평면은 기단 위에 네모지거나 자연석 위에 초석을 두어 앞뒤에 갓기둥열과 중앙에 높은 기둥열을 배치했다.

갓기둥은 두리기둥으로 약간의 배흘림을 두었고, 높은 기둥은 사각으로 배흘림이 없다. 건물의 가구는 별다른 장식이 없으며 보관 창고로서의 기능을 강조했다. 높은 기둥 좌우로 걸친 대들보 위 중간 부분에 각각 동자기둥을 세워 종보를 받쳤는데, 높은 기둥의 보머리가 이 종보 중앙 밑을 받쳐서 더욱 견고한 구조가 된다. 특히

장경판전은 조선 초기에 개수한 그대로 보존되어 있다.

종도리를 받드는 솟을합장은 고구려 고분 벽화에서도 볼 수 있다.

이 건물의 중요한 기능은 경판을 장기간 보존하는 것이다. 그러기 위해서는 적절한 환기와 온도 및 습기 제거가 가장 중요하다. 따라서 통풍이 잘 되도록 건물 외벽에 붙박이 살창을 두었다. 살창의 크기를 다르게 함으로써 실내에 들어온 공기가 아래에서 위로 돌아 나가도록 했다. 즉, 건물의 전면 벽에는 양측 기둥 중간에 인방을 걸치고 붙박이 살창을 아래위로 두었다. 이러한 구조는 건물 뒤쪽으로부터 오는 습기를 억제하고 환기를 원활하게 해 준다.

법보전은 수다라장에서 약 16미터 동북쪽에 떨어져 앞의 건물과 같은 규격으로 나란히 놓여 있다. 중앙 칸은 안쪽 높은 기둥열이 있는 곳까지 벽을 만들어 비로자나불상과 양측에 문수, 보현보살을 봉안했다. 건물의 규모와 가구 형식은 수다라장과 같다.

붙박이창도 수다라장과 거의 같은 비율이다. 수다라장 앞 벽

살창의 크기를 다르게 함으로써 실내에 들어온 공기가 아래에서 위로 돌아 나가도록 했다.

아래의 창문은 위에 있는 창문의 약 4배이며, 뒷벽 위의 창문은 아래 창문보다 약 1.5배 크다. 법보전의 경우 앞 벽 아래의 창문이 위의 창문보다 약 4.6배 크며, 뒷벽 위의 창문은 아래 창문보다 약 1.5배 크다. 이러한 창문 설계는 유체 역학과 공기의 흐름에 대한 지식을 바탕으로 장경판전을 지었음을 증명해 준다.

또한 법보전은 뒤쪽 벽의 창 전체 면적이 앞쪽보다 1.38배 넓고, 수다라장은 뒤쪽의 창 면적이 앞쪽보다 1.85배 넓다. 이는 법보전이 수다라장에 비해 뒤창으로 들어온 공기가 앞창으로 쉽게 빠져나가게 만들어 적정 습도를 유지하도록 고안한 것이다. 겉보기에는 그저 구멍을 숭숭 뚫어 놓은 창으로 보이지만 여기에 탁월한 건축 기술이 숨어 있는 것이다.

경판을 보관하는 판가 역시 매우 과학적이며 합리적으로 배열돼 있다. 원래 판전 내부에는 다섯 단으로 된 판가가 남쪽과 북쪽

법보전은 수다라장에 비해 뒤창으로 들어온 공기가 앞창으로 쉽게 빠져나가게 만들어졌다.

벽면과 평행을 이루며 두 줄로 길게 세워져 있었다. 남쪽 벽을 따라 비워 둔 앞쪽 공간은 불경을 박는 작업을 위한 곳이다. 이 작업을 하기 위해 충분한 채광이 필요했는데, 앞 벽의 아래 창이 큰 것이 많은 도움이 됐을 것이다. 이 간단한 차이가 공기의 대류는 물론 적정 온도도 유지해 줬다. 일례로 장경판전 안에서 향을 피우면 향이 실내를 한 바퀴 돈 뒤에야 사라지는 것을 볼 수 있다. 또 판고 전체의 온도도 1.5도의 차이밖에 나지 않으며, 더구나 가장 추울 때와 더울 때의 차이가 10 ~ 15도를 넘지 않는다.

서로 마주 보고 있는 동사간고와 서사간고는 각각 정면 2칸, 측면 1칸, 맞배 3량집(가장 간단한 지붕 형식인 맞배지붕에, 기둥을 건너지르는 도리가 3개인 집)이다. 이들 건물 역시 수다라장과 법보전처럼 익공형 주심포계의 집이지만, 익공 쇠서가 수다라장과 같이 보머리에 붙지 않고 떠 있다. 벽체 역시 출입을 위한 문과 살창으로 되어 환기를 원활히 하도록 했다.

판전 내부는 흙바닥이지만 깊이 5센티미터까지 석회가 혼합되어 있고, 5 ~ 40센티미터까지는 기와와 돌조각, 목탄이 시공되었다. 그 아래에서는 숯이 있는 층이 발견된다. 숯을 섞어 넣은 것은 숯이 습도 조절은 물론 방부와 방충 역할까지 했기 때문이다. 우리 조상들은 일찍부터 숯의 이러한 특징을 알고 원시 시대부터 움막집의 밑바닥이나 집을 지을 때 주춧돌이 놓이기 전 지반을 다지는 기초 공사에 사용해 왔다.

이 바닥 위에 고운 황토에 조개나 굴 껍데기를 태운 재를 섞어

가면서 흙을 쌓았다. 이렇게 하면 땅에서 올라오는 습기를 적당히 조절하고 추울 때 땅 표면에 서릿발이 생기는 현상도 막을 수 있다. 또 조개나 굴 껍데기는 석회와 같은 역할을 해 흙바닥인데도 경판에 흙먼지가 쌓이는 것을 최소화해 준다.

## 참화를 피한 해인사

해인사 《팔만대장경》은 여러 차례의 참화를 피한 것으로 유명하다. 첫 번째 위기는 임진왜란이었다. 선조 25년(1592) 4월 27일, 왜군은 그토록 탐내던 《팔만대장경》이 보관되어 있는 합천 해인사 앞의 성주를 점령했다. 그러나 홍의장군 곽재우를 비롯해 거창과 합천에서 일어난 의병들이 일본군의 해인사 진입을 막아 냈고, 스님들도 승병을 모아 해인사를 지켰다. 이중환은 《택리지》에 다음과 같이 적었다.

◇

> 임진년 왜란 때 금강산, 지리산, 속리산, 덕유산은 모두 왜적의 전화를 면치 못했으나 오직 오대산과 소백산, 그리고 가야산에는 이르지 않았다. 그런 까닭에 예부터 삼재三災가 들지 않는 곳이라 한다.

1915년, 일제강점기에는 당시 총독이던 데라우치 마사타케寺內正毅가 《팔만대장경》 전체를 일본으로 가져가려 했으나 경판의 무게가 무려 280톤이나 되어 포기했다. 각 경판의 무게는 2.2~4.8킬로그램으로 평균 3.1킬로그램이다. 4톤 트럭으로 옮긴다고 해도 70대가 필요하니 포기할 수밖에 없었을 것이다.

《팔만대장경》이 맞은 가장 큰 위기는 한국전쟁 때이다. 인천상륙 작전으로 인해 낙동강까지 내려왔던 인민군이 북쪽으로 퇴각하는 과정에서 낙오된 인민군 약 900명이 해인사를 중심으로 주변 숲을 진지화했다. 1951년 9월 18일, 토벌을 진행하던 국군이 해인사 주변의 공비를 폭격해 달라며 공중 지원을 요청하자 미군사 고문단은 곧바로 폭격 명령을 내렸다. 당시 4대의 전폭기 중 3대는 각각 폭탄 2발과 로켓탄 6발을 장착하고 출격했다. 특히 1번 기에 적재된 네이팜탄을 투하하면 해인사 전체가 불바다가 되는 것은 자명한 일이었다.

그런데 4대의 전폭기가 해인사로 향하던 중 김영환 대령이 급

임진왜란 당시 홍의장군 곽재우를 비롯해 여러 의병과 승병들이 힘을 모아 해인사를 지켰다.

히 선회하면서 편대기들에게 폭격 중지를 명령했다. 김 대령은 절대로 폭탄과 로켓탄을 사용하지 말고, 기관총만으로 해인사 밖 능선에 숨은 인민군 진지를 공격하라고 했다. 비행 편대에 다시 해인사를 네이팜탄과 폭탄으로 공격하라는 지시가 떨어졌지만, 김 대령은 능선 뒤 성주 쪽 인민군을 폭격하고 기지로 돌아갔다.

미군사 고문단이 이승만 대통령에게 김 대령이 명령 불복종한 것을 항의하자, 이 대통령은 김 대령을 총살에 처해야 한다고 크게 분노를 터뜨렸다. 그때 배석하고 있던 당시 공군참모총장 김정렬은 《팔만대장경》의 중요성을 역설해 명령 불복종 행위를 겨우 무마할 수 있었다. 그는 해인사 폭격에 맞섰던 김영환 대령의 형이기도 했다. 미군사 고문단 책임자가 국군 본부를 방문해 김영환 대령이 이끄는 편대원 전원과 작전참모 장지량 중장 등에게 군인으로서 가장 큰 죄인 명령 불복종의 경위를 추궁했다. 이에 대해 김영환 대령은 다음과 같이 대답했다고 한다.

◇

태평양전쟁 때 미군이 일본 교토를 폭격하지 않은 것은 교토가 일본 문화의 총본산이라 생각했기 때문이 아니었습니까? 뿐만 아니라 영국이 인도를 영유하고 있을 때, 영국인들은 차라리 인도를 잃을지언정 셰익스피어와는 바꾸지 않겠다고 하지 않았습니까? 이와 마찬가지로 우리 민족에게도 인도와도 바꿀 수 없는 세계적 보물인 《팔만대장경》이 있습니다. 이를 어찌 유동적인 수백 명의 공비를 소탕하기 위해 잿더미로 만들 수 있겠습니까?

투철한 군인으로서 죽기를 각오하고 민족의 유산《팔만대장경》을 지킨 김영환 대령은 그 후 1955년 강릉 지구에서 순직했다. 한국전쟁 때 화마에서 해인사를 구한 김 대령의 정신을 기리기 위한 추모비가 2002년에 세워졌다.

해인사를 방문했을 때 함께 답사하기를 권하고 싶은 곳이 두 군데 있다. 첫 번째는 일주문 옆에 있는 영지라는 연못이다. 이 연못에는 애틋한 전설이 전해 내려온다. 대가야 김수로왕이 인도 아유타국의 공주인 허황옥과 결혼해 많은 자손을 두었는데, 그중 일곱 왕자가 처음 입산수도한 곳이 가야산 칠불봉이다. 왕후가 아들들의 안위가 걱정되어 수차례 찾아왔으나 만날 수 없었다. 이에 왕후는 가야산 일곱 봉우리의 그림자가 비치는 이 연못에서 그림자

한국전쟁 때 화마에서 해인사를 구한 김영환 대령의 정신을 기리기 위한 추모비가 2002년에 세워졌다. 추모비에는 큰 글씨로 '김영환 장군 팔만대장경 수호 공적비'라고 적혀 있다.

를 보고 그리움을 달랬다고 한다. '영지'라는 이름은 '그림자 못'을 뜻한다. 이후 일곱 왕자가 지리산으로 수도처를 옮겨 그곳에서 부처가 되었다는 지리산 쌍계사 칠불암(현 칠불사)에도 영지가 있어 같은 이야기가 전해 온다.

두 번째는 성철스님의 사리탑이다. 성철스님은 무소유의 청빈한 삶, 장좌불와의 올곧은 수행 정신으로 유명하다. 다비식(시체를 화장해 그 유골을 거두는 의식) 때 석가모니 이후 가장 많은 사리가 나왔다고 해서 모두를 놀라게 했다. 성철스님의 사리를 모신 사리탑은 통도사 적멸보궁을 기본형으로 하여 현대적인 조형으로 새롭게 해석해 만든 것이다. 가운데 원구는 완전한 깨달음과 참된 진리를 상징하고, 반구는 활짝 핀 연꽃을 표현하며, 크기가 다른 정사각형의 3단 기단은 계정혜戒定慧(불도에 들어가는 세 가지 요체인 계율, 선정, 지혜를 줄여 이르는 말) 삼학과 수행 과정을 의미한다.

성철스님 사리탑의 가운데 원구는 완전한 깨달음과 참된 진리를 상징하고, 반구는 활짝 핀 연꽃을 표현하며, 정사각형의 3단 기단은 계정혜 삼학과 수행 과정을 의미한다.

산사와 산지승원은 7~9세기 창건 이후 현재까지 지속되며

우리나라 불교의 깊은 역사를 간직하고 있는 곳이다

# 천 년 이상 신앙·수도·생활 기능이 살아 있는 종합 승원 산사와 산지 승원

2018년 바레인 마나마에서 열린 제42차 세계유산위원회에서 한국 불교문화의 총본산인 천 년 산사 일곱 곳이 '산사, 한국의 산지 승원'이라는 이름으로 세계유산에 등재되었다. 여기에 포함된 곳은 양산 통도사, 영주 부석사, 안동 봉정사, 보은 법주사, 공주 마곡사, 순천 선암사, 해남 대흥사이다.

세계유산위원회는 한국의 7개 사찰이 7~9세기 창건 이후 현재까지 지속되고 있고, 한국 불교가 깊은 역사를 갖고 있는 점을 높이 샀다. 더욱이 천 년 이상 신앙·수도·생활 기능이 살아 있는 종합 승원이라는 점이 세계유산 등재 조건인 '탁월한 보편적 가치'에 해당한다고 말했다. 또한 개별 유산의 진정성과 완전성, 보존 관리 계획에서도 합격점을 받았다고 밝혔다. 여기에는 이미 유네스코 세계유산으로 지정된 불국사, 석굴암, 해인사도 포함됐다.

산사와 산지 승원은 우리에게 비교적 익숙한 불교문화와 관련이 있는데도 어렵게 생각한다. 전통 건축이 낯설고 어렵기 때문이다. 유적지의 안내판에 적힌 전문 용어들도 산사를 낯설게 느끼게 하는 데 한몫한다. 한국의 사찰을 비롯한 전통 건축은 기둥 위와 서까래 밑의 공포, 내부에 가구된 보, 도리 등이 복잡하게 얽혀 있다. 그런데다 단청, 장식 조각까지 있어 건축을 공부한 사람조차 고개를 저을 정도이다. 그러니 건축을 공부한 적이 없는 사람들은 당연히 설명에 적힌 용어를 쉽게 이해할 수 없을 것이다.

기본적으로 우리나라의 전통 목조 건축물은 나무와 돌, 흙 등을 주재료로 하여 나무를 가구식 구조로 활용한 것이다. 건물이 복잡해 보이지만 여러 부재를 틀에 맞추어 접합하면서 정형화된 형태를 만든 것이 바로 한국의 자랑인 목조 건축이다. 사찰 문화재를 보는 방법에는 겉모습을 보는 것과 본질과 가치를 보는 것이 있다. 이 글에서는 산사의 겉모습을 설명하되, 그 대상의 기본 가치를 보는 데 초점을 맞추도록 하겠다.

## 용의 형상을 한 바위가 묻혀 있는 영주 부석사

부석사는 봉황산 중턱에 자리하고 있는 절이다. 우리나라 대부분의 사찰들이 계곡을 낀 명당에 자리 잡은 것과는 달리 부석사에는 계곡이 없다. 부석사에는 5개의 국보와 9개의 보물 등이 있다. 그중 가장 유명한 것은 무량수전(국보 제18호)이다. 이곳은 봉정사의 극락전이 한국에서 가장 오래된 건축으로 확인되기 전까지 국내 최고의 목조 건물로 꼽혔다. '무량수전' 현판은 고려 공민왕의 글씨이다.

부석사에 무량수전이 있는 것은 부석사가 정토종 계열로 주불이 아미타불이기 때문이다. 아미타불은 무량한 지혜와 무량한 덕, 무량한 수명을 가지고 있기 때문에 '무량수불'이라고도 부른다. 그래서 아미타불을 주불로 안치하고 있는 법당을 '아미타전' 또는 '무량수전'이라고 한다.

무량수전은 정면 5칸, 측면 3칸이며 팔작지붕을 하고 있다. 무량수전 전면의 창호는 조선 후기에 빛과 환기를 위해 '들어열개' 창호로 모두 바꾸었지만, 후면의 판문과 광창은 고려 건축 그대로이다. 특히 기둥 위에만 공포가 있는 주심포집으로, 간결하면서도 공들여 가구를 만든 우리나라 주심포 양식의 시원으로 중요성을 인정받고 있다. 한마디로 고려시대 장인 정신을 엿볼 수 있는 주심포 방식의 교과서로 손꼽힌다.

무량수전에 들어가고자 안양루 계단을 오르면 제일 먼저 무량

❶ 부석사 무량수전은 봉정사의 극락전이 한국에서 가장 오래된 건축으로 확인되기 전까지 국내 최고의 목조 건물로 꼽혔다.

* 문화재청 소장

❷ 부석사 무량수전 앞의 석등은 부처의 광명을 상징한다 하여 '광명등'이라고도 한다.

* 문화재청 소장

수전 앞에 세워져 있는 석등(국보 제17호)이 보인다. 이 석등은 통일신라시대를 대표한다고 해도 과언이 아닌데, 그 높이가 2.97미터나 될 정도로 크다. 석등의 각 부재는 상륜부만이 일부 파손되었을 뿐 거의 온전하게 남아 있으며, 세부 양식으로 보아 9세기에 제작된 것으로 판단된다.

무량수전 안에는 또 다른 국보가 있다. 현존하는 소조불로는 가장 크고 아름답다고 평가되는 소조아미타여래좌상(국보 제45호)

이다. 이 소조불은 높이 2.78미터로 고려시대 것 중 가장 크다. 부처의 위치가 다른 사찰처럼 건물의 가운데서 남쪽을 바라보지 않고 건물의 서쪽에 치우쳐 동쪽을 바라보고 있다. 이는 극락을 주재하는 부처인 아미타불이 서방 극락세계에서 동쪽을 바라보고 있다는 교리에 따라 앉힌 모습으로 보인다. 석굴암 본존불과 흡사한 균형미를 갖추고 있으며, 손 모양도 마귀를 물리친다는 뜻의 항마촉지인을 하고 있다.

부석사의 국보는 이뿐만이 아니다. 무량수전 우측으로 올라가면 조사당(국보 제19호)과 영주북지리석조여래좌상(보물 제220호) 2구가 있는 자인당이 나온다. 의상대사의 진영을 보관하고 있는 조사당은 정면 3칸, 측면 1칸의 작은 박공지붕 주심포계 건물이다. 조사당은 무량수전보다 150년 늦게 지어졌으며 주심포계의 발전된 형태를 볼 수 있는 고려 말기의 건물이다. 조사당은 겹처마로 건물

조사당은 부석사의 창건주인 의상대사를 모신 곳이다.

의 크기에 비해 장중한 지붕을 가지고 있는데, 정교한 비례로 건설된 무량수전과는 대조를 이룬다. 바닥에는 고려 때처럼 전돌이 깔려 있다.

조사당의 특징 중 하나는 철망이 쳐 있는 처마 밑에서 작은 나무인 선비화가 자란다는 것이다. 학명으로는 '골담초'라고 하며 이중환은 《택리지》에서 '스님들은 잎이 피거나 지는 일이 없어 비선화수飛仙花樹라고 한다'고 적었다. 의상대사가 열반에 들 때 짚고 다니던 지팡이를 가리키며 한 말이 유명하다. "이 지팡이를 꽂으면 여기서 잎이 피고 가지가 날 것이다. 그러면 내가 이 나무와 함께 영원히 이 부석사와 함께할 것이다." 그 말을 듣고 제자들이 조사당을 짓고 그 앞에 지팡이를 꽂아 뒀는데 나무에 잎이 피었다고 한다.

조사당 벽에는 조사당 벽화(국보 제46호)가 있다. 가로 75센티미터, 세로 205센티미터 크기의 벽화 6점으로, 일제강점기 때 벽에서 분리해 무량수전에 보관하다가 현재는 보장각에서 보관하고 있다. 조사당 벽화는 현재 남아 있는 우리나라의 사원 벽화 가운데 가장 오래된 작품으로 널리 알려져 있다.

무량수전의 좌측에는 선묘낭자 전설이 깃든 부석(뜬돌)이 있다. 통일신라 때 부석사를 창건한 고승 의상과 중국인 선묘의 사랑 이야기에 전설이 더해져 흥미를 끈다. 의상이 부석사를 창건하려고 할 때 이미 터를 잡고 있던 다른 종교의 사람들이 저항했으나, 의상을 흠모했던 선묘낭자의 화신이 나타나 절을 세울 수 있게 도왔다고 한다. 부석사라는 절 이름도 이들에게서 유래했다고 전해진다.

조사당 벽화는 현재 남아 있는 우리나라의 사원 벽화 가운데 가장 오래된 작품이다.

* 문화재청 소장

부석사에는 용의 형상을 한 바위의 약 79센티미터가 땅속에 묻혀 있다. 머리 부분은 무량수전의 불상 밑에, 꼬리 부분은 석등 밑에 있다. 이 석룡이 선묘낭자의 화신이라고 한다.

## 고려 공민왕 때 묵서가 발견된 안동 봉정사

천등산 남쪽 기슭에 있는 봉정사는 대한 불교 조계종 제16교구 본사인 고운사의 말사 중 하나이다. 신라의 삼국 통일 직후인 신라 문무왕 12년(572)에 의상이 창건했다고 전해진다. 창건 이후의 뚜렷한 역사는 전해지지 않으나 참선 도량으로 이름을 떨쳤을 때는 부속 암자가 9개나 있었다고 한다.

봉정사에는 극락전(국보 제15호)뿐 아니라 대웅전(국보 제311호),

화엄강당(보물 제448호), 고금당(보물 제449호) 등이 있어 우리나라 목조 건축의 계보가 고스란히 담겨 있다. 잘 알려지지 않았던 봉정사가 세상의 주목을 받은 것은 1972년 극락전을 해체해 수리할 때였다. 공민왕 12년(1363)에 지붕을 중수했던 사실을 담은 묵서가 이때 발견됐기 때문이다. 이를 근거로 학자들은 극락전의 건립 시기를 고려 중기인 12~13세기로 추정한다. 그 이유는 일반적으로 목조 건물의 경우 150~200년 정도 지나면 중수하기 때문이다.

한국의 건축사에서 극락전이 차지하는 위상은 아주 크다. 부석사 무량수진보다 앞선 건물임은 물론 고구려 고분 벽화의 모델을 찾을 수 있기 때문이다. 더구나 첨차의 형태나 가구의 간결성, 소박하면서도 강건한 외관 등은 고구려 건축의 풍모를 십분 발휘하고 있다. 고려 초에 삼국시대 복고풍이 유행해 건물이나 석탑이 과거로 회귀하는 경향이 있었는데, 이 건물도 그때 고구려계 건축

봉정사 극락전은 공민왕 때의 묵서가 발견되면서 주목을 받았다.

으로 지은 것으로 보인다. 극락전은 현존하는 주심포 건축 중 가장 오래된 것이다. 정면 3칸 중 중앙에 두 짝 판문과 양 끝 칸에 붙박이 광창을 달았지만 나머지 3면은 토벽으로 밀폐되어 감실과 같은 건물이 되었다.

대웅전은 조선시대 초기의 건축 양식을 잘 보여 주며, 현존하는 다포계 건물로는 최고의 목조 건물로 추정된다. 다포 양식이므로 기둥 위와 기둥 사이에도 공포가 있으며 네 면에 모두 공포가 있다. 이런 공포는 지붕의 무게를 분산시켜 하중을 견디게도 하지만, 나무들이 얽힌 모습 자체만으로도 아름다운 조화를 보여 준다. 안정된 비례와 웅건한 구조를 지닌 대웅전은 건물의 짜임새만으로 보자면 극락전보다 완성도가 높다.

더욱 놀라운 것은 2000년 2월 대웅전의 지붕을 보수하던 중 대웅전의 창건 연대를 알 수 있는 상량문과 묵서가 발견되었다는

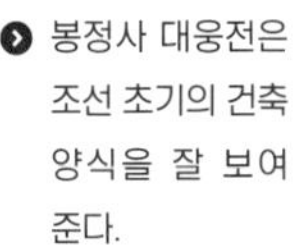

봉정사 대웅전은 조선 초기의 건축 양식을 잘 보여 준다.

점이다. 대웅전 지붕의 종도리를 받치고 있는 북서쪽 종보 보아지에서 발견된 〈대웅전중창기〉에는 '선덕십년울유팔월초일일서'라고 적혀 있다. 선덕은 중국 연호로 조선 세종 17년(1435)이다. 이 상량문을 통해 대웅전 창건 연대가 1435년보다 약 500여 년이 앞선 10세기라는 것을 알게 되었다. 이 발견 덕분에 우리나라에서 가장 오래된 목조 건물은 극락전이 아니라 대웅전이 됐다.

고금당은 극락전 앞 서쪽에 있다. 이 건물은 동쪽에 있는 화엄강당과 같은 시기에 같은 목수가 건축한 것으로 조선 중기 건축 양식을 잘 보여 주고 있다. 삼국시대에 '금당'은 사찰의 가장 중요한 중심 건물로, 불상을 봉안한 건물을 일컫는다. 그러므로 고금당에 '금당'이란 명칭이 있는 것으로 보아 이 금당 자리에 본래 극락전이나 대웅전이 들어서기 전인 봉정사 초창기에 수도하던 암자가 있었을 것으로 짐작된다. 암자가 있던 자리에 금당이 지어졌는데, 사

고금당은 작은 건물이지만 다양한 건축 기법을 사용해 구조가 꼼꼼히 짜인 건축물로 주목받고 있다.

찰의 구조와 중심이 대웅전으로 옮겨지면서 '고금당'이란 이름으로 남지 않았을까 추측한다.

봉정사 승려들이 거처하는 무량해회에서 동쪽으로 100미터 정도 떨어진 곳에는 영산암이 있다. 19세기에 지어진 이 암자는 조선 후기 사대부 집안의 전형적인 건축 양식을 보여 준다. 영화 〈달마가 동쪽으로 간 까닭은?〉 등 불교 영화 촬영지로 유명한 곳이다.

## 우리나라 사찰 중 불교 문화재가 가장 많은 양산 통도사

《삼국유사》에 기록된 양산 통도사 창건 이야기에는 대웅전(국보 제290호)과 금강계단(석가의 진신사리를 봉안한 곳)이 등장한다.

◇

선덕왕 때인 정관 12년(643)에 자장율사가 당나라에서 모시고 온 부처님의 두골과 치아 등 사리 100립과 부처님이 입으시던 비라금점가사 한 벌이 있었다. 그 사리를 3부분으로 나눠 일부분은 황룡사탑에 두고 일부분은 태화사탑, 일부분은 가사(승려가 장삼 위에 입는 법의)와 함께 통도사 계단에 두었다. 계단은 2층으로 상층 중앙에 범종 모양을 하고 있는 석개石蓋를 안치했다.

본래 금강계단이 축조되기 이전 통도사는 큰 못이었으나 자장율사가 못을 메워 금강계단을 설치하고 통도사를 창건했다고 한다. 동쪽에서 진입하는 형식인 통도사는 전체적으로 남향이지만 지형 때문에 가람 배치가 동서로 길게 이뤄져 있다. 경내에는 12개의 큰 법당이 있으며 영축산 산내에는 20여 개의 암자들이 들어서 있고, 전각의 수는 80여 동에 이르는 우리나라 최대 사찰 중 하나이다. 또한 통도사는 우리나라 사찰 중 유형 불교 문화재를 가장 많이 보유(43종)하고 있다.

가람 배치는 법당을 중심으로 상로전, 중로전, 하로전으로 나뉜다. 노전이 3개라는 것은 통도사가 3개의 가람이 합해진 복합 사찰이라는 의미로 볼 수 있다. 상로전 구역에는 금강계단을 중심으로 응진전, 명부전, 삼성각, 산령각이 있고, 중로전 구역에는 대광명전을 위시해 자장스님의 진영을 모신 해장보각, 용화전, 관음전

통도사 금강계단은 절대 깨지지 않는 금강처럼 계율을 지킨다는 뜻이다.

이 자리 잡고 있다. 하로전 구역은 영산전을 중심으로 극락보전, 약사전, 가람각, 범종루 등이 있다.

상로전 구역에 들어서서 처음으로 마주하게 되는 대웅전의 모습은 참으로 독특하다. 대웅전은 통도사 가람 배치의 특수성과 석가모니의 진신사리를 모신 적멸보궁이라는 용도 때문에 동서남북 각 면이 모두 다른 표정을 갖고 있다. 그 덕분에 건물도 더욱 웅장해 보인다. 건물의 동서남북 표정을 각각 살펴보면, 우선 각 면의 현판 내용이 다르다. 금강계단을 직접 대하는 북쪽에는 '적멸보궁', 남쪽에는 '금강계단', 동쪽에는 '대웅전', 서쪽에는 '대방광전'이라는 현판이 걸려 있다. 적멸보궁은 부처님의 진신사리를 봉안했다는 뜻이고, 금강계단은 절대 깨지지 않는 금강처럼 계율을 지킨다는 뜻이다. 대웅전은 대웅, 곧 석가모니불을 모신 전각이라는 뜻이고, 진리요 우주의 본체인 법신불이 상주하는 도량이라는 뜻으로 '대방광전'이란 말을 쓴 것이다.

현재의 대웅전은 인조 23년(1645)에 세워진 것이다. 대웅전은 자장율사가 통도사를 창건할 때 지었으나 임진왜란 때 완전히 불에 타 다시 지었다. 그러나 대웅전을 화사한 꽃밭으로 만드는 기단만은 창건 당시의 것으로 보인다.

대웅전은 석가모니의 진신사리를 모셨기 때문에 불상이 없다. 북측에 불단만 두었고 뒤편의 금강계단이 예배의 대상이 된다. 국내에 자장율사가 사리를 봉안한 곳은 다섯 곳인데, 이를 5대 적멸보궁이라고 한다. 나머지 4곳은 태백산 정암사, 설악산 봉정암, 사자산 법흥사, 오대산 상원사이다. 이들은 모두 불상을 봉안하지 않는다. 우여곡절을 거쳐 통도사에 봉안되었던 사리 일부가 강원도 고성의 건봉사에 봉안되어 있으므로 건봉사도 적멸보궁 대열에 포함시키기도 한다.

금강계단은 대웅전 북쪽에 있는 널찍한 마당에 자리 잡고 있다. 금강계단에서 '금강'이란 말은 금강석처럼 단단하고 보배로운 규범이라는 뜻을 갖고 있다. 금강계단도 대웅전과 함께 국보 제290호로 지정되었다.

통도사 성보박물관은 명실공히 국내 최대의 사찰 박물관이다. 사찰 박물관답게 보유하고 있는 유물은 불교 문화재 중심이며, 이 가운데 특히 불교 회화에 있어서는 세계 최고라 할 만큼 풍부한 유물을 소장하고 있다. 중앙 홀의 높은 벽면에는 1792년에 제작된 높이 11.7미터, 폭 5.58미터에 이르는 괘불탱이 걸려 있다. 괘불은 큰

통도사 성보박물관은 세계 최고라 할 만큼 풍부한 불교 회화 유물을 소장하고 있다.

법회나 의식이 아니면 외출이 되지 않아 일반인이 쉽게 볼 수 없는데, 통도사를 방문하면 언제든지 볼 수 있다.

## 서산대사와 관련이 깊은 해남 대흥사

선조 37년(1604) 1월의 어느 날, 묘향산 원적암에서 입적을 앞두고 마지막 설법을 한 청허당 서산대사는 제자인 사명당 유정과 뇌묵당 처영스님에게 자신의 가사와 발우를 해남 두륜산에 두라고 부탁했다. 불가에서 가사와 발우를 전한다는 것은 자신의 법을 전하는 것을 뜻한다. 서산대사가 두륜산을 택한 이유는 무엇일까? '두륜산은 삼재가 들어오지 않고 만세토록 파괴됨이 없는 곳이며, 종통宗通이 돌아가는 천혜의 장소이다'라고 전해진다.

서산대사가 입적하자 제자들은 시신을 다비한 다음 묘향산 보현사와 안심사 등에 부도를 세워 사리를 봉안하고 영골은 금강산 유점사 북쪽 바위에 봉안했으며, 금란가사와 발우는 유언대로 두륜산 대흥사에 모셨다. 이로써 서산대사의 법맥은 대흥사에서 이어지게 되었다. 이 사건 때문에 남쪽 바닷가에 위치한 작은 사찰이었던 대흥사는 일약 서산종의 종찰로 떠올랐고, 오늘날과 같이 큰 사찰로 발전하고 유네스코 세계유산에 선정되는 영광도 얻었다. 대흥사는 조선 후기에 불교계를 이끌었으며 선교 양종을 통합하는

데 큰 역할을 했다.

대흥사로 들어가는 길은 계곡을 왼쪽에 끼고 10리나 이어진다. 오른쪽은 아름드리 적송과 벚나무, 참나무, 느티나무, 동백나무, 단풍나무 등이 어우러져 장관을 이룬다. 대흥사의 백미는 일주문을 지나자마자 만나는 부도밭이다. 이곳에는 대흥사가 배출한 역대 종사와 강사 스님들의 부도 56기, 부도비 17기가 있다. 서산대사, 13대 종사인 초의선사, 12대 강사인 혜장선사의 부도가 대표적이다.

사찰은 금당천을 경계로 하여 대웅보전이 있는 북원, 천불전이 있는 남원, 서산대사의 사당인 표충사 구역과 대광명전 구역으로 나뉜다. 북원 구역에는 대웅보전, 응진당 삼층석탑(보물 제320호)과 함께 응진당, 산신각이 있는데 이들이 한 채에 함께 있다는 점이 특이하다.

대흥사 부도밭에는 대흥사에서 배출된 역대 종사와 강사 스님들의 부도와 부도비가 있다.

대흥사에서 사람들의 눈길을 끄는 것은 북원에서 남원으로 들어가는 입구에 있는 연리근이다. 가까이 자라는 두 나무가 서로 만나 합쳐지는 것을 '연리'라고 한다. 뿌리가 만나면 연리근, 가지가 만나면 연리지이다. 연리근은 이렇게 두 몸이 하나가 된다는 뜻으로 부모의 사랑, 부부의 사랑, 연인의 사랑에 비유되어 일명 '사랑나무'로도 불린다. 사람들은 연리근 앞에서 지극한 마음으로 기도하면 간절한 소망이 이뤄진다고 믿는다.

남원 구역은 대흥사에서 가장 면적이 넓은데 중앙에 법당인 천불전이 있고 용화당과 적묵당 등이 돌담으로 구획되어 있다. 천불이란 과거, 현재, 미래에도 천불이 있다는 것으로 어느 때나 무한한 부처가 존재한다는 뜻이다. 즉, 언제 어디서나 누구든지 부처가

사람들은 연리근 앞에서 지극한 마음으로 기도하면 간절한 소망이 이뤄진다고 믿는다.

될 수 있다는 대승불교의 근본 사상을 단적으로 나타낸 것이 천불의 표현이다. 천불전에 안장된 옥불들은 신도들의 꿈에 자주 나타나 '가사를 입혀 달라'고 했다고 한다. 그래서 신도들은 불상에 가사를 만들어 입히고 4년마다 새 가사로 갈아입힌다. 교체되는 가사는 모두 신도들이 가져가는데, 이 가사를 가지고 있는 사람은 무병장수하고 만사형통한다고 전해진다.

남원 구역에 있는 무염지는 초의선사가 조성한 것으로 '더러움에 물들지 않고 항상 깨끗한 곳'이라는 뜻을 갖고 있다. 표충사 입구 우측에 '장군샘'으로 불리는 샘이 있는데, 이 샘을 찾은 윤선도가 이곳 승려들의 지혜와 기력을 보고 능히 장군을 낳을 샘이라 하여 하루도 거르지 않고 길어다 먹은 데서 유래했다고 한다.

대흥사의 자랑 중 하나는 초의선사이다. 표충사 우측에는 주장자(좌선이나 설법할 때 지니는 지팡이)를 든 초의선사의 동상이 있다. 초의선사는 조선 후기 시, 서, 화에 뛰어난 선승으로 조선의 다도를 중흥시키는 데 크게 이바지했다. 다도에 끼친 영향을 높이 사 선사의 이름 앞에는 '다성茶聖'이라는 수식어가 붙는다. 초의선사와 추사 김정희는 동갑내기로 교류가 각별했다고 한다. 추사가 제주도에 귀양 갈 때 대흥사에 들러 초의를 만났고, 초의는 험난한 뱃길을 건너 세 차례나 제주도를 방문했다. 제자를 통해 추사에게 손수 법제한 차를 보내고 염주를 만들어 주기도 했으며, 추사는 초의에게 글을 써서 보내기도 했다.

남원의 담장을 끼고 무염지 옆을 지나 왼쪽으로 돌아들면 표

조선의 다도를 중흥시키는 데 크게 기여한 초의선사의 동상이다.

충사가 나온다. 표충사는 서산대사를 중심으로 그의 제자인 사명대사, 그리고 사명대사의 제자인 처영스님의 화상도 함께 봉안하고 있다. 조사의 영정을 받드는 것은 승려의 법맥을 중시하는 선종의 신앙인데, 표충사는 일반 사찰에서는 거의 볼 수 없는 유교의 사당 형식을 따랐다.

표충사 뒤편으로 300미터 정도 걸어가면 대광명전 구역이 나온다. 여기에 대광명전, 동국선원, 벽안당, 요사채가 있다. 추사 김정희는 초의선사와 교류하면서 여러 편액 글씨를 남겼는데 그 가운데 '동국선원'이란 글을 써 주었다. 당시 대흥사는 선과 교의 종원으로 자부했으므로 동국 최고의 선원이라는 의미를 담고 있다.

동국선원 7번 선방은 근래 주목을 받은 곳이다. 그 이유는 안내판에 적혀 있다. '26세의 청년 문재인의 염원이 결실을 이룬 곳.' 문재인 전 대통령은 1978년에 이곳에서 8개월 동안 머물며 사법시험 공부에 정진해 1차 시험에 합격했다. 원래 스님들이 참선하는 선원은 일반인들이 출입할 수 없는 곳이다. 하지만 문재인 전 대통령이 머물렀던 사실이 알려지면서 문의가 쇄도해 안거 기간을 제외하고 개방하고 있다.

대흥사의 산내 암자인 북미륵암과 남미륵암, 일지암도 자랑거리이다. 대흥사를 중심으로 남쪽에 있는 것은 남미륵암, 북쪽에 있는 것은 북미륵암이라고 부른다. 대웅전에서 300미터 정도 올라가면 좌측으로 북미륵암, 우측으로 일지암 팻말이 나오며 북미륵암은 1킬로미터, 일지암은 500미터 정도에 있다. 두 암자 모두 가파른 산길을 올라가야 하지만, 방문한다면 후회하지 않을 곳이다.

북미륵암 마애여래좌상(국보 제308호)은 전체 높이 약 8미터,

표충사는 일반 사찰에서는 거의 볼 수 없는 유교의 사당 형식을 따랐다.

너비 약 12미터이며, 본존불은 전체 높이 4.85미터, 몸체 높이 3.5미터이다. 광배는 삼중의 원으로, 두광과 신광의 밖에는 불꽃무늬를 새겼는데, 그 안에 하강하는 4구의 비천상을 대칭으로 배치한 점이 특이하다. 천인상들의 조각 표현은 이 당시의 작품으로는 거의 유일하다. 전체적으로 수법이 유려하며, 상호(부처의 몸에 갖추어진 훌륭한 용모와 형상)와 각부의 조각 수법으로 보아 11세기경 고려시대에 만들어진 것으로 추정된다.

### 조정래 《태백산맥》의 주 무대로 알려진 순천 선암사

선암사는 우리나라 현대사의 한 페이지를 채운 곳이다. 이곳은 1948년 10월에 일어난 여순 사건에서 패퇴한 김지회 중위 휘하의 14연대 병사들이 가장 먼저 찾아든 곳이자, 조정래의 《태백산맥》의 주 무대로도 잘 알려져 있다.

조계산에는 지역 사람들로부터 쌍둥이라고 불릴 정도로 비슷한 선암사와 송광사가 있다. 두 사찰은 전라남도의 대표적인 사찰이지만 성격이 제각기 다르다. 송광사가 한국 불교계의 최대 종단인 조계종의 근본 사찰이라면, 선암사는 조계종 다음으로 큰 교세를 가진 태고종의 총본산이다. 창건 연대를 따지면 선암사가 송광사보다 300여 년 앞선다. 선암사가 대각국사 의천이 천태종을 전파한 곳이라면, 송광사는 보조국사 지눌이 조계종을 최초로 연 곳이기도 하다. 쌍둥이 사찰로 알려졌지만 선암사만 유네스코 세계 유산으로 등재되었다. 선암사의 사세가 융성할 때는 법당 8동, 전각 12동, 승방 16동, 암자 15개소에 승려가 무려 350명이나 되었다고 한다.

선암사에는 세 가지가 없다. 우선 선암사에는 다른 사찰과는 달리 사천왕문이 없다. 그 이유는 조계산의 주봉인 장군봉이 선암사를 지켜 주므로 불법의 호법신인 사천왕상을 만들지 않았다는 것이다. 다음으로 협시보살상이 없는데, 이는 대웅전 석가모니불이 항마촉지인을 하고 있으므로 협시보살을 두지 않은 것이다. 마지막으로 어간문을 사용할 수 없다. 어간문은 대웅전의 정중앙에 있는 문으로, 일반 사찰에서는 이 문으로 일반인의 출입이 가능하다. 하지만 선암사에서는 부처님처럼 깨달은 사람만이 어간문을 지나갈 수 있으므로 어간문이 있으나 출입할 수 없다.

선암사 숲길은 '전국 아름다운 숲 대상'을 받을 정도로 청정하고 아름답다. 그중에서도 특히 봄이 가장 아름답다고 알려져 있다. 겨울의 한기를 이겨 내고 신록으로 조계산이 물들기 시작하면 사찰 곳곳에 있는 벚꽃, 목련, 모란, 앵두, 모과, 철쭉, 영산홍, 동백, 상사화, 옥잠화, 치자, 파초, 부용 등 갖가지 꽃이 잇달아 피어난다. 혹자는 선암사가 화훼 전시장처럼 보인다고 말할 정도로 그 빛깔과 모습이 다채롭다. 그 덕분에 사찰까지 걸어가는 길이 멀어도 고단하지 않다.

숲길을 따라 걸어 오르면 오른편 길섶으로 장대한 측백나무

선암사 숲길은 '전국 아름다운 숲 대상'을 받을 정도로 청정하고 아름답다.

로 둘러싸인 부도밭이 나온다. 이곳에는 20기의 부도가 있다. 부도밭을 지나 계속 가면 길가에 장승 한 쌍이 서 있는데 특이하게도 둘 다 남자상이다. 1907년에 세워져 오랜 시간 한자리를 지킨 국내 최고의 나무 장승이지만 근래에 다시 세워졌다. 보통 나무 장승은 10~20년 정도 지나면 썩으므로 다시 세워야 하지만, 이 장승은 조직이 치밀한 밤나무로 만들어져 쉽게 썩지 않았다고 한다.

나무 장승을 지나 계속 걸어 올라가면 왼편에 계곡을 가로지르는 작은 무지개다리가 나타난다. 이 다리를 건너 모퉁이 길을 따라 돌면 반원형의 큰 무지개다리가 나오고, 이 다리를 건너면 길은 강선루로 향한다. 2개의 무지개다리 중 큰 무지개다리가 승선교(보물 제400호)이다. 이 다리는 우리나라에 남아 있는 무지개다리 중 가장 자연스럽고 우아하다는 평가를 받는다.

선암사에서 처음 만나는 건물은 문루 역할을 하는 강선루이다. 강선루는 누하 정면 1칸, 측면 1칸이며 2층은 가늘고 낮은 기둥을 사용한 정면 3칸, 측면 2칸인 2층 팔작지붕 누각이다. 이곳에서 보는 경관은 그야말로 절경이다.

일주문을 거쳐 범종루, 만세루를 지나면 대웅전(보물 제1311호) 영역으로 들어간다. 중심 법당인 대웅전 일곽은 대웅전을 중심으로 심검당과 설선당, 그리고 강당 누각인 만세루가 마당을 감싸고 마당에는 삼층석탑 한 쌍이 서 있다. 1824년 중창 때 다시 세워진 대웅전은 앞과 옆이 모두 정식 3칸으로 구성되었으며, 고려시대 것으로 보이는 정교한 건축식 기단 위에 세워졌다. 외관상 크기와 양식이 비슷한 두 삼층석탑은 높이 4.7미터이며 보물 제395호이다.

대웅전은 선암사의 주불전으로 일주문과 범종루를 잇는 중심축에 위치한다. 이 건물은 정면 3칸, 측면 3칸의 다포식 겹처마 팔작지붕 집이다. 학자들은 현재의 대웅전이 과거에는 미륵전이었고

불조전은 선암사의 여러 전각 중에서도 비교적 이른 시기에 세워졌다.

❶ 승선교는 우리나라에 남아 있는 무지개다리 중 가장 자연스럽고 우아하다고 평가된다.

★ 문화재청 소장

❷ 강선루에서 보는 경관은 그야말로 절경이다.

형태는 중층이었을 것으로 추측한다. 선암사는 다른 어느 사찰보다 불화가 많은데 대웅전을 비롯해 각 전각과 암자에 보관된 불화를 모두 합하면 100여 점이 된다고 한다.

선암사의 또 다른 아름다움은 꽃나무에서 찾을 수 있다. 그 가운데 가장 대표적인 것이 선암사 매화(천연기념물 제488호)이다. 원통전(대복전) 뒤에 있는 청매화 고목 한 그루는 선암사의 대표적인 꽃나무이기도 하다. 우리나라에서 천연기념물로 지정된 매화나무

학자들은 현재의 대웅전이 과거에는 미륵전이었을 것이라고 추측한다.

중 생육 상태가 가장 좋다. 문헌에 전하는 기록이 없어 수령은 정확히 알 수 없으나 약 600년 전 천불전 앞의 와송과 함께 심어졌다고 한다.

우리나라에서 가장 크고 아름다운 사찰 화장실로 손꼽히는 전통 화장실 또한 그냥 지나치기에는 아쉬운 곳이다. 앞면 6칸, 옆면 4칸 규모로 지붕 옆면이 사람 인人 자 모양의 맞배지붕이다. 특히 출입구에 설치된 풍판(건물의 박공 아래에 바람과 비를 막으려고 길이로 잇대는 널빤지)이 인상적이다. 이 화장실은 지은 지 400여 년이나 된 건물이다. 다행히 임진왜란 때 불타지 않고 남은 건물 가운데 하나로 화장실인데도 2001년 6월 5일 전라남도문화재자료 제214호로 지정되었다.

선암사의 전통 화장실은 우리나라에서 가장 크고 아름다운 사찰 화장실로 손꼽힌다.

## 백범 김구가 머문 곳
## 공주 마곡사

충남 공주의 마곡사는 해발 614미터로 다소 낮은 태화산 동쪽 산허리에 자리 잡고 있다. 이곳은 대한 불교 조계종 제6교구 본사로 '춘마곡'이란 별칭을 갖고 있을 정도로 봄 경치가 수려하다. 제6교구 본사란 충청남도의 절들을 이끄는 조계종 31개 본산 중 하나라는 뜻이다. 마곡사의 위치는 《택리지》나 《정감록》에서 전란을 피할 수 있는 십승지지十勝之地의 명당으로 꼽힌다.

마곡사는 사찰로서는 매우 특이한 배치 구조인데, 이는 가람의 한가운데를 관통하는 개울 때문이다. 개울을 경계로 남쪽과 북쪽에 별도의 가람이 자리 잡고 있다. 남쪽에는 안거 기간 동안 선방으로 쓰이는 매화당과 마곡사에서 가장 오래된 영산전(보물 제800

호)이 있으며, 북쪽에는 대광보전 중심의 별도 가람이 위치한다. 전체 규모나 건물들의 크기로 보아 북쪽 가람이 본절이고 영산전 일곽은 별도의 암자 같은 모습이다.

해탈문과 천왕문을 지나 개울을 건너기 전에 왼쪽으로 들어가는 곳은 영산전 구역이다. 이곳에 명부전과 국사당이 있으므로 저승 세계를 관장한다고 볼 수 있다. 영산전의 현판 글씨를 조선시대 세조가 썼을지 모른다는 이야기가 전해 온다. 세조가 《금오신화》를 쓴 매월당 김시습이 마곡사에 있다는 말을 듣고 그를 만나기 위해 왔다가 정작 김시습은 만나지 못하고 글씨만 남기고 갔다는 것이다. 그러나 일부 학자들은 세조의 글씨가 임진왜란 때 훼손되었을 것이라고 지적하기도 한다.

마곡사에는 많은 문화재가 있다. 지정문화재로는 보물 7점, 충청남도 유형문화재 6점, 충청남도 문화재자료 5점 등 총 18점이 있

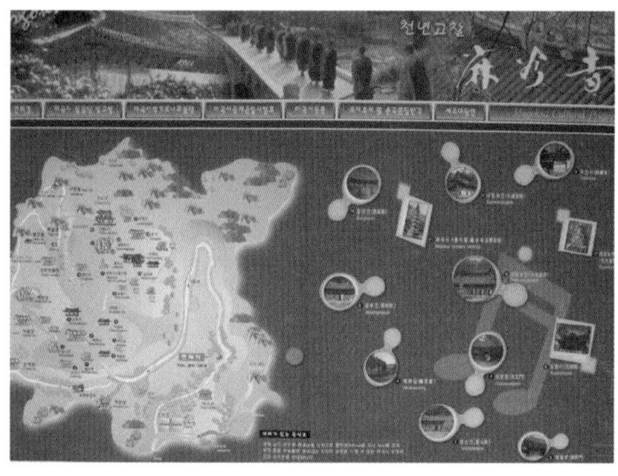


마곡사는 가람의 한 가운데를 관통하는 개울 때문에 배치가 특이하다.

영산전의 현판 글씨를 세조가 썼을지 모른다는 이야기가 전해 온다.

다. 현존하는 건물로는 극락교를 사이에 두고 마곡사 오층석탑(보물 第799호), 대웅보전(보물 第801호), 영산전(보물 第800호), 천장의 무늬가 아름다운 대광보전(보물 第802호)이 있다. 강당으로 사용하는 흥성루, 해탈문(충청남도 문화재자료 제66호), 천왕문(충청남도 문화재자료 제62호), 국사당(충청남도 문화재자료 제63호), 16나한과 2구의 신장을 모신 응진전(충청남도 문화재자료 제65호), 명부전(충청남도 문화재자료 제64호)도 있다. 응진전 맞은편에는 심검당(충청남도 유형문화재 제135호)이 ㄷ 자형으로 크게 자리 잡고 있다. 또한 《감지은니묘법연화경》(보물 제269호), 《감지은니묘법연화경》 제6권(보물 제270호), 〈마곡사 석가모니불괘불탱〉(보물 제1260호) 외 많은 충청남도 유형문화재들이 있다.

대광보전은 마곡사의 중심이 되는 건물로 정조 12년(1788)에 지어졌으며 1831년에 중창되었다. 정면 5칸, 측면 3칸의 다포계 팔작지붕 건물이며 지붕 가구는 무고주 7량집이다. 대광보전의 특징은 불상 배치와 목구조의 구성 기법에 있다. 일반적으로 불전에서 불상은 건물 안쪽 후불벽을 배경으로 안치한다면, 마곡사 대광보전의 경우 건물 안 서쪽 벽에 후불벽을 만들었다. 건물 안에 본존인 비로자나불이 법당의 서쪽에 동쪽을 향해 모셔져 있어 내부 공간의 방향과는 직각을 이룬다. 이런 배치는 영주 부석사의 무량수전에서처럼 서방 극락을 주재하는 아미타불이 앉아 있는 방식인데, 이곳에서는 비로자나불이 이 법식을 차용하고 있다.

대광보전에 재미있는 전설이 내려온다. 조선 후기 한 앉은뱅이가 아픈 몸을 고치고자 부처님께 백일기도를 드리려고 찾아왔다. 그는 백일기도를 드리는 동안 법당 마루의 삿자리를 짜겠다고 자청했다. 그리고 100일 동안 하루도 거르지 않고 30평의 자리를 짜면서 법당에 봉안된 비로자나불에게 자신의 몸을 낫게 해 달라

대광보전은 마곡사의 중심이 되는 건물이다.

고 기도했다. 마침내 100일이 되어 기도를 마치고 밖으로 나갈 때 자신도 모르게 벌떡 일어서서 법당 문을 걸어 나갔다.

멀리서 보면 대광보전 뒤에 지붕 하나가 불쑥 솟아 있다. 그 건물은 우리나라에서 좀처럼 보기 힘든 2층 팔작지붕 대웅보전으로 내부는 통층으로 뚫려 있다. 대웅보전 1층은 정면 5칸, 측면 4칸으로 구성되어 있고 2층은 정면 3칸, 측면 2칸으로 구성되어 있다. 이런 중층 건물은 마곡사 대웅보전, 화엄사 각황전, 부여의 무량사 극락전, 법주사 대웅전뿐이다.

마곡사에서 가장 오래된 유물은 오층석탑이다. 한국의 일반적인 탑과는 달리 상륜부에 마치 모자를 쓴 듯 금속으로 된 탑이 얹혀 있어서 특이하다. 이런 청동제 보탑을 '풍마동'이라고 한다. 본래 티베트와 네팔에서 발전한 라마교에서 영향을 받은 인도 탑의 모양이다. 우리나라에서는 고려 말기에 중국 원나라의 영향을 받으면서 라마교 양식을 본뜬 탑과 불상이 만들어졌으므로 이 탑도 그때 축조됐을 것으로 추정된다.

이 석탑은 탑신이 8.7미터로 홀쭉하게 뻗어 전체적으로 가늘고 길어 보인다. 지붕돌의 처마가 좁고 반전이 심한데 탑 속에 금이 들어 있다고 해 도굴꾼에게 몇 차례 유실되는 수난을 겪기도 했다. 그런데 그때마다 병마가 찾아와 견디지 못한 도굴꾼들이 훔친 유물을 다시 제자리에 가져다 놓곤 했다고 한다. 또한 이 탑에는 모든 백성들의 기근을 3일 동안 막을 수 있는 힘이 깃들어 있다고 한다.

마곡사는 일제강점기 때 임시 정부의 수반이었던 김구 선생과

도 인연이 깊다. 김구는 명성황후 시해에 가담한 일본인 스치다 조스케土田讓亮를 황해도 안악군 치하포나루에서 죽이고 인천형무소에 수감되었다. 후에 탈옥해 마곡사에서 하은스님의 상좌가 되어 득도식을 마친 후 '원종'이라는 법명을 받고 3년 동안 사미(수행 중인 어린 남자 승려)로 지냈다.

백범당은 김구 선생이 머물던 곳이며, 그 옆에 김구 선생이 해방 후인 1946년에 이곳을 다시 찾아와 심은 향나무가 아직도 자라고 있다. 나무 옆에 '김구는 위명僞名이요 법명은 원종圓宗이다'라고 쓴 푯말이 있다. 백범 선생은 미곡사를 떠난 지 50여 년 만에 돌아와 대광보전 기둥에 걸려 있는 '돌아와 세상을 보니 모든 일이 꿈만 같다'는 《원각경》에 나오는 문구를 보고 감개무량해서 이 향나무를 심었다고 한다.

김구 선생은 마곡사에서 '원종'이라는 법명을 받고 3년 동안 사미로 일했다. 백범당은 김구 선생이 머물던 곳이다.

## 우리나라에 하나뿐인 목탑이 있는 보은 법주사

속리산은 조선 8경 중 하나로 꼽히는 명산이면서 미륵부처와 인연이 깊은 불교의 성지로 알려져 있다. 신라 때는 오악(하늘에 제사를 올리던 5개의 산) 중 하나로 중악으로 불렸다. 속리산은 '속세를 떠난다'는 뜻이다. 신라 선덕왕 5년(784)에 진표율사가 속리산에 이르렀을 때 들판에서 밭갈이하던 소들이 전부 무릎을 꿇고 율사를 맞이했다. 이를 본 농부들이 짐승들도 저렇게 뉘우치는 마음이 절실한데 하물며 사람은 오죽하랴 하며 머리를 깎고 진표율사를 따라 입산수도하는 사람이 많았다. 여기에서 속세를 떠난다는 뜻의 '속리'가 유래했다고 한다. 속리산에 있는 대표적인 세계유산이 법주사이다.

법주사는 충북 제일의 사찰답게 문화재가 많다. 먼저 국보로는 팔상전(국보 제55호), 쌍사자 석등(국보 제5호), 석련지(국보 제64호), 보물로는 대웅보전(보물 제915호), 원통보전(보물 제916호), 사천왕 석등(보물 제15호), 마애여래의상(보물 제216호) 등 12개가 있다. 속리산 입구에는 순조대왕태실(충청북도 유형문화재 제11호)이 있으며, 충청북도 지방문화재 22개가 있다.

이처럼 법주사는 많은 국보와 보물뿐만 아니라 사찰 입구의 참나무와 소나무, 전나무가 우거진 숲길도 아름다워 사람들의 사랑을 받는다. 이 숲은 길이가 무려 5리쯤 된다고 하여 '5리 숲'이라는 애칭을 갖고 있다. 초여름의 신록과 가을의 단풍 등 철따라 바뀌

법주사는 충북 제일의 사찰답게 많은 문화재가 있다

는 숲의 색깔과, 숲 사이로 흐르는 맑은 계곡물이 보는 이의 마음까지 즐겁고 맑게 해 준다.

법주사에 들어서면 먼저 금동미륵대불이 보인다. 미륵대불은 기단까지 합친 전체 높이가 33미터이며, 기단 아래에는 지하 석실 법당(용화전)을 두었다. 금동미륵대불이 이 자리에 있기까지 여러 사건이 있었다. 법상종 사찰에서는 미륵불을 주존으로 모시는 것이 일반적이다. 본래 법주사에도 미륵장륙상을 봉안한 용화보전이 있었다. 이 법당은 정면 7칸, 측면 5칸의 작지 않은 2층 건물로 대웅보전보다 더 큰 법주사의 중심 법당이었다. 그런데 정유재란 때 최초의 미륵장륙상이 사라지고 이후 중창하면서 다시 금동미륵장륙삼존상을 지어 용화보전(산호전)에 봉안했다. 그러나 고종 9년(1872)에 흥선대원군이 경복궁 중건을 위해 당백전을 만들려고 이 미륵삼존상을 헐어 갔다. 1964년, 용화보전 자리에 시멘트로 만든 미륵불입상이 세워졌는데 1986년에 이를 헐었고 1990년에 청동 미륵대불과 지하의 용화전을 완성한 것이다.

법주사의 유명한 건물은 팔상전이다. 우리나라 건축물의 특징은 변이가 많다는 것이지만 법주사의 팔상전처럼 특이한 경우는 별로 없다. 팔상전은 건축물로 보이지만 국보로 지정된 유일한 5층 목조탑이기 때문이다. 탑이라면 보통 석탑을 연상하지만 우리나라에는 이미 삼국시대에 웅장한 목조탑이 있었다. 대표적인 예가 경주의 황룡사지, 평양 청암리 폐사지의 팔각전지, 부여 군수리 폐사지 등이다. 하지만 현존하는 목조 탑파로 그 형식과 체제를 잘 갖추고 있는 것은 법주사 팔상전뿐이다.

팔상전은 석가모니의 일생을 여덟 장면으로 표현한 그림인 팔상도를 모신 건물이다. 석가가 도솔천에서 내려오는 장면, 룸비니 동산에서 태어나는 장면, 궁궐의 네 문 밖으로 나가 세상을 관찰하

금동미륵대불은 높이 33미터의 동양 최대 미륵불 입상이다.

현존하는 목조 탑파로 그 형식과 체제를 잘 갖추고 있는 것은 법주사 팔상전뿐이다.

는 장면, 성을 넘어 출가하는 장면, 설산에서 고행하는 장면, 보리수 아래에서 마귀를 항복시키는 장면, 성불한 후 처음으로 녹야원에서 설법하는 장면, 사라쌍수 아래에서 열반하는 장면이다.

우리나라의 3대 불전 가운데 하나로 꼽히는 대웅보전은 신라 진흥왕 14년(553)에 창건되었다. 안에 모셔진 불상으로 볼 때 대웅보전이 아니라 '대적광전'으로 불러야 한다고 말하는 학자도 있다. 대웅전은 기본적으로 대웅세존(석가의 다른 이름)과 좌우협시보살을 모신 집인데, 여기는 비로자나불이 주존이기 때문이다.

쌍사자 석등도 법주사의 자랑이다. 이 석등은 높이 3.3미터로 우리나라에서 사자를 조각한 석등 중 가장 크다. 팔각석등에서 팔각기둥이 들어갈 부분을 사자 두 마리로 바꾸어 놓았다. 조성 연대는 성덕왕 19년(720)으로 추정된다. 석등은 여러 재앙(불교에서의 8난)을 예방하기 위해 조성된 것으로 삼국시대 이래 많은 석조 유물에 사자를 이용했다. 현존하는 석등 중 법주사 석등이 가장 뛰어난 수법을 보인다. 법주사의 또 다른 걸작품은 석련지이다. 석련지는 화강석을 큰 그릇 모양으로 깎아 안에 물을 담을 수 있게 한 것이다. 예전에는 여기에 물을 담고 연꽃을 띄워 두었다고 한다.

철확(보물 제1413호) 또한 법주사의 독특한 보물이다. 신라 성덕왕 18년(720)에 조성되었다고 전해지는 철확은 큰 사발의 형상을 한 철제 솥이다. 높이 1.2미터, 지름 2.7미터, 둘레 10.8미터의 거대한 크기로 무게는 약 20여 톤으로 추정한다. 법주사의 사세가 가장 융성했던 시기에 제작되었을 것으로 보이는 이 철제 솥은 쌀 40가마를 담을 수 있다. 12세기 고려 숙종 때 3,000여 명의 승려가 운집해 있을 당시 장국을 끓이거나 밥솥으로 사용했다고 전한다.

쌍사자 석등은 우리나라에서 사자를 조각한 석등 가운데 가장 크다.

사원은 절검의 정신, 절제와 추상의 정신,
우주와 인간을 일체화시키려고 했던
옛 지식인들의 노력을 그대로 보여 준다

# 조선시대 정신문화의 산실, 한국의 서원

한국의 서원은 2019년에 유네스코 세계유산으로 등재되었다. 지금의 우리는 서원에 대해 잘 모른다. 그런데 조선 말기에만 해도 서원이 1,000여 개소(위패를 모신 사우 포함)가 있었다. 서원 설립과 운영이 절정에 달했던 18세기 초에는 600여 개소가 있었다. 조선시대 말까지 공교육 기관인 향교가 총 230개였던 것과 비교하면 사교육 기관인 서원이 얼마나 많았는지 알 수 있다. 한 고을에 10여 개소의 서원이 건립되는 것은 보통이었으며 한 사람이 10여 개소의 서원에 배향되기도 했다. 이는 조선시대에 서원이 정신적인 면에서 큰 역할을 했음을 알려 준다.

반대로 생각해 보면 좁은 땅에서 우후죽순으로 건립된 많은 서원이 서원의 격을 떨어뜨렸고 여러 문제의 요인이었음을 알 수 있다. 그래서 조선 조정에서는 새로운 서원의 건립을 금지하고 문제가 있는 서원을 철폐시켰으나 크게 효과를 거두지는 못했다.

그러다 흥선대원군이 집권하면서 전국의 사원을 과감히 정리했다. 1868년에는 사액 사원 이외의 모든 사원의 철폐를 명령했고, 1871년에는 47개만 남기고 모두 문을 닫게 했다. 47개 가운데 사우를 제외하면 순수한 서원은 27개뿐인데 5개는 북한에 있고 경기, 강원 일대의 6개는 한국전쟁 등으로 불타 버렸거나 훼손되어 옛 모습을 지닌 서원은 10여 개에 불과하다. 그중 9개가 유네스코 세계유산으로 지정된 것이다.

유네스코 세계유산에 등재된 서원들은 양과 질 모든 면에서 조선시대 건축을 대표한다. 조선시대를 유교 사회라 하고 유교 사회의 주도층을 성리학자들이라 한다면, 그들이 가장 심혈을 기울인 곳은 서원이 분명하다. 서원은 절검의 정신, 절제와 추상의 정신, 우주와 인간을 일체화시키려고 했던 옛 지식인들의 노력을 그대로 보여 주고 있기 때문이다. 그동안 서원은 사찰이나 궁궐, 심지어 주택에 비해 연구가 활발히 이뤄지지 않았지만 세계유산 등재를 계기로 더 관심을 갖게 될 것이다.

## 우리나라 최초의 서원 영주 소수서원

소수서원(사적 제55호)은 우리나라 최초의 서원이다. 소수서원이 들어선 곳은 원래 숙수사의 옛터로 성리학자 회헌晦軒 안향이 어린 시절 노닐며 공부하던 곳이다. 중종 36년(1541) 주세붕은 평소에 흠모하던 안양의 연고지에 풍기군수로 부임했고, 그곳에 안향을 배향하는 사당을 설립했다.

주세붕은 주희의 《백록동학규》를 채용해서 유생들이 독서를 하고 학문을 닦으며 연구할 수 있게 편의를 제공했다. 그리고 한양의 종갓집에서 안향의 영정을 이곳으로 옮겨 와 봉안하고 처음에는 백운동서당이라고 했다가, 중종 40년(1545)에 안축과 안보의 영정도 함께 배향하면서 백운동서원이라 명명했다. 나아가 주세붕은 임백령, 이언적 등의 도움을 받아 제향과 교육을 위한 재정 기반을

소수서원 입구, 오른쪽에 있는 경렴정에서 원생들이 시를 짓고 학문을 토론했다.

소수서원 강학당 추녀이다. 소수서원에서 공부한 유생은 4,000명에 달했다.

★ 문화재청 소장

마련하고, 서책을 사들여 서원 문고를 조성했다. 주세붕 자신도 종종 서원에 들러 고을 선비들과 함께 성리학 강론에 직접 참여하기도 했다.

백운동서원은 송나라의 주희가 재흥시킨 백록동서원을 본뜬 것이다. 주세붕이 서원 이름을 '백운동'으로 한 것은 백록동서원이 있던 여산에 못지않게 산, 언덕, 강물, 그리고 하얀 구름이 항상 서원을 세운 골짜기에 가득했기 때문이다.

소수서원은 퇴계 이황 덕분에 한 단계 더 나아갈 수 있었다. 이황은 명종 3년(1548)에 풍기군수로 부임하자 송나라 때의 예를 언급하며 국가에서 서원에 대한 합법적인 인정과 정책적인 지원을 해줄 것을 요청했다. 즉, 백운동서원에 조정의 사액을 요청한 것이다.

사액 서원은 조선시대 왕이 이름을 지어서 새긴 편액을 내린 서원으로 서적, 토지, 노비 등도 하사받았다. 사액을 내려 국가가

소수서원 정문으로 들어서면 강당인 명륜당이 나온다.

서원의 사회적 기능을 인정한다는 것, 이는 서원이 갖는 중요한 기능인 선현의 봉사奉祀와 교화 사업을 조정이 인정한다는 의미를 지닌다. 이에 명종은 대제학 신광한이 지은 '소수'로 서원의 이름을 결정하고, '소수서원紹修書院'이라는 친필 현판과 아울러 《사서오경》과 《성리대전》 등의 서적과 노비도 내렸다.

이후 소수서원은 입학 정원이 10명에서 30명으로 늘어났으며, 이황은 원생들이 배움에 충실하도록 학업 규칙도 정했다. 당시 입학 자격은 초시에 합격했거나 학문에 정진하는 자들이었다. 학문에 정진하지 않고 과거 시험에만 한눈을 팔거나 미풍양속을 어기는 경우 곧바로 퇴원당했다. 소수서원에서 공부한 유생은 4,000명에 달했으며, 그중에는 임진왜란 때 경상 우병사로 진주성에서 전사한 김성일, 선조 때의 좌의정이었던 정탁도 있었다. 인조 11년(1633)에는 주세붕을 추가로 배향했다.

안향은 최초의 사액 서원인 소수서원을 비롯해 합호서원, 도동서원, 임강서원 등 여러 서원에 배향되었으며, 성균관 문묘를 비롯해 전국 230여 개의 향교 대성전에 위패를 봉안해 매년 봄, 가을에 제향하고 있다. 영정각 안에는 회헌 안양 영정(국보 제111호)과 〈대성지성문선왕전좌도〉(보물 제485호), 주세붕 영정(보물 제717호) 등이 보관되어 있다.

소수서원은 다른 서원들과 비교되는 문묘제례에 준하는 제향의례를 행하고 있다. 성균관(문묘)과 향교(대성전)에서는 춘추 석전대제를 매년 음력 2월과 8월의 상정일에 거행한다. 이 행사와 달이 겹치지 않도록 소수서원은 음력 3월과 9월 상정일로 정하되, 유고가 생기면 중정일에 드리도록 한 것도 특징 중 하나이다. 우리나라의 24절기 가운데 삼월 삼짇날(음력 3월 3일)과 중양절(음력 9월 9일)을 기준 삼아 문성공안향의 제례일로 정한 것이다. 이는 씨를 뿌리고 추수하는 만물의 소생과 수확의 기쁨을 느끼는 때를 따라 천지신명께 감사를 드리는 데서 연유한 것으로 여겨진다.

## 퇴계 이황이 제자들을 키운 안동 도산서원

조선 최고의 유학자를 꼽으라면 대부분 퇴계 이황을 떠올릴 것이다. 그는 조선 성리학의 근본을 완성한 대학자였을 뿐 아니라 무려 360여 명의 이름난 문인들을 키워 냈다. 그를 봉향한 서원이 도산서원(사적 제170호)이다. 현존하는 한국 최대의 서원이자 최고의 품격을 지닌 도산서원은 사림의 온실이자 영남학파의 산실로서 그 역량을 유감없이 보여 주던 곳이다. 도산서원이 서원으로 탄생한 것은 1574년이지만 서원의 토대가 마련된 것은 그보다 약간 앞선다. 이황이 이곳에 자리 잡은 것은 그가 50세인 명종 12년(1557)으로, 이곳에서 제자들과 10여 년간 생활했다.

도산서원 입구의 넓은 마당에 들어서면 우측으로 멀리 안동호의 시사단이 보인다. 시사단은 정조 16년(1792)에 정조가 평소에 흠모하던 이황의 학덕을 기리고 지방 선비들의 사기를 높이기 위해 어명으로 특별 과거인 '도산별과'를 치렀던 장소이다. 총 응시자가 7,228명에 답안지를 제출한 사람이 3,632명에 이르는 대규모 시험으로 정조가 직접 11명을 선발했다. 이를 기념하기 위해 비를 세우고 단을 모았는데, 비문은 당대의 영의정이었던 번암樊巖 채제공이 지었다. 지금도 이를 기리기 위해 매년 전국 한시 백일장이 열린다.

도산서원은 다른 서원과 달리 퇴계가 생전에 성리학을 깊이 연구하며 제자들을 가르쳤던 도산서당 영역, 퇴계 사후에 선생의 학문과 덕행을 기리기 위해 지은 도산서원 영역으로 나뉜다. 서원 영역의 앞쪽에 자리 잡은 도산서당, 농운정사, 하고직사 등은 도산서당 영역에 속하고, 그 뒤편에 들어선 건물들은 퇴계가 타개하고 그의 업적을 기리기 위해 1574년 제자들이 건립한 도산서원 영역이다.

❶ 도산서원은 현존하는 한국 최대의 서원이자 최고의 품격을 지닌 서원이다.

❷ 시사단은 정조가 이황의 학덕을 기리고 지방 선비들의 사기를 높이기 위해 특별 과거인 '도산별과'를 치렀던 장소이다.

퇴계는 도산서당을 열기 훨씬 전부터 제자들을 가르칠 건물을 지었다. 1546년 퇴계가 46세가 되던 해에 관직에서 물러나 낙향해 경상도 예안 건지산 남쪽 기슭 동암에 양진암을 지었고, 1550년에는 상계의 서쪽에 3칸 규모의 한서암을 지었다. 그 후 전국 각지에서 제자들이 모여들자 1551년 한서암 동북쪽 계천 위에 계상서당을 짓고 제자들을 본격적으로 가르치기 시작했다.

도산서원에서 눈여겨볼 곳은 두 채의 광명실이다. 동광명실은

광명실은 왕이 하사한 서적, 퇴계가 보던 서적 등을 보관하는 장서고이다.

19세기, 서광명실은 1930년에 지어졌다. 광명실은 장서고로 왕이 하사한 서적, 퇴계가 보던 서적과 철폐된 역동서원에서 옮겨 온 서적, 그리고 퇴계의 문도를 비롯한 여러 유학자들의 문집을 모아 둔 곳이다. 여기에 보관 중인 책은 모두 907종 4,338책이다. 서원 중에서는 도산서원이 가장 많은 책을 보관하고 있다고 한다.

## 서원 건축의 최고 안동 병산서원

안동 병산서원(사적 제260호)은 세계적으로 널리 알려진 하회마을에 위치한다. 병산서원은 양동마을의 옥산서원과 함께 서원과 한국의 역사마을로 유네스코 세계유산에 등재되었다.

병산서원은 한국 최고의 서원 건축물로 꼽힌다.

하회마을로 들어서기 전에 두 갈래 길이 나온다. 왼쪽은 서애 류성룡을 기리는 병산서원으로 향하는 길이고, 낙동강을 끼고 굽이치는 오른쪽 길은 하회마을의 중심부로 안내하는 길이다. 병산서원은 하회마을의 주산인 화산의 동남쪽 경사면에 위치한다. 병산서원은 처음에는 풍산 류씨들의 후진 양성을 위해 만든 풍악서당에서 비롯되었다. 풍악서당은 고려 때부터 안동부 풍산현에 있던 것으로 지방 유생들을 교육해 오던 유서 깊은 서당이었다. 고려 공민왕이 홍건적의 난을 피해 이 지방에 왔을 때, 이 서당에서 유생들이 면학하는 것을 보고 크게 감탄하면서 사패지와 여러 서책들을 하사했다.

1572년 서애 류성룡이 인근의 지방관을 역임하던 시절, 유서 깊은 서당이 큰길가에 있어 학문하기에 적합하지 않다며 한적하고 풍광이 좋은 지금의 장소로 옮겼다. 임진왜란으로 소실되었다가 1607년에 중건되었으므로, 병산서원의 실질적인 창건자가 류성룡인 셈이다. 류성룡은 현재 병산서원, 남계서원, 도산서원, 삼강서원, 빙계서원 등에 배향되어 있다. 병산서원은 철종 14년(1863)에 '병산'으로 사액을 받았다. 비록 사액은 늦게 받았지만 흥선대원군의 서원 철폐령 때도 철폐되지 않은 곳으로 조선 5대 서원으로 꼽기도 한다.

병산서원은 건축계에서 가장 관심을 갖는 서원 중 하나이다. 수많은 건축가, 답사팀이 이곳을 찾고 건축과 학생들의 여름학교가 이곳에서 열리기도 한다. 이는 병산서원이 한국 최고의 서원 건축으로 꼽히기 때문이다. 한마디로 병산서원의 배치나 구성이 서원의 전형을 보여 준다.

병산서원은 크게 세 건물군으로 구성되어 있다. 하나는 사당 중심 구역, 다른 하나는 강당, 동재, 서재를 중심으로 하는 구역, 또 다른 하나는 고직사 등 부대시설이 중심이 되는 구역이다. 병산서원의 건물들은 각 건물이 가진 기능에 따라 구역이 나뉘어 있다. 기능이 유사한 것들, 혹은 상보 관계에 있는 것들을 서로 가까이에 붙여 놓는다는 원리가 적용된다고 할 수 있다. 예를 들어 동재와 서재는 유생들이 기거하는 곳이며 입교당이란 이름을 가진 강당은 선생들이 기거하는 곳이다. 이들은 학습을 담당하면서 기능적으로도 서로 상보 관계에 있다.

병산서원의 마당은 수직적으로는 강당 구역에 속하고, 평면적으로는 사당군에 속해 두 구역을 연결해 주는 기능을 한다. 마당은 평소에는 강당군과 고직사의 추가 동선으로 사용되지만, 제사 때는 제례를 위해 참가자들이 도열하는 의례용 공간으로 탈바꿈한다. 즉, 이 공간은 장소만이 아니라 기능으로도 통합성을 유지하고 있는 것이다.

서원의 기본 배치인 성균관 문묘나 고을의 향교처럼 남북 일직선상에 외삼문, 강당, 내삼문, 사당을 놓고 강당 안쪽으로는 좌우에 동재와 서재를 놓고 강당 뒤쪽에 전사청과 장판각을 두었다. 그리고 외곽에는 이들을 감싸는 낮은 돌담을 두르고 사당 공간에도 특별히 담을 둘러 출입을 엄격히 통제했다.

병산서원 경내의 건물로는 복례문, 만대루, 입교당, 동재, 서재, 고직사, 장판각, 내삼문, 존덕사, 전사청 등이 있다. 병산서원을 정면으로 바라보며 들어가면 솟을대문으로 이뤄진 복례문이 마중한다. 서원의 정문인 복례문은 '세속된 몸을 극복하고 예를 다시 갖

병산서원의 마당은 강당 구역과 사당 구역을 연결해 주는 기능을 한다.

추라'는 뜻을 지니고 있다. 문안으로 들어서면 삼문 안쪽은 물건을 둘 수 있는 수장고인데, 이곳에 있는 가마는 향사 때 제수를 운반하는 의례용 가마이다.

복례문을 지나면 웅장한 누각인 만대루가 나온다. 만대루는 병산서원 건축의 꽃으로 평가받는데 정면 7칸, 측면 2칸, 모두 14칸의 대규모 면적을 자랑한다. 만대루의 누 밑은 휘어진 자연 상태 그대로의 구불구불한 기둥이 받치고 있고, 2층 누마루에는 반듯하게 다듬은 기둥들이 사방을 둘러싸고 있는데 벽은 두르지 않았다.

만대루에 서면 한쪽으로는 병산과 낙동강이 펼쳐지는 주변 풍광을 다 아우를 수 있고, 다른 한쪽으로는 서원 일곽을 한눈에 살필 수 있다. 만대루의 '만대晩對'는 중국 당나라 때 시인 두보의 시 〈백제성루〉에 나오는 '푸른 절벽은 오후 늦게 대할 만하니翠屛宜晩對'에서 인용한 것이다. 즉 '병산의 푸른 절벽은 오후 늦게서야 대할 만

만대루는 병산서원 건축의 꽃으로 평가받는다.

하다'는 뜻을 담고 있다. 강당인 입교당에서 앞을 바라보면 만대루 2층 누 7칸 기둥 사이로 자연과 건축이 하나로 얽히는 모습을 볼 수 있다.

사당, 전사청, 장판각은 모두 서원의 뒤쪽에 있다. 이들은 비교적 나란히, 그리고 같은 방향을 향해 놓여 있다. 이런 요소들로 인해 사당, 전사청, 장판각이 하나로 묶이는데 이때 사당이 무리의 중심이 된다.

## '백성이 국가의 근본'이라 믿은 이언적을 기리는 경주 옥산서원

한국전쟁은 우리 역사상 가장 참혹한 전쟁으로 남북한 곳곳에서 격전이 벌어졌다. 경주시 안강읍도 가장 치열한 격전지 중 하나였다. 안강 지방은 당시 동북쪽 최종 방어선으로 학도의용병이 가장 많이 희생된 곳이다. 옥산서원은 바로 이 격전지에 위치한다.

옥산서원(사적 제154호)에 배향된 회재 이언적의 관직 생활은 처음에는 비교적 순탄했다. 23세 때 과거에 합격하고 벼슬길에 나선 이언적은 학식을 인정받아 당시 중종의 총애를 독차지했다. 성균관 대사성, 사헌부 대사헌, 홍문관 부제학, 한성부 판윤, 이조판서, 예조판서, 형조판서 등을 역임했다.

그러나 기득권 실세들은 그의 원리주의적이고 꼿꼿한 태도를 거북하게 여겼다. 회재는 봉건적 지배 질서를 유지하려는 도덕적 가치 체계의 확립을 위해 백성의 존재를 근원적으로 인식하고자 했다. 백성은 국가의 근본이니 근본이 굳건해야 국가가 안정된다는 것이다. 그는 백성은 국가에 의존하고 국가는 백성에 의존하므로 백성을 사랑하지 않고 국가를 보전할 수 없다며 백성의 존재에 절대적인 의미를 부여했다.

그러나 그의 주장은 제대로 실현되지 못했고 40세가 되던 해에 당대의 실력자인 김안로의 등용을 반대하다가 끝내 관직을 박탈당했다. 그 후 고향으로 내려와 은거한 곳이 바로 옥산동 자계계곡이다. 동방오현의 한 사람으로 추앙받는 이언적을 배향한 옥산서원이 건립된 해는 선조 5년(1572)으로 이언적이 사망한 지 20년이 지나서이다. 이처럼 늦게 서원이 발원된 것은 당시의 복잡한 정쟁이 회재의 영남파들에게 불리했기 때문이다.

그러나 경주부윤이었던 이제민은 안강 고을의 선비들과 더불어 선생의 뜻을 기리고자 독락당(보물 제413호) 아래에 사당을 세웠으며, 사액을 요청해 선조 7년(1574)에 '옥산'이라는 편액과 서책을 하사받았다. 독락당은 회재가 낙향한 이듬해인 1532년에 지어진 건물로 옥산정사라고도 불린다. 독락당은 별채로 계정이라는 정자가 있다. 계정은 방 1칸과 계곡의 반석 위에 가느다란 기둥을 세워 쪽마루를 덧댄 특이한 구조로, 절반은 집 안에 있고 절반은 숲 속에 있어 마치 집과 자연 양쪽에 다 걸터앉은 형태이다. 계정의 참모습은 바깥 개울 건너에서 바라보아야 온전히 드러난다. 학자들은 계정이야말로 계류를 따라 발달한 영남 지방 정자 문화의 한 규범이라고 평가하고, 한국에서 가장 아름다운 경관을 갖고 있는 정자라며 극찬을 아끼지 않는다.

옥산서원은 전면에 강학처를 두고 후면에 사당을 배치한 전형적인 서원 건축 구조이다. 서원의 공간 구성은 무변루가 중심이 되는 진입부, 강당을 중심으로 이뤄지는 강학부, 사당이 중심이 되는 제향부와 부속사 등 4개 영역으로 나뉜다. 공부하는 장소인 구인당이 앞에 있고, 제사를 지내는 이언적의 위패가 모셔져 있는 체인묘가 뒤에 위치한 전학후묘의 형식이다. 구인당 뒤에는 체인문이 있고, 체인문을 둘러싼 담장 안에 체인묘와 제기실이 자리 잡고 있다. 서원의 중심부 남측에는 부대시설인 고직사와 판각 등이 있으며, 담장 밖으로 남측에 경각, 북측에 신도비각이 있다.

옥산서원의 규율은 총 16조이며 까다롭기로 유명하다. 특히

독락당 계정은 한국에서 가장 아름다운 정자로 알려져 있다.

구인당은 유생들이 공부하던 장소이다.

유생들의 행동 규범을 다룬 3조는 숨이 막힌다. 떠들어도 기웃거려도 다른 생각을 해도 안 된다. 이곳에서 공부했던 유생들은 매 순간 긴장과 절제 속에서 지내야 했다. 사실 이런 규범적인 건축물 안에서 떠들거나 기웃거린다는 시도조차 어려웠을 것이다. 바로 그 점이 인정되어 한국에서 가장 유명한 서원 중 하나가 된 것일지도 모른다.

2007년 10월에 회재 선생 유물 전시관이 건립되었다. 여기에는 필연, 연수병, 관대, 사모, 마상배, 관영, 옥적, 직인, 유서통, 옥관자, 금관자, 옥죽 2본과 《회재선생문집》 외 1,000여 권의 문집과 책 등의 유물이 보관되어 있다. 이언적의 주요 저술들은 '이언적수필고본일괄'이라고 하여 1975년에 보물 제586호로 지정되었다.

16세기 영남 사림파의 선구가 되는 이언적을 모신 만큼, 옥산서원은 조선 후기까지 영남 사림의 중심 역할을 하면서 영향력을

옥산서원 앞에는 계곡이 흐른다.

발휘했으며, 흥선대원군이 서원 철폐령을 내렸을 때도 훼철되지 않았다. 일제 말기에 화재로 옛 건물이 소실되었으나 곧 복구되어 오늘에 이르고 있다. 매년 2월 중정(음력으로 그달의 중순에 드는 정일)과 8월의 중정에 향사를 지내고 있다.

## 가장 전형적이고 규범적인 서원 달성 도동서원

조선 왕조의 토대가 굳건해지면서 성리학은 더욱 다양하게 발전했다. 안향이 전한 성리학은 정몽주와 길재로 이어져 영남 지방에서 씨를 뿌렸다. 이후 길재에서 김종직을 거쳐 김굉필로 이어졌다. 김종직이 영남의 사학을 크게 일으켜 김굉필, 정여창 등 수많은 유학자들을 배출한 교육자였다면,

김굉필은 학문의 내적 기반을 더욱 공고히 한 도학의 창시자라고 볼 수 있다. 그 덕분에 김굉필은 동방오현의 선두 주자가 되는 영광을 차지할 수 있었다. 이황은 김굉필을 두고 '동방도학지종東方道學之宗'이라고 칭송했다.

도동서원(사적 제488호)은 원래 선조 1년(1568)에 유림이 현풍 비슬산 기슭 쌍계동에 서원을 건립한다고 하자, 이 소식을 들은 전국 각지의 선비들이 적극적으로 지원해 세워진 것이다. 처음에는 현 위치에서 동쪽으로 약 9킬로미터 떨어진 곳에 쌍계서원이라는 이름으로 건립되었다. 그러나 1597년 정유재란으로 소실되자 선조 38년(1605)에 지금의 자리에 '보로동서원'으로 이름을 바꾸어 중건했으며, 1607년에 '도동서원'으로 사액을 받았다. '도동道東'은 '공자의 도가 동쪽으로 왔다' 해서 붙여진 것이다. 현판 글씨는 명필 한석봉이 썼다.

서원을 구성하는 건물로는 반듯하게 설정한 중심축을 따라 외삼문과 누각 수월루, 환주문, 강당 중정당, 동재 거인재, 서재 거의재, 장판각이 있다. 뒤이어 내삼문, 사당이 차례로 배열되어 있으며, 중심축에는 이를 명확하게 나타내기 위한 통로와 계단이 자리하고 있다. 이는 성리학을 집대성한 주자가 말한 추뉴樞紐, 즉 만물의 축과 중심성을 나타낸 것으로 해석된다.

이와 같이 도동서원의 전체적인 건축 구성과 배치 형식은 우리나라 서원 중 가장 규범적이고 전형적이며, 건축적 완성도와 공간 구성도 우수하다고 평가를 받는다. 사실 서원의 중요한 건물이 중심축 선상에 배열되는 것은 향교나 서원에서 흔히 볼 수 있다. 그러나 도동서원은 중심축을 강조하기 위해 특별한 한 가지 장치를 추가했다. 좁은 폭의 길과 계단을 모두 중심축 선상에 놓고 잘 정제된 석물들로 마감해 중심축을 더욱 강조한 것이다. 대칭성이 모든 유교 건축의 규범이라 하지만 도동서원처럼 한 치의 오차도 없이 정확히 대칭을 이루는 경우는 매우 드물다. 놀라운 것은 의례 공간뿐만 아니라 일상생활 공간인 고직사(전사청)까지도 대칭의 규범을 적용했다는 점이다.

또한 1600년대에 건립된 강당과 사당 등은 당시 서원과 사묘 건축을 대표할 정도로 훌륭한 짜임새와 수법을 자랑하고, 서원을 둘러싼 담장도 정교하고 아름답다. 이들 모두 보물 제350호로 지정되었다. 특히 담장은 자연석을 정렬시킨 지대석 위에 막돌을 쌓고 그 위에 암키와를 5단으로 가지런히 놓았다. 그리고 그 사이에

도동서원의 '도동'은 '공자의 도가 동쪽으로 왔다'는 의미이다.

❶ 당시 서원과 사묘 건축을 대표할 정도로 훌륭한 짜임새와 수법을 자랑하는 도동서원 중정이다.

❷ 중정당 현판은 한석봉이 쓴 것으로 알려졌다.

★ 문화재청 소장

진흙층을 쌓아 올리고 1미터 간격으로 수막새를 엇갈리게 끼워 넣었다. 담장에 암키와와 수막새를 사용한 것은 음양의 조화를 통해 생명력을 불어넣고 장식 효과를 최대한 살린 것으로 평가받는다.

사당에는 김굉필을 주벽으로 하여 한강 정구의 위패가 봉안되어 있으며, 좌우에는 자연으로 돌아가 자연과 하나가 되기를 원하던 김굉필의 도학 정신을 표현한 벽화 두 점이 있다. 제사 후에 축문을 태우던 망료위는 일반적으로 석물로 지상에 조성되었는데,

도동서원의 경우는 사당 서편 담에 작은 구덩이처럼 생긴 감坎이 설치되어 있다.

## 서원 건축의 초기 배치 형식을 보여 주는 함양 남계서원

현존하는 서원 중 소수서원 다음으로 가장 오래된 서원이 남계서원(사적 제499호)이다. 경상남도 함양에 위치한 남계서원은 명종 7년(1552)에 정여창의 학문과 덕행을 추모하기 위해 건립되었다. 그리고 명종 21년(1566)에 '남계'라는 이름으로 사액되었다. 남계서원이 위치한 함양 땅은 예로부터 '좌안동 우함양'이라 하여, 한양에서 볼 때 낙동강 왼쪽인 안동과 오른쪽인 함양은 훌륭한 인물을 배출해 학문과 문벌에서 손꼽히던 고을들이다. 안동이 이황으로 유명하다면, 함양은 남계서원에 모신 정여창으로 유명하다.

함양 지곡면 개평리에서 태어난 정여창은 8세 때 아버지를 여의고 홀어머니를 모시고 살았는데, 효성이 지극해 조금도 어머니의 뜻을 어기지 않았다고 한다. 그는 김종직의 문하에서 성리학을 배웠으며 김굉필과 교분이 두터웠다. 그는 함양에만 머물지 않고 지리산에 들어가 3년 동안 5경을 연구하며 깊은 경지를 체험하고 드디어 학자로서의 길을 걷기 시작했다.

그러나 연산군 4년(1498)에 무오사화가 일어나 김종직이 화를 입자 정여창은 함경도 종성에 유배되었다. 정여창은 종성에서도 제자들을 모아 가르쳤다. 그러나 결국 유배지에서 사망했다. 그 뒤 갑자사화로 친구인 김굉필이 사사될 때 부관참시(사후에 생전의 죄가 드러나 무덤을 파헤치고 시체의 목을 베는 형벌)되는 극형을 받았다.

그러나 정여창은 오히려 김굉필과 함께 성리학계의 순교자로 추앙받았고 오현으로 인정되어 문묘에 배향되었다. 오현 중 나머지 4명은 김굉필, 조광조, 이언적, 이황이다. 그의 호 '일두'는 정여창이 스스로를 '한 마리의 좀'이라는 뜻으로 낮추어서 부르고자 지었다. 이는 중국 북송의 유학자인 정이천의 '천지간에 한 마리 좀에 불과하다'는 말에서 인용한 것이다.

남계서원은 조선의 서원에서 중요하게 평가된다. 조선 최초의 서원인 소수서원은 건물 배치에 일정한 형식을 갖추지 못했다. 반면 남계서원은 조선시대 서원 건축의 초기 배치 형식을 보여 주는

남계서원은 다른 서원과는 달리 누각이 정문을 겸하고 있다.

풍영루에 오르면 남계서원을 한눈에 볼 수 있다.

대표적인 서원으로 평가된다. 서원의 제향 공간에 속하는 건물들은 서원 영역 뒤쪽에, 강학 공간에 속하는 건물들은 서원 영역 앞쪽에 자리 잡는 것이다.

남계서원은 다른 서원과는 달리 정문이 없고 누각이 정문을 겸하고 있다. 남계서원 정려문을 지나면 누각인 풍영루가 기다린다. 창건 당시 '준도문'이라 불리던 출입 삼문이었으나 후에 다락집을 올려 현재에 이르고 있다. 《논어》에 공자의 제자인 증점曾點의 '기수에서 목욕하고 무에서 바람을 쐬고 나서 노래하며 돌아오겠다'는 구절이 나온다. 그 뜻을 바로 여기서 느낄 수 있다 하여 '풍영루'라 이름 지었다고 한다. '기수'와 '무'는 춘추시대 전설 속에 나오는 곳이다.

1561년에 완성된 사당은 강당 뒤 가파른 계단을 올라 경사지 위의 높은 곳에 위치한다. 이곳은 강당과 차별화되어 남다른 엄숙

일두고택은 솟을 대문에 나라에서 효자에게 내리는 정려패 5개가 걸려 있다.

한 분위기를 자아낸다. 사당은 정면 3칸 규모의 건물로, 전면에 툇간을 구성했다. 사당에는 정여창을 주벽으로 하며 숙종 때 좌우에 정온과 강익의 위패를 모셨다. 사당 뒤쪽 산기슭에 정여창의 무덤이 있다.

정여창이 태어난 생가터는 남계서원을 방문할 때 반드시 들러야 하는 곳이다. 남계서원 자체가 개평마을의 정여창 고택(일두고택)으로부터 출발했다고 해도 과언이 아니기 때문이다. 일두고택은 1570년 정여창 생가터에 지어진 이후 후손들이 여러 번 중건했다. 솟을대문에 나라에서 효자에게 내리는 정려패 5개가 걸려 있어 양반 가옥의 품위와 권위를 느낄 수 있다.

사랑채는 일두고택의 위세를 한껏 보여 준다. 특히 사랑채 앞에 조성된 석가산은 많은 사랑을 받고 있다. 석가산은 자연석으로 삼봉형의 주산을 높게 만들고, 그 좌우에 주산보다 낮은 봉우리들을 만들고 봉우리 아래 깊은 석곡을 만들어 매화 등을 심은 조원이다. 풍수적인 비보裨補로 쌓는 조산造山과 다른 점은 규모가 훨씬 작고 관념적이라는 것이다. 작은 규모이지만 산과 바위, 물과 나무가 모두 들어가 있다.

석가산이 특이한 것은 한국 민가의 조원은 대체로 후원에 두는데, 이곳은 사랑채 마당 담장 옆에 조성했다는 점이다. 따라서 사랑채의 누마루에서 석가산이 잘 보인다. 안채와 사랑채가 각각 남서향과 동남향으로 방향을 달리하는데, 이는 바깥의 풍경을 석가산을 통해 빌린 것이라는 설명도 있다. 석가산은 중국에서는 송나라 때 생겼으며 한국에서는 백제, 신라 때 활발했고 일본에서는 백제로부터 전수받아 오늘날 일본 정원의 골격을 이루는 요소가 되었다. 이 집은 조선 중기 사대부 살림집의 전형적인 모습이라는 평가를 받는다.

남계서원의 석가산이 특이한 것은 사랑채 마당 담장 옆에 조성했다는 점이다.

## 호남 사림의 태두 장성 필암서원

호남 지방에서는 유림의 고장을 '광나장창'이라 하여 광주, 나주, 창평과 더불어 장성을 꼽는다. 장성에는 체통 높은 선비 정신이 곳곳에 스며 있다. 장성읍에서 필암서원으로 향할 때 지나게 되는 황룡교(황룡강) 일대는 갑오농민전쟁 때 농민군이 당시 최신식으로 무장한 조선 최정예 부대인 경군을 무찌른 황룡강 전투의 현장이다.

필암서원(사적 제242호)은 호남 지방에 남아 있는 서원 가운데 가장 유서 깊고 규모가 큰 대표적인 서원이다. 호남 사림의 태두라고 할 수 있는 하서 김인후의 높은 절의와 학문을 숭앙하려고 그의 문인들이 선조 23년(1590)에 전라남도 장성군 황룡면에 서원을 세웠다. 김인후는 기대승과 함께 호남 지방의 도학을 대표하던 인물로 문묘에 배향된 18선현 중 유일한 호남 출신이다. 그의 제자이자 사위인 양자징도 배향하고 있다.

필암서원은 1597년 정유재란으로 소실되어 두 차례 옮겨 지었다. 첫 번째는 인조 2년(1624)에 기산에서 서쪽으로 얼마 떨어지지 않은 증산(현재의 장성군 황룡면 필암리 증산마을)으로 옮겼다. 이후 현종 3년(1662)에 지방 유림들이 청액소請額疏를 올려 '필암서원'으로 사액을 받으면서 토지와 노비 등을 지급받았다. 이후 현종 13년(1672)에 증산의 흙다리가 위험해지자 현 위치로 옮겼는데, 경내에 정자와 2개의 연못이 추가되었다. '필암'이라는 이름이 붙은 이유는 하서의 고향인 맥동 앞의 낮은 언덕에 붓처럼 예리한 형상의 바위가 있었기 때문이다.

필암서원은 평지에 세워진 서원 건축의 전형을 보여 준다는 점에서 건축사적으로 높은 평가를 받고 있다. 또한 이곳은 다른 서원들과는 조금 다른 것이 있다. 바로 중심이 되는 공간이다. 필암서원의 중심은 동재, 서재, 강당인 청절당, 사당인 우동사에 둘러싸인 마당이다.

어느 한 곳이 중심이 되려면 자질을 갖추고 있어야 한다. 예를 들어 다른 것들과 떨어져 혼자 독립되어 있다거나 별로 중요하지 않은 장소라면 그곳은 중심이 될 수 없다. 반면에 중심이라 하면 적어도 다른 것들과 밀접한 관련성을 가지고 있어야 하며, 더불어 다른 것들을 이끌 만한 역량이 있어야 한다. 필암서원에서는 마당이 그 역할을 하고 있으며, 답사 또한 마당에서 시작해야 한다.

필암서원에는 유물 전시관도 있다. 김인후가 생전에 사용하

필암서원은 평지에 세워진 서원 건축의 대표적인 사례로 평가된다.

➋ 필암서원의 중심은 사당인 우동사 앞의 마당이다.

던 붓, 상아홀, 벼루, 책장, 압판, 책판 등의 유물과 《노비보》, 《초서천자문》, 《백련초해》 등 20종 3,798점이나 된다. 특히 필암서원 소속 노비를 기록한 《노비보》, 역대 원장의 명단인 《원장선생안》, 강회 관계 기록인 《집강안》, 강회 참가자의 명단을 적은 《문계안》, 서원 소속 중인층 유생들의 명단을 적은 《서재유안서》, 서원이 소유한 자산에 관해 기록한 《필암서원 원적》 등은 1975년에 일괄해 보물 제587호로 지정되었다.

## 통일신라시대 최치원을 배향한 정읍 무성서원

전라북도 정읍의 무성서원(사적 제166호)은 배향 인물이 통일신라시대 사람이다. 바로 우리나라 유학자의 효시로 꼽는 고운 최치원이다. 신라 사람인 최치원이 무성서원에 배향되기까지 긴 시간이 걸렸다. 원래는 최치원이 태산현 군수로 부임해 8년 동안 선정을 베풀고 많은 치적을 남긴 후에 합천 군수로 전출하자, 고을 사람들이 그를 기리고자 유상대 위에 생사당生祠堂인 선현사를 지었다. 이 선현사를 조선 성종 15년(1484)에 지금의 자리로 옮겼다. 바로 이곳이 태산사이며 태산서원으로 불렸다.

중종 39년(1544), 태인현감으로 부임한 신잠이 6년에 걸쳐 선정을 베풀다가 강원도 간성군수로 진임되어 떠나자 주민들이 역시 생사당을 세웠고, 고운 최치원의 태산사와 합사했다. 이후 정극인, 송세림, 정언충, 김약묵, 김관 등을 함께 배향했다.

숙종 22년(1696)에는 '무성'이라는 사액을 받아 무성서원으로 이름이 바뀌었다. 그 후 전국의 서원이 철폐되고 47개만 남게 되었

무성서원의 정문 격인 현가루. 현가루는 '어렵고 힘든 상황에도 학문을 계속한다'는 의미이다.

을 때 전북 도내에서 유일하게 존속된 서원이다. 또한 을사늑약이 체결된 이듬해인 1906년 면암 최익현과 둔헌 임병찬이 일제의 침략에 항거하기 위해 호남의병을 창의한 역사적인 현장이기도 하다.

무성서원은 다른 일반 서원과는 다른 매우 독특한 배열 방식을 취하고 있다. 마을 안 낮은 구릉을 등지고 평지에 위치한 무성서원은 강당인 명륜당과 사당을 잇는 직선 축을 중심으로 정문인 누각 현가루와 내삼문을 배치했다. 현가루는 《논어》의 '현가불철絃歌不輟'에서 따온 것으로 '거문고를 타며 노래를 그치지 않는다'는 뜻을 갖고 있다. 이는 어렵고 힘든 상황에도 학문을 계속한다는 의미이다. 무성서원이 특별한 것은 사당과 명륜당이 담으로 완전하게 둘러쳐져 있어 아무나 들어갈 수 없고, 밖에서 쉽게 보이지 않는다는 데 있다.

사당인 태산사는 1884년에 중수했고 강당인 명륜당은 1828

불우헌 사당. 불우헌 정극인은 〈상춘곡〉, 〈불우헌가〉, 〈불우헌곡〉 등을 지었다.

년에 중건했는데 두 건물 모두 소박한 규모와 형태를 띠고 있다. 기단과 건물 높이도 낮아 대지에 밀착된 듯 평활한 외형을 갖는다. 이러한 수평적 조형은 충청도와 전라북도 지방 건축의 특성으로, 이른바 평지형 건축의 예이다.

무성서원 하면 조선 전기의 문신이자 학자이며, 가사 문학의 효시로 꼽히는 〈상춘곡〉을 비롯해 〈불우헌가〉, 〈불우헌곡〉 등을 지은 불우헌 정극인을 지나칠 수 없다. 국문학을 전공하지 않은 사람이라도 정극인을 모르는 사람은 없을 것이다. 정극인도 무성서원에 배향되어 있다.

## 조선시대 노론을 키운 논산 돈암서원

영남학파와 더불어 조선 후기 성리학계의 쌍벽을 이룬 기호학파는 율곡 이이, 우계 성혼 등의 제자들을 중심으로, 주기론의 입장에서 관념적 도덕 세계보다는 경험적 현실 세계를 존중한 선비들의 학맥이다.

이런 학맥의 본향이 대전, 논산 지역이다. 17~18세기 조선 정계를 풍미한 서인의 본거지로 기호학파의 기반을 다진 사람이 돈암서원(사적 제383호)에 배향된 사계 김장생이다. 그는 스승 율곡의 학문을 더욱 깊이 연마해 이를 빛냈을 뿐 아니라 김집, 우암 송시열과 동춘당 송준길 등 명사를 많이 길러 냈다. 특히 조선시대의 정치를 풍미했던 서인, 노론 계보의 중심인물들이 모두 이 지역 출신이며 송시열의 제자로 나중에 소론의 영수가 되는 윤증도 이곳 출신이다. 그러므로 돈암서원에서는 김장생을 비롯해 그의 아들인 김집, 송준길, 송시열 등 노론의 중심인물들이 배출되었다.

돈암서원은 인조 12년(1634)에 조선시대 예학의 대가인 김장생의 학문과 덕행을 추모하고, 그의 사상을 잇기 위해 창건된 서원이다. 평지에 자리 잡은 대표적인 서원으로 효종 10년(1659)과 현종 1년(1660)에 두 번 사액을 받아 서원 역사상 특이한 사례로 알려져 있다.

'돈암'은 서원이 창건되었던 충청남도 논산시 연산면 하임리 숲말 산기슭에 있는 바위 이름으로, 현재 서원의 자리에서 서북쪽으로 약 1.5킬로미터 떨어진 곳에 있다. 돈암서원은 고종 17년(1880)에 현재의 위치로 옮겨 지었다. 원래 서원이 있던 자리의 지

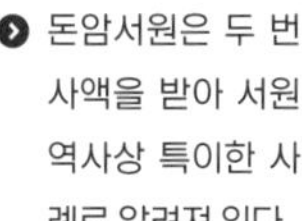

돈암서원은 두 번 사액을 받아 서원 역사상 특이한 사례로 알려져 있다.

대가 낮아 홍수로 서원의 뜰 앞까지 물이 차올라 조금 높은 지대로 옮긴 것이다.

사계 김장생은 구봉 송익필과 율곡 이이의 문하에서 성리학을 배운 17세기 사림으로 조선 예학을 정비한 예학의 대가로 알려져 있다. 김장생은 35세 때 아버지 황강 김계휘가 세상을 떠나자, 상례와 제례를 가례대로 하여 명성을 얻었다. 김장생이 예론에 큰 관심을 기울였던 이유는 '모든 인간이 어질고 바른 마음으로 서로를 도와 가며 함께 살아갈 수 있도록 개개인의 행동 방식을 구체적으로 규정하는 질서가 필요한데 그것이 예禮'라고 생각했기 때문이다. 돈암서원이 김장생을 모시면서부터 건립과 함께 조선 중기 이후 우리나라 예학의 산실이 된 이유이다.

돈암서원이 건립되기 전 김장생의 아버지 김계휘는 명종 12년(1557)에 연산 대둔산 고운사 경내에 정회당을 설립해 후학 양

돈암서원 양성당과 동재서당. 돈암서원은 양성당을 모체로 해 건립되었다.

성과 향촌 교화에 전념했다. 아버지에 이어 김장생도 선조 35년(1602)에 연산으로 내려와 양성당을 세워 학문 연구와 후진 양성에 힘을 기울였다. 돈암서원은 양성당을 모체로 해 건립되었고, 서원의 건물 배치와 규모는 김장생이 건립했던 강경의 죽림서원(옛 황산서원)을 이어받은 것으로 알려진다.

광산 김씨는 연산 지역에서 세거하면서 많은 인재를 배출한 호서 명문 사족가문으로 돈암서원을 서인과 노론계를 대표하는 서원으로 키웠다. 김장생이 타계한 후 제자와 문인들이 만든 돈암서원 책판 등 여러 자료가 남아 있어 서원의 위상이 남다르다. 더불어 수많은 서원 중 현재까지 잘 보존, 관리되고 있다는 점이 인정되어 유네스코 세계유산에 등재되었다.

## 참고문헌

- 97문화유산의해조직위원회;삼성문화재단(1997),《한국의 세계문화유산》, 97문화유산의해조직위원회
- 국립제주박물관(2005),《유네스코 지정 한국의 세계유산》, 국립제주박물관
- 김광언(2000),《한국의 집지킴이》, 다락방
- 김동욱(1998), 〈선조 40년의 재건논의와 종묘 제도〉,《한국사시민강좌》 제23집
- 김동욱(2002),《종묘와 사직》, 대원사
- 문화콘텐츠닷컴(2004), 〈남한산성〉, 한국콘텐츠진흥원
- 박정원(2014), 〈함락된 적 없는 천혜의 요새지만… 고대~조선까지 성벽 축성술 보여줘〉,《조선매거진》 제536호
- 박주선(2010), 〈세계가 인정한 아름다운 한국의 얼굴! 유네스코 지정 세계문화유산10〉,《조선일보》 2010.09.02.
- 서윤영(2005), 〈건축으로 본 아름다운 거짓말〉, LG엔시스, 2005.9.10.
- 윤용이(2000),《우리 옛 도자기》, 대원사
- 이규태(2001),《이규태 코너》, 월간조선사

- 이범직(2004), 《종묘대제문물》, 궁중유물전시관
- 이형준(2011), 《교과서에 나오는 유네스코 세계문화유산》, 시공주니어
- 장순용(1999), 《창덕궁》, 대원사
- 창덕궁문화재해설팀(2012), 《문화재 해설사와 함께하는 창덕궁》, 컬처북스
- 최종덕(2006), 《조선의 참 궁궐 창덕궁》, 눌와
- 최준식 외(2004), 《유네스코가 보호하는 우리 문화유산 열두 가지》, 시공사
- 최준식(2011), 《세계인과 함께 보는 한국 문화 교과서》, 소나무
- 한국문화유산답사회(2012), 《답사여행의 길잡이 7-경기남부와 남한강》, 돌베개
- 한민족공동체발전협회(2005), 《통한의 역사》, 집사재
- 허윤희(2014), 〈비상 왕궁(병자호란 때 인조가 거주한 왕궁)으로 쓴 세계 유일의 山城〉, 《조선일보》 2014.06.23.
- 홍순민(1998), 〈창덕궁과 후원사〉, 《한국사시민강좌》 제23집
- 홍순민(2002), 《우리 궁궐 이야기》, 청년사

우리말글문화
총서 04

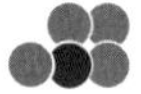

자연과학과 인문정신의 만남

# 한국의 유네스코 세계문화유산

**초판 1쇄** 2023년 2월 28일
**초판 2쇄** 2023년 11월 28일

**지은이** 이종호
**펴낸이** 정은영
**편집** 한미경, 박지혜, 양승순
**디자인** 마인드윙+[★]규

**펴낸곳** 마리북스
**출판등록** 제2019-000292호
**주소** (04037) 서울시 마포구 양화로 59 화승리버스텔 503호
**전화** 02)336-0729, 0730 **팩스** 070)7610-2870
**홈페이지** www.maribooks.com
**Email** mari@maribooks.com
**인쇄** (주)신우인쇄

**ISBN** 979-11-89943-98-1 04910
979-11-89943-94-3 04080 (set)


• 이 책은 한국출판문화산업진흥원의 〈인문총서 제작지원 사업〉을 통해 발간되었습니다.